Beurtheilung einiger Abschnitte

des

Entwurfes

einer

Norddeutschen Prozessordnung

von

J. v. Mittelstädt,
Justizrath, Rechtsanwalt und Notar zu Neuwied.

Berlin.
Verlag von J. Guttentag.
1870.

Der bis jetzt unvollendete Entwurf der Norddeutschen Prozeßordnung gleicht einem Bilde, dem noch an manchen Stellen Licht und Schatten fehlt. Die vorbehaltenen Gesetzesbestimmungen über die Rechtsmittel der höheren Instanzen mögen leicht so viel Licht und Schatten in das Bild hineintragen, daß eine Beurteilung des unfertigen Werkes Gefahr läuft, ungerecht zu sein, und aus noch fehlenden Korrektiven nachträglich ihre Widerlegung zu erfahren. Der Umstand, daß die Motive verschwiegen sind, steigert die Gefahr. Dem Verfasser dieses Aufsatzes ist von den Motiven nicht das Allermindeste zu Gesicht gekommen; aber er hat geglaubt, daß ein Gesetz auch ohne autentische Erläuterung klar zu sein beanspruche. Entweder mag der Aufsatz darum das Lob der Unbefangenheit oder den Tadel der Ungerechtigkeit verdienen. Freilich ist auch eine Aufforderung zur Kritik noch nicht ausdrücklich ausgesprochen; aber die Veröffentlichung des Entwurfes gleicht doch einer Herausforderung des Urteils der Kundigen oder Derer, welche sich für kundig halten.

Gewiß ist, daß für den kleinen Krieg die Bedeutung des Werkes zu groß ist; der Kritiker muß deshalb Manches verschweigen. Gewiß ist ferner, daß das große Werk einer einheitlichen Prozeß-Gesetzgebung in seinem Zustandekommen nicht geschädigt werden darf; der Kritiker wird deshalb in dieser Richtung zur Vorsicht gemahnt. Nun unternimmt aber der gegenwärtige Aufsatz der beabsichtigten Herstellung eines einheitlichen Verfahrens gegenüber den Nachweis, daß der Entwurf die bestehende Mannichfaltigkeit des Verfahrens in den wesentlichsten Punkten unangetastet bestehen läßt; der beabsichtigten Lösung prozessualischer Kontroversen gegenüber unternimmt der Aufsatz den Nachweis, daß manche Bestimmungen des Entwurfes eine Quelle neuer Kontroversen zu werden drohen; der beabsichtigten Einführung der Zweckmäßigkeit gegenüber unternimmt der Aufsatz den Nachweis, daß manche Bestimmungen des Entwurfes unpraktisch ja unausführbar sind. Aber diese weit gehende Beweisführung beabsichtigt dennoch nichts Anderes, als auf die Fortbildung und praktische Durchführung der vom Entwurfe selbst anerkannten Grundsätze einzuwirken. Der Aufsatz verschließt sich nämlich nicht der Erkenntniß, daß der Entwurf im Allgemeinen der lebendigen Gestaltung des Prozesses zugethan ist; aber er darf es nicht verschweigen, daß als das Resultat entweder eines unvollkommenen Verständnisses der Prinzipien oder eines Kampfes widerstrebender Strömungen das unversöhnte Nebeneinanderstellen unvereinbarer Bestimmungen erscheint, und daß, Dank der geflissentlichen Ausschließung der Anwälte von der Prozeßgesetzgebung, die Sicherheit des Praktikers in der Ausführung nicht überall erkennbar ist.

Das erste Kapitel soll den Standpunkt des Verfassers, den derselbe in früheren Aufsätzen bereits entwickelt und als einen praktischen nachgewiesen hat, kurz zusammenfassen. Die folgenden Kapitel werden einzelne Abschnitte des Entwurfes nach Paragraphen vorführen, deren Verständniß, Prinzipmäßigkeit und Zweckmäßigkeit geprüft wird. Der erste Theil des Aufsatzes beschränkt sich auf das Verfahren bis zum Beweisbescheid.

Erstes Kapitel.

Prinzipmäßigkeit und Zweckmäßigkeit.

Zweckmäßigkeit ist eine unerläßliche Anforderung an ein Prozeßgesetz; so unerläßlich, daß selbst das Verlassen der Prinzipien geboten ist, sofern die Zweckmäßigkeit dies Verlassen fordert. Aber der Begriff der Zweckmäßigkeit ist so wenig sicher, daß derselbe vielmehr auf individuelle Anschauungen hinausläuft. Das auf das »sentiment« der Gesetzgeber über Zweckmäßigkeit basirte Prozeßgesetz wird wohl den zweifelhaften Werth haben, das Resultat der Abstimmungen und Kompromisse der Gesetzgeber zu konstatiren, aber die Einladung des Zufalles als stimmführenden Mitgliedes zu den Berathungen mag leicht zu Bestimmungen führen, die gleich wenig dem Prinzipe wie der Zweckmäßigkeit entsprechen. Die Gefahr dieser Grundlage ist also nicht zu verkennen.

Ich stelle den Satz auf, daß **ein Widerstreit zwischen der Prinzipmäßigkeit und der Zweckmäßigkeit nicht existirt, daß das konsequente Festhalten der Prinzipien niemals, das Verlassen derselben dagegen stets zur Unzweckmäßigkeit führe.** Ich verstehe nämlich unter Prozeßprinzipien nur diejenigen Prinzipien, welche aus dem Zwecke des Prozesses entwickelt sind; Bestimmungen aber, welche den aus dem Zwecke des Prozesses entwickelten Prinzipien ihre Entstehung verdanken, können unmöglich unzweckmäßig sein. **Das Festhalten solcher Prinzipien ist eben die Zweckmäßigkeit selbst. Jedes Verlassen solcher Prinzipien führt dagegen in einen Ausnahmezustand hinein, der zu seiner Haltbarkeit wiederum solcher Ausnahmen als Stützen bedarf, welche schließlich den Zweck des Prozesses begraben.** Wenn beispielsweise das Prozeßgesetz gebietet, daß die Partei „sich vollständig auslassen soll“, so ist diese scheinbar gerechte Forderung eine Verletzung des „Prinzips der Freiheit der Partei“, und führt zu der Ausnahme eines Zwanges auf Beantwortung richterlicher Fragen und behufs Exekution dieses Zwanges zu der ferneren Ausnahme der Fiktion des Inhaltes der verweigerten Antwort in dem der befragten Partei ungünstigsten Sinne, also zu einem willkürlichen Abweichen von der Wahrheit, folgeweise zu einem Urteile, welches die gewissenhafte Ueberzeugung des Richters ebenso wenig zur Grundlage hat, als es auf materielle Wahrheit Anspruch machen will.

Wohl aber giebt es Grundsätze, welche den Zweck des Prozesses nicht unmittelbar berühren, deren Annahme oder Verwerfung den Prozeß als solchen bestehen läßt, deren Anwendung oder deren theilweise Anwendung der Ebnung des Weges zum Ziele des Prozesses dienen soll, wie beispielsweise die Zulassung des Anwaltszwanges, die Anwendung der mündlichen oder der schriftlichen Form. Solche in der Ausführung der Prinzipien zur Sprache kommenden Grundsätze sind freilich nur nach Maßgabe der praktischen Erfahrung aufzunehmen, und das Maaß ihrer Anwendung soll durch Zweckmäßigkeitsrücksichten bestimmt werden.

Es erhebt sich nun die Frage:

„Welchen Zweck hat der Prozeß, und welche Prinzipien folgen aus diesem Zwecke des Prozesses?“

Die Antwort lautet:

Zweck des Prozesses ist die Ermittelung und Feststellung des wirklichen Rechtes aus dem Streite der Parteien, und aus diesem Zwecke des Prozesses ergeben sich folgende Prinzipien:

Erstes Prinzip: Die Freiheit der Parteien und die Gleichheit der Parteirechte in der Verhandlung.

Zweck des Prozesses ist die Feststellung der Parteirechte, welche entweder streitig sind oder doch der Erhebung über den an sich zulässigen Streit noch entbehren. Die Parteirechte gehören den Parteien; den Parteien gehört das Urteil, denn es ordnet ihre Rechte, es ist eine Antwort auf ihre Anträge; den Parteien gehört das Verfahren, welches die Grundlage für das Urteil bildet, denn es entwickelt ihre Rechte und Anträge und bildet nur dann eine richtige Grundlage für das Urteil, wenn es den Parteien die volle Freiheit in Entwickelung ihrer Rechtszuständigkeiten gewährt. Ohne volle Dispositionsfreiheit der Parteien verschwindet also der Zweck des Prozesses.

Aber da die Parteien keineswegs aufrichtig nur das Rechte wollen, da vielmehr jede Partei regelmäßig ihr Interesse verfolgt, welches ebenso gut Recht wie Unrecht sein kann, so muß die Freiheit der einen Partei durch das Recht der anderen Partei eingeschränkt, Ungerechtigkeit und Chikane bezwungen werden, damit die Gleichheit der Parteirechte bestehe.

Da nun die Parteihandlungen den Charakter der Gerechtigkeit oder Ungerechtigkeit nicht auf der Stirne zu tragen pflegen, so hat man es selbst dem Interesse der gerechten Partei entsprechend erachtet, ein strenges Formelregiment einzuführen, dem die gerechte wie die ungerechte Partei sich gleichmäßig unterwerfen müssen. Zweck dieser Formeln ist die Herstellung der Ordnung und Gleichheit, Verhütung der Uebergriffe; aber es fragt sich, ob die Formeln diesen Zweck erfüllen und ob sie über diesen Zweck hinaus nichts verderben?

Den Zweck können die Formeln nicht erfüllen, denn der geschickte Advokat kennt das ganze Netz der Formeln so genau, berechnet alle Eventualitäten so scharf, daß die Formel ihn schwerlich von einer Ungerechtigkeit abhalten kann. Wohl aber ist es der Partei häufig unmöglich, das Sachverhältniß in der einzig zulässigen Form und in den unbedingt entscheidenden Fristen dem Richter zu präsentiren. Der Prozeß ist lebendig, und das Leben widerstrebt dem Formalismus. Wenn aber, Dank der Formelherrschaft, die Freiheit der Partei in Geltendmachung ihrer Rechtszuständigkeiten beschränkt, folgeweise das Prozeßmaterial verstümmelt wird, so ist die Folge ein auf unrichtiger Grundlage erbautes, also ein falsches Urteil, — und das ist nicht zweckmäßig.

Der gemeine Prozeß hat gelehrt, wie sehr diese Behandlung des Prozesses als eines todten Körpers der Wahrheit und dem Leben widerspricht. Der Ruf nach lebendiger Behandlung des Prozesses wird täglich allgemeiner und, wie man hoffen darf, täglich mehr verstanden. Welche lebendige Behandlung des Prozesses ist aber geeignet, die Formel zu ersetzen?

Freilich ist ein Zwang der ungerechten Partei nothwendig, aber nur derjenige Zwang, welcher in dem Begriffe des Prozesses liegt, der Zwang durch Richterspruch. Der Richterspruch ersetzt die für alle Fälle gegebene, für viele Fälle nicht passende Regel; an die Stelle der Formel tritt die individuelle Behandlung des Falles.

Entspricht es aber dem Zwecke des Prozesses, daß der Richter zum Wächter des Rechtes eingesetzt wird, so ergiebt sich daraus

das zweite Prinzip: die Freiheit des Richters.

Dem Wesen des Prozesses entspricht es, daß der Richter jeden

Streit der Parteien entscheidet. Eine unfreie Entscheidung ist keine Entscheidung, also muß der Richter frei sein. Wenn eine Formel nach gewissen äußeren Merkmalen des Falles die Entscheidung vorschreibt, so ist der Richter nicht zur Entscheidung aufgerufen; er hat auf Bildung des Prozeßmaterials keinen Einfluß; er wird vor ein fertiges Material gesetzt, dessen Unächtheit er vielleicht erkennt, aber nicht ändern kann, weil die Formel im Wege liegt. Ja, sein Urteil hört auf, ein gewissenhaftes zu sein, denn die gewissenhafte Prüfung des Richters verträgt sich nicht mit dem Bewußtsein, daß sein Gesichtskreis gewaltsam eingeengt, daß ihm verstümmelte, falsche Grundlagen für seine Gewissenhaftigkeit vorgeschrieben sind. Der Richter steht in Gefahr, bewußter Weise falsch zu urteilen — und das ist nicht zweckmäßig.

Die Ausdehnung der Macht des befreiten Richters bis zur Entscheidung aller im Prozesse sich erhebenden faktischen und rechtlichen Streitfragen steuert jedem Uebergriffe der Parteien. Mit der Formel findet sich der Advokat wie mit einem alten Bekannten leicht ab; vor der Ungerechtigkeit, welche das Auge des befreiten Richters erkennen kann, bleibt die Partei, welche ihr Interesse kennt, stehen. Das im gemeinen Prozesse erlaubte und nützliche, darum gebräuchliche bodenlose Läugnen des hellen Tageslichtes hindert keine Formel, hindert aber wohl der befreite Richter.

Aber wird diese Erweiterung der Macht des Richters nicht zu einem Konflikte zwischen Richter und Parteien führen, welcher die Freiheit der Parteien gefährdet? Hat doch selbst der im gemeinen Prozesse durch die Formel dargebotene Schutz der Parteien gegen Richterwillkühr diesen Konflikt nicht einmal verhindert. Diese Gefahr beseitigt

das dritte Prinzip: die Trennung des Richters von der Partei.

Das Amt des Richters und das Interesse der Partei gehen weit auseinander. Bei Verschiedenheit der Stellung und bei Ungleichheit der Macht sind dennoch Beide, Richter und Parteien, gleichmäßig Faktoren des Prozesses. Der Konflikt liegt also gefährlich nahe und droht, die Erreichung des gemeinsam von beiden Faktoren zu erstrebenden Zieles eher zu hindern als zu fördern. Der Zweck des Prozesses gebietet aber die Richtung der Thätigkeit Beider auf das gemeinsame Ziel, also die Vermeidung des Konfliktes, und zu diesem Zwecke die Sonderung der Thätigkeit Beider. Aber wo ist die Trennungslinie?

Der Zweck des Prozesses selbst giebt die Trennungslinie an. Die

Partei ist berufen zur Entwickelung des Fakti, der Richter zur Entscheidung des Streites, und die Festhaltung dieser Grenzlinie schützt vor jeder Verwirrung. *Jeder Uebergriff des Einen in die Sphäre des Andern hindert dagegen die freie Entwickelung der Kräfte des Gestörten.* Wie beispielsweise die kraft des sogenannten richterlichen Prozeßleitungsrechtes verweigerte Zulassung eines Schriftsatzes die Partei in der Entwickelung des Fakti hemmen mag, so wird die Partei durch Verzicht auf Vereidigung der Zeugen den Richter unter Umständen um die Beweismittel betrügen. *Das Resultat ist Verstümmelung des Prozeßmaterials, folgeweise ein falsches Urteil, — und das ist nicht zweckmäßig.*

Werden aber beide Faktoren, Richter und Parteien, jeder vom andern gesondert *ein einiges Werk* fördern? Gewiß nicht, sondern es giebt einen nothwendigen Berührungspunkt, in welchem die Thätigkeit Beider sich begegnet: *Das ist der Akt der Information des Richters durch die Partei. Nach diesem Mittelpunkte des Prozesses strebt jede Parteihandlung hin; er bildet die Grundlage für die Richtigkeit des Urteils.* Damit treten wir an

Das vierte Prinzip: die Vollständigkeit und Sicherheit der Information des Richters.

Zweck des Prozesses, in welchem es sich um Entscheidung streitiger Fragen handelt, ist das Urteil und zwar ein richtiges Urteil. Bedingung des richtigen Urteils ist die Information des Urteilenden über die faktischen Grundlagen des Streites. *Welche Information ist die vollkommenste?*

Der Modus der Aufsuchung der Information durch den Richter unter Hülfeleistung der Partei würde ausführbar sein, wenn auf die Hülfe der Partei mit Sicherheit zu rechnen wäre. Da aber eine freiwillige Hülfeleistung der Partei nicht weiter gehen wird als ihr Interesse, da über dieses Interesse hinaus nur das Gegentheil einer Hülfeleistung zu erwarten ist, so bedarf es eines Zwanges gegen die widerstrebende Partei. Aber der Zwang zu Erklärungen kann nur in gewaltsamer Fiktion der verweigerten Erklärung bestehen, *wobei es gleichgültig ist, ob die Fiktion der Wahrheit entspricht, ob das Material für die Entscheidung richtig oder unrichtig, folgeweise ob das Urteil selbst richtig oder falsch ist, — und das ist nicht zweckmäßig.*

Der Modus der Einschränkung des Richters auf das von den Parteien ihm vorgelegte Material ist alsdann durchführbar, wenn die

Vollständigkeit und Richtigkeit der durch die Parteien ertheilten Information gewiß ist. Aber das Widerstreben der gegen die Vollständigkeit der Information interessirten Partei, die mangelnde Kenntniß der Partei von dem Informationsbedürfnisse des Richters, Versehen und fehlerhafte Ausdrucksweise der Partei, folgeweise unrichtige Auffassung des Richters sind unüberwundene Feinde der Aechtheit der richterlichen Information. *Diese Feinde setzen die Information, folgeweise das Urteil selbst, in Gefahr, falsch zu sein — und das ist nicht zweckmäßig.*

Die Thätigkeit nur eines und die Unthätigkeit des anderen der beiden Faktoren des Prozesses widerspricht also dem Zwecke des Prozesses. Die Thätigkeit Beider, des Richters und der Parteien, soll zwar gesondert, aber in der Richtung auf das gleiche Ziel verbunden sein. *Die Thätigkeit des Richters soll nicht in die Thätigkeit der Partei eingreifen, aber derselben fördernd zur Seite stehen.* Nicht allein durch Entscheidung jedes Streites der Parteien, also auch des Streites über Zulassung oder Ausweisung von Behauptungen, soll der Richter, der Individualität jedes Falles Rechnung tragend, bei Feststellung der Grenzen des Prozeßmaterials thätig mitwirken, sondern auch für die Vollständigkeit der Information soll der Richter insoweit sorgen, als er der Partei sein Informationsbedürfniß anzeigt, die Lücken seiner Information aufdeckt, die Unklarheiten durch Fragen aufklärt. Das Interesse der Parteien wird den Bestrebungen des Richters entgegenkommen und den Zwang der um Recht oder Unrecht unbekümmerten Formel entbehrlich machen, wenn die freie Beweiswürdigung des Richters die Furcht der Partei vor ungünstiger Auslegung einer unmotivirten Informationsverweigerung erzeugt.

Diese vier Grundsätze sind unmittelbar auf Erfüllung des Prozeßzweckes gerichtet, darum unverletzbar. Jedes Verlassen derselben nimmt dem Prozesse seinen Charakter als Prozeß. Die befreite Stellung der Partei setzt dieselbe in den Stand, ihre Thätigkeit voll zu entwickeln, die befreite Stellung des Richters leitet das Interesse der Partei auf vollständige Information des Richters, das *Wächteramt des befreiten Richters* garantirt die Gleichheit der Parteirechte, die *Hülfe des befreiten Richters* garantirt die Vollständigkeit der Information und die Fernhaltung jedes Mißverständnisses. Dennoch bleiben die Funktionen des Richters und der Parteien gesondert: Die Partei sammelt selbstständig die faktischen Grundlagen der Entscheidung und übergiebt dieselben dem Richter, der in dem Akte der Informationsertheilung selbstthätig die Information annimmt, und dadurch seine Thätigkeit helfend und fördernd mit der Parteithätigkeit vereint. Die Thätigkeit beider Faktoren des Prozesses begegnet sich in dem Akte der Informationsertheilung zwar stets prinzipmäßig getrennt, aber wiederum in der Richtung zu einem Ziele vereinigt. Das ist zweckmäßig.

Zweites Kapitel.

Von dem ordentlichen Verfahren vor den Landgerichten bis zur Entscheidung.

§§. 384 bis 396.

Der Entwurf trennt das Verfahren vor den Handels- und Amtsgerichten von dem Verfahren vor den Landgerichten. Die Landgerichte und die Handelsgerichte sind Kollegien, die Amtsgerichte mit Einzelrichtern besetzt. (Vorbemerkungen Nr. I.) Das Verfahren vor den Landgerichten ist die Regel, das Verfahren vor den Handels- und Amtsgerichten ist durch Ausnahmebestimmungen ausgezeichnet. (§ 635.)

Vor die Landgerichte gehören die Rechtsstreitigkeiten, welche nicht vor die Handels- und Amtsgerichte verwiesen sind. (§. 2.)

Entzogen sind der Zuständigkeit der Landgerichte die Rechtsstreitigkeiten über „vermögensrechtliche Ansprüche,“ deren Gegenstand 100 Thlr. nicht übersteigt, einige schleunige und einfache Sachen und Handelssachen über 100 Thlr. Wir betrachten zunächst das ordentliche Verfahren vor den Landgerichten.

§. 384.

»Die Erhebung der Klage erfolgt durch Zustellung eines dieselbe und die Ladung enthaltenden Schriftsatzes.

Die Klageschrift muss ausser den im §. 181 bezeichneten Erfordernissen die an den Beklagten gerichtete Aufforderung enthalten, einen bei dem Prozessgerichte zugelassenen Rechtsanwalt ungesäumt zu bestellen, um durch diesen seine Rechte in dem Prozesse wahrnehmen zu lassen. In Ermangelung dieser Aufforderung kann gegen den Beklagten das Versäumnissurteil nicht erlassen werden.

Die allgemeinen Bestimmungen über die vorbereitenden Schriftsätze finden auch auf die Klageschrift Anwendung.«

Die Erhebung der Klage begründet nach §. 183[1]) die Rechtshängigkeit der Streitsache, für deren Wirkungen also der Zeitpunkt der Zustellung der Klage entscheidend ist. Dieser Zeitpunkt ist nach §. 183 im Interesse des Klägers namentlich für die Begründung der Einrede der Rechtshängigkeit und für die Zuständigkeit des Gerichtes entscheidend. Außerdem treten nach §. 187[2]) alle Wirkungen, welche nach den bürgerlichen Rechten an die Rechtshängigkeit, an die gerichtliche Anmeldung, an die Anstellung oder Mittheilung der Klage, an die Ladung oder Einlassung des Beklagten geknüpft sind, mit dem Zeitpunkte der Zustellung der Klage ein.

In Bezug auf die Veräußerlichkeit des Streitgegenstandes bestimmen die §§. 184 u. 185[3]) die Zulässigkeit desselben mit der Maßgabe, daß dem

---

[1]) §. 183. „Durch die Erhebung der Klage (§. 384) wird die Rechtshängigkeit „der Streitsache begründet."

„Die Rechtshängigkeit hat folgende Wirkungen":

1) „wenn während der Dauer der Rechtshängigkeit von einer Partei die Streit„sache anderweit anhängig gemacht wird, so kann die Gegenpartei die Einrede der „Rechtshängigkeit erheben";

2) „die Zuständigkeit des Prozeßgerichtes wird durch eine Veränderung der sie „begründenden Umstände nicht berührt, jedoch unbeschadet der Vorschrift des §. 12;"

3) „der Kläger ist nicht befugt, ohne Einwilligung des Beklagten die Klage zu ändern:"

4) „der Beklagte erlangt das Recht zur Widerklage."

[2]) §. 187: „Die Vorschriften des bürgerlichen Rechtes über die sonstigen Wir„kungen der Rechtshängigkeit bleiben unberührt. Diese Wirkungen, sowiealle Wir„kungen, welche durch die Vorschriften des bürgerlichen Rechtes an die gerichtliche „Anmeldung, an die Anstellung oder Mittheilung der Klage, an die Ladung oder an „die Einlassung des Beklagten geknüpft werden, treten mit Erhebung der Klage ein."

[3]) §. 184: „Die Rechtshängigkeit schließt die Befugniß der einen oder der andern „Partei nicht aus, die im Streite befangene Sache zu veräußern oder den geltend „gemachten Anspruch zu cediren."

„Die Veräußerung oder Cession hat auf den Prozeß keinen Einfluß. Der „Rechtsnachfolger ist insbesondere nicht befugt, ohne Zustimmung des Gegners den „Prozeß als Hauptpartei an Stelle des Rechtsvorgängers zu übernehmen oder eine „Hauptintervention zu erheben (§. 87). Tritt er als Nebenintervenient auf, so fin„det der §. 94 keine Anwendung."

„Die Entscheidung, welche in der Hauptsache ergeht, ist auch gegen den Rechts„nachfolger wirksam und vollstreckbar."

§. 185: „Ist über das Bestehen oder Nichtbestehen eines Rechtes, welches für „ein Grundstück in Anspruch genommen wird, oder einer Verpflichtung, welche auf „einem Grundstück ruhen soll, zwischen dem Besitzer und einem Dritten ein Rechts„streit anhängig, so ist im Falle der Veräußerung des Grundstückes der Rechtsnach-

Prozeßgegner keine neue Prozeßpartei wider seinen Willen aufgedrungen werden darf, und daß das Urteil gegen den Alienanten wie gegen den Alienaten vollstreckbar ist, mit Ausnahme des Falles der Veräußerung eines Grundstückes während schwebenden Streites über dingliche Berechtigungen oder Verpflichtungen desselben, welchen Streit der Rechtsnachfolger des verklagten Besitzers zu übernehmen berechtigt und verpflichtet ist. Diese Regel erleidet eine Ausnahme im §. 186[1]).

In Betreff der Unterbrechung der Verjährung verordnet der §. 197[2]) daß der Zeitpunkt der Uebergabe der Ladung an den Gerichtsschreiber zum Zwecke der Zustellung an den Verklagten dem Zeitpunkte der wirklichen Zustellung in Hinsicht auf die Wirkung der Unterbrechung der Verjährung gleichstehe. Nach §§. 255 und 266[3]) soll ferner, wenn es sich um eine Zustellung an eine im Auslande befindliche Person mittels Aufgabe zur Post (§. 252 Nr. 4) handelt, nicht der Zeitpunkt der Uebergabe der Klage an den Gerichtsschreiber, sondern der Zeitpunkt der Aufgabe zur Post, und bei öffentlichen Zustellungen (§. 261)

„folger berechtigt und auf Antrag des Gegners verpflichtet, den Rechtsstreit als „Hauptpartei zu übernehmen. Der Rechtsstreit geht in der Lage, in welcher er „sich zur Zeit der Uebernahme befindet, auf den Rechtsnachfolger über."

[1]) §. 186 besagt: Wenn die bürgerlichen Gesetze eines Landes den Erwerber einer beweglichen Sache, oder denjenigen, welcher ein Grundstück auf den Grund des Hypothekenbuches erworben hat, oder den gutgläubigen Erwerber einer beweglichen oder unbeweglichen Sache ohne Rücksicht auf die Litigiosität der Sache in seinem Erwerbe schützen, so soll das Urteil gegen den Rechtsnachfolger des veräußernden Verklagten nicht wirksam und vollstreckbar auch bei dinglichen Klagen gegen ein Grundstück der Rechtsnachfolger des verklagten Besitzers nicht berechtigt (?) noch verpflichtet sein, die Rolle des Beklagten in dem schwebenden Prozesse zu übernehmen. Wenn dagegen die bürgerlichen Gesetze eines Landes den Erwerb litigiöser Sachen verbieten, so soll der veräußernde Kläger auf die Einrede der mangelnden Sachlegitimation abgewiesen werden.

[2]) §. 197: „Ist der Gerichtsschreiber zugleich beauftragt, für die Zustellung der „Ladung zu sorgen, so gilt, in so weit nach den Vorschriften des bürgerlichen Rech„tes und dieses Gesetzbuches der Lauf der Verjährung durch die Zustellung der La„dung unterbrochen wird, die Unterbrechung als an dem Tage erfolgt, an welchem „die Ladung bei dem Gerichtsschreiber eingereicht ist."

[3]) §. 255: „Insoweit nach den Vorschriften des bürgerlichen Rechtes und dieses „Gesetzbuches der Lauf der Verjährung durch eine Zustellung unterbrochen wird, gilt „die Unterbrechung als an dem Tage erfolgt, an welchem das zuzustellende Schrift„stück zur Post gegeben ist."

§. 266: „Insoweit nach den Vorschriften des bürgerlichen Rechtes und dieses „Gesetzbuches der Lauf der Verjährung durch eine Zustellung unterbrochen wird, „gilt die Unterbrechung als an dem Tage erfolgt, an welchem die Ermächtigung zur „öffentlichen Zustellung nachgesucht ist."

der Zeitpunkt der Einreichung des an das Prozeßgericht gestellten Antrages auf Ermächtigung (des Gerichtsschreibers?) zur öffentlichen Zustellung für die Unterbrechung der Verjährung entscheiden. Ob im letzten Falle die wirkliche Ertheilung der Ermächtigung vorausgesetzt wird, ist nicht ausgedrückt. Für die Fälle richterlicher Requisition um Zustellung (§§. 252, 253, 256 und 257) fehlt die Festsetzung eines früheren Zeitpunktes für Unterbrechung der Verjährung.

Soviel geht also hieraus hervor, daß der Zeitpunkt der Zustellung der Klage für den Kläger von Bedeutung ist, und daß die Verzögerung seines Eintrittes für den Kläger gefährlich sein kann. Die Rücksicht auf Zweckmäßigkeit würde also die möglichste Beschleunigung der Zustellung erheischen. Nun verlangt aber der §. 384 als Requisit der Klageerhebung „die Ladung", nämlich die Ladung des Beklagten zu einem Audienztermine. Wenn auch der §. 194 [1]) bestimmt, daß die Ladung durch die Partei geschehe, so bedeutet das nur, daß eine gerichtliche Anweisung zur Befolgung der Ladung nicht erfordert ist. (§. 196) [2]). Die Einrückung des Termins ist dagegen Sache des Gerichtsvorsitzenden, (§. 201) [3]) welchem der Gerichtsschreiber zu diesem Zwecke die ihm von der Partei zu überreichende Klageschrift vorzulegen hat. (§. 197) [4]) Demnächst geht die Klage an den Gerichtsschreiber zurück, welcher, wenn die Partei nicht anders bestimmt hat, nach §. 248 [5]) zur Zustellung beauftragt erscheint. Der Gerichtsschreiber übergiebt die Ladung behufs Zustellung einem Gerichtsboten, oder requirirt die Postbehörde um Ertheilung eines desfallsigen Auftrages an einen Postboten. Im letzten Falle trägt die Postbehörde dem Postboten die Zu-

---

[1]) §. 194: „Die Ladung erfolgt durch die betreibende Partei, soweit nicht dieses „Gesetzbuch ein Anderes bestimmt."

[2]) §. 196: „Eine gerichtliche Anweisung zur Befolgung der Ladung ist nicht er„forderlich; dies gilt auch dann, wenn die zu ladende Person sich nicht in dem „Bezirke des Gerichts aufhält, vor welches sie geladen wird."

[3]) §. 201: „Die Bestimmung der Termine erfolgt durch den Vorsitzenden, und „wenn die Termine vor einem beauftragten oder ersuchten Richter stattfinden, durch „diese letzteren."

„Die Bestimmung des Termins soll binnen 24 Stunden erfolgen."

[4]) §. 197: „Der die Ladung enthaltene Schriftsatz ist zum Zwecke der Termins„bestimmung bei dem Gerichtsschreiber einzureichen."

[5]) §. 248: „In der Einreichung der Ladung zum Zwecke der Terminbestim„mung liegt in Ermangelung einer entgegenstehenden Erklärung der Partei zugleich „die Beauftragung des Gerichtsschreibers, für die Herstellung der Ladung zu sorgen."

stellung der Ladung auf. (§§. 236 und 237)[1]). In der Hand des Gerichtsboten oder Postboten, welchen die Motive zu §. 142 des Preußischen Entwurfes auf Grund der Erfahrung das Zeugniß mangelnder Zuverlässigkeit ausstellen, ruht schließlich die Ausführung der Zustellung.

Eine andere Art der Zustellung, nämlich die Zustellung ohne Mitwirkung des Gerichtsschreibers durch Zustellungsbeamte, kann partikularrechtlich eingeführt werden, (§. 244)[2]) und die ferner zugelassene Zustellung durch Notare (§. 249)[3]) soll wohl gleichfalls ohne Mitwirkung des Gerichtsschreibers geschehen, wenigstens scheint der §. 251[4]) dies vorauszusetzen.

Jedenfalls ist schon der Akt der Termінseinrückung zeitraubend genug, noch zeitraubender der regelmäßige Wege der Zustellung; die Zustellung durch Gerichtsvollzieher setzt partikularrechtliche Vorschriften voraus; die Zustellung durch Notare ist illusorisch, weil Notare sich mit solchen Arbeiten erfahrungsmäßig nicht befassen, also vernünftigerweise kein Anwalt sich an sie wenden kann. Liegt nun noch ein Feiertag als Hinderniß der Zustellung vor, (§. 234)[5]) so wird der Gerichtsbote regel-

---

[1]) §. 236: „Die Zustellungen erfolgen unter Mitwirkung des Gerichtsschreibers „des Gerichtes, bei welchem die Sache anhängig gemacht werden soll oder anhän„gig ist, durch Gerichtsboten oder durch Postboten."

§. 237: „Die Partei, welche eine Zustellung bewirken lassen will, hat das „zuzustellende Schriftstück nebst zwei Abschriften bei dem Gerichtsschreiber einzureichen."

„Der Gerichtsschreiber stellt die Uebereinstimmung der Abschriften mit den Schrift„stücken fest und übergiebt eine Abschrift, unter Beifügung eines Formulars der Zu„stellungsurkunde, dem Gerichtsboten zur Bewirkung der Zustellung, oder übersendet, „wenn die Zustellung durch einen Postboten geschehen soll, die Abschrift nebst dem „bezeichneten Formular der Postbehörde, mit dem Ersuchen, die Zustellung einem „Postboten aufzutragen."

[2]) §. 244: „Den Landesgesetzen bleibt vorbehalten, auch die Anstellung selbst„ständiger Zustellungsbeamten, welche Zustellungen im Auftrage der Parteien ohne „Mitwirkung des Gerichtsschreibers zu bewirken haben (Gerichtsvollzieher) anzuordnen."

[3]) §. 249: „Die Zustellungen erfolgen auch gültig durch Notare."

[4]) §. 251: „Ist eine Zustellung nach den Bestimmungen des §. 249 oder des „§. 250 erfolgt, so hat die Partei, von welcher die Zustellung ausgegangen ist, die „Urschrift der Zustellungsurkunde und des zugestellten Schriftstücks zu den Gerichts„akten einzureichen."

[5]) §. 234: „An Sonntagen und allgemeinen Feiertagen darf eine Zustellung, „sofern sie nicht mittelst Aufgabe zur Post bewirkt wird, nur mit richterlicher Erlaub„niß erfolgen."

„Die Erlaubniß wird von dem Vorsitzenden des Prozeßgerichts ertheilt; sie kann „auch von dem Amtsgerichte, in dessen Bezirke die Zustellung erfolgen soll, und in „den durch einen beauftragten oder ersuchten Richter zu erledigenden Angelegenheiten „von diesen ertheilt werden."

mäßig die Zustellung weigern, sofern nicht ein besonderes Verhältniß zur Partei obwaltet, oder die Schwierigkeit der Formalitäten des §. 234 zur Erlangung einer Präsidialordonnanz überwunden ist. Soviel steht fest, daß der Weg zur Erhebung der Klage wenig einfach ist, und daß die Beschleunigung des Laufes der dem Gerichtsschreiber übergebenen Klage der Partei entzogen bleibt. Nun denke man an den Fall der Zustellung einer Klage an einen sogar am Orte des Gerichtes anwesenden Beklagten, der sich nur auf Besuch aufhält und nicht auf die Zustellung warten wird, oder der im Begriffe steht, die streitige Sache zu veräußern; oder man denke an den Fall der Zustellung einer an die Person der Partei geknüpften Klage während deren gefährlicher Krankheit; oder man denke an den Fall, daß die Durchreise des Beklagten auf der Eisenbahn kurz bevor derselbe die Station passirt gemeldet wird, und daß von der Zustellung der Klage wichtige Rechte des Klägers abhangen. Wenn es sich um Prävention des Gerichtes handelt, (§. 57)[1]) so wird derjenige, welcher in der Lage ist, sich eines Notars zur Zustellung zu bedienen, durch die Wahl dieses Weges seinem Gegner, der sich an den Gerichtsschreiber wendet unter sonst gleichen Verhältnissen um Tage voraus sein. Es erscheint also nicht zweckmäßig, daß zur Erhebung der Klage auf dem Wege des Entwurfes etwa soviel Tage erfordert sind, als der linksrheinische Anwalt unter Umständen Minuten gebraucht.

Und worin hat die Unzweckmäßigkeit ihren Grund? Darin, daß das Prinzip der Dispositionsfreiheit der Parteien verletzt ist. Jede Betrauung des Gerichtes mit Parteiangelegenheiten ohne Parteiantrag ist eine Entfernung der Partei von ihrem Rechte. Dies geschieht nun:

1. Durch die Vorschrift der gerichtsseitigen Terminsbestimmung in der Klage. Außerdem daß, wie gezeigt, der Partei der Weg zur Erhebung der Klage durch das Hinderniß eines Schlagbaumes versperrt ist, welche, wenn auch nur zeitweise Versperrung häufig die Rechtswahrung unmöglich macht, so vollzieht der Richter durch Ansetzung des

---

„Das Gesuch um Ertheilung der Erlaubniß und die Verfügung, durch welche „die letztere ertheilt ist, sind bei der Zustellung abschriftlich mitzutheilen."

„Eine Zustellung, bei welcher die Bestimmungen dieses Paragraphen nicht beob„achtet worden sind, ist gültig, wenn die Annahme nicht verweigert ist."

Richtig ist übrigens, daß die Zustellung an Sonntagen und Feiertagen wenigstens nicht absolut verboten ist, da die Zustellungen auf dem Lande häufig observanzmäßig Sonntags vor den Kirchenthüren erfolgen.

[1]) §. 57: „Unter mehreren zuständigen Gerichten hat der Kläger die Wahl."

Termins eine Handlung, von der es keineswegs feststeht, daß die Absicht der Partei auf dieselbe gerichtet sei. Die Partei kann sehr wohl lediglich die Unterbrechung der Verjährung beabsichtigen und sogar gegen die augenblickliche Fortsetzung der Sache interessirt sein; sie kann die gütliche Beilegung des Streites mit gerechtem Grunde hoffen; sie kann sogar zur Zurücknahme der Klage für den Fall entschlossen sein, daß der Gegner es auf gerichtliche Verhandlung ankommen lassen will; sie kann sich ihren Entschluß bis nach Information über die Einwendungen ihres Gegners offen halten wollen; sie kann endlich überzeugt sein, daß von gerichtlicher Verhandlung vorerst noch gar nicht, sondern erst nach gründlicher Vorbereitung und Durchführung eines die Fakta klärenden Vorverfahrens die Rede sein könne, und ihre Absicht zunächst nur auf dies Vorverfahren gerichtet haben. Allen diesen Intentionen widerspricht die Ansetzung eines Termins zur mündlichen Verhandlung. Eine Nothwendigkeit zu diesem unberufenen, beschädigenden Eintreten des Gerichtes in ungeborene Angelegenheiten der Partei liegt nicht vor; es genügt vollkommen, wenn der klägerische Anwalt den Verklagten binnen einer Frist oder bis zu einer zu bezeichnenden Gerichtssitzung bei Vermeidung eines Kontumazialantrages zur Anwaltbestellung auffordert.

2. Eben dieselbe Entfernung der Partei von ihrem Rechte geschieht durch die für die Zustellung als Regel gebotene Vermittelung des Gerichtsschreibers und des von diesem zu beauftragenden Gerichtsboten resp. der von demselben zu requirirenden Postbehörde. Die Partei ist von der Besorgung und Ueberwachung ihrer Angelegenheiten entfernt; der Gerichtsschreiber, der Gerichtsbote, der Postbote sind nicht Beauftragte des Klägers im technischen Sinne, sie sind Beamte, welche nicht dem Willen der Partei, sondern jeder selbstständig seiner Dienstinstruktion folgen. Der Gerichtsvollzieher ist zwar auch Beamter, aber zugleich Beauftragter des Anwaltes, er folgt unverdrossen dem Auftrage des Anwaltes, d. h. dem Interesse der Partei, sobald er die Gesetzmäßigkeit des Auftrages erkannt hat.

Eine Terminbestimmung durch das Gericht und die Mitwirkung des Gerichtes bei Zustellung der Klage sollte also ohne einen darauf gerichteten Antrag der Partei nicht stattfinden.

Ferner soll der zuzustellende Schriftsatz die Klage enthalten. Von den über die Klage im Entwurfe enthaltenen Bestimmungen interessirt uns nur der §. 181 und, da auf die Klageschrift auch die allgemeinen Bestimmungen über die vorbereitenden Schriftsätze Anwendung finden sollen, auch der §. 173, Nr. 1[1]). Die materiellen Requisite der Klage sind nach diesen §§. folgende:

1. die bestimmte Angabe des Grundes des erhobenen Anspruches, und zwar eine vollständige Angabe der zur Begründuug desselben dienenden thatsächlichen Verhältnisse;

2. die bestimmte Angabe des Gegenstandes des erhobenen Anspruches;

3. ein bestimmter Klageantrag und zwar derselbe Antrag, welchen der Kläger in der mündlichen Verhandlung zu stellen beabsichtigt.

Nach dem bereits oben angeführten §. 183 ist der Kläger nach Erhebung der Klage nicht mehr befugt, dieselbe zu ändern, sofern der Beklagte nicht einwilligt. Eine Einwilligung des Beklagten wird jedoch präsumirt, sobald derselbe sich ohne Rüge auf mündliche Verhandlung der Sache einläßt. (§. 189.)[2]) Dieses Gebot der Unabänderlichkeit der Klage wird sodann erläutert im §. 188[3]). Nach den Bestimmun-

---

1) Namentlich interessirt uns der §. 179 gar nicht. Derselbe bestimmt, daß eine Klage auf Feststellung eines Rechtsverhältnisses oder auf Unächtheit (nicht auch auf Aechtheit?) einer Urkunde eingelegt werden darf, sofern der Kläger an alsbaldiger Feststellung ein rechtliches Interesse hat. Diese Bestimmung gehört nicht in den Prozeß, denn sie verordnet nur, daß ein rechtliches Interesse unter Umständen eine Civilberechtigung erzeuge. Der §. 181 lautet:

„Die Klage muß enthalten: 1) die Bezeichnung der Parteien; 2) die Bezeich„nung des Prozeßgerichts; 3) die bestimmte Angabe des Gegenstandes und Grundes „der Klage; 4) einen bestimmten Klageantrag."

Der §. 173 Nr. 1 lautet:

„Die vorbereitenden Schriftsätze sollen enthalten: 1) die Anträge, welche die „Partei in der Gerichtssitzung zu stellen beabsichtigt mit einer kurzgefaßten, aber „vollständigen und bestimmten Angabe der zur Begründung dienenden thatsächlichen „Verhältnisse, nöthigenfalls mit Andeutung der maßgebenden rechtlichen Gesichts„punkte, jedoch ohne Rechtsausführungen."

2) §. 189: „Die Einwilligung des Beklagten in die Aenderung der Klage ist „anzunehmen, wenn derselbe, ohne die Unzulässigkeit der Aenderung geltend zu „machen, sich in einer mündlichen Verhandlung auf die abgeänderte Klage einge„lassen hat."

3) §. 188: „Als eine Aenderung der Klage (§. 183, Ziffer 3) ist es nicht an„zusehen, wenn ohne Aenderung „des Klagegrundes"

„1) die thatsächlichen oder rechtlichen Anführungen ergänzt oder berichtigt „werden;"

„2) der Klageantrag in der Hauptsache oder in Bezug auf Nebenforderungen „erweitert oder beschränkt wird;"

„3) statt des ursprünglich geforderten Gegenstandes wegen einer später einge„tretenen Veränderung ein anderer Gegenstand oder das Interesse gefordert wird."

gen dieses §. sind die oben bezeichneten Requisite der Klage dahin modifizirt: daß dieselbe einen unabänderlichen Klagegrund haben solle, daß aber die Vollständigkeit der Angabe der zur Begründung des erhobenen Anspruches dienenden thatsächlichen Verhältnisse insofern nicht erfordert sei, als eine Ergänzung und Berichtigung der thatsächlichen und rechtlichen Anführungen gestattet bleibt; daß die bestimmte Angabe des Gegenstandes der Klage insofern nicht bindend sei, als die Substitution eines anderen Gegenstandes des Anspruches im Falle des Unterganges des ursprünglich geforderten gestattet ist; daß endlich die Bestimmtheit des Klageantrages insofern nicht erfordert sei, als die Erweiterung und Einschränkung desselben gestattet bleibt. Uebrigens will der unten zu erwähnende §. 389 das Verbot der Klageänderung nicht weiter modifiziren. Denn dieser §., welcher bestimmt, daß die Abweichungen des mündlichen Vortrages im Audienztermine von dem Inhalte der Schriftsätze protokollirt werden sollen, und bei dieser Vorschrift wesentliche Abänderungen der Schriftsätze als zulässig voraussetzt, disponirt über die Grenzen der Zulässigkeit dieser Abänderungen nicht.

Die Modifikationen des Gebotes der Unabänderlichkeit der Klage führen zu folgendem Resultate:

1. Unabänderlich sind die Parteien des Prozesses, doch darf außer der Veränderung durch Universalsuccession auch die Singularsuccession im Falle der Veräußerung des Streitgegenstandes in Gemäßheit der oben behandelten §§. 184 und 185 das Eintreten anderer Parteien rechtfertigen.

2. Unabänderlich ist der Klagegrund; namentlich sollen diejenigen thatsächlichen Anführungen, welche zur Begründung der Klage, d. h. zum Klagegrunde, dienen, vollständig bereits in der Klage enthalten sein. Doch dürfen die übrigen thatsächlichen und rechtlichen Anführungen der Klage ergänzt und berichtigt werden.

3. Bestimmt muß der Gegenstand der Klage angegeben sein; doch darf derselbe geändert werden, wenn und soweit eine nach der Zeit der Klage eingetretene Veränderung desselben die Substitution eines anderen Gegenstandes rechtfertigt.

4. Bestimmt soll der Klageantrag sein, nämlich derselbe, welchen der Kläger in der mündlichen Verhandlung zu stellen beabsichtigt; doch ist die Erweiterung des Klageantrages ausdrücklich gestattet. Also nur auf etwas Neues darf der Klageantrag nicht gerichtet

richtet werden. Auch dies Verbot ist im §. 180[1]) dahin erläutert, daß die Richtung des Antrages auf Feststellung eines erst im Laufe der Verhandlung streitig gewordenen, für die Entscheidung des Streites erheblichen Rechtsverhältnisses als bloße „Erweiterung des Klageantrages" bezeichnet wird. Dieser Fall läßt sich wohl nur als Ausnahme auffassen.

Die Klage soll nach §§. 181 und 173 die feststehende, schriftlich beurkundete Unterlage für die Entscheidung des Rechtsstreites bilden; sie soll im Voraus die Grenzen des Prozesses feststellen. Die Unzuträglichkeit eines strengen Festhaltens an den Worten der Klage hatte der gemeine Prozeß zur Genüge gelehrt; der Unfug der Abweisung der Klage wegen mangelnder Substantiirung war von der modernen Jurisprudenz verurtheilt; die gemeinrechtliche haarspaltende Wort-Erklärung der Klage-Urkunde, sogar unter arglistiger Verkennung des gewollten Sinnes, war eine so prägnante Ausgeburt des s. g. Prinzipes der Schriftlichkeit und von dem Entwurfe so wenig beabsichtigt, daß den §§. 181 und 173 wesentliche s. g. Erläuterungen auf dem Fuße folgen, deren Sinn dahin zu gehen scheint, daß jede Aenderung der Klage zulässig sei, welche die Personen der Parteien und das Objekt der Klage bestehen läßt und namentlich den „Klagegrund" nicht ändert. Was der „Klagegrund" sei, sagt der Entwurf nicht. Doch ist dieser Begriff bestritten und seine Feststellung von der größten Wichtigkeit. Die Klage ist nach der Auffassung des Entwurfes die einzige schriftliche Grundlage der Verhandlung; es handelt sich also bei Feststellung des Begriffes „Klagegrund" um Feststellung der Grenzen, innerhalb deren die einzige schriftliche Grundlage des Prozesses unabänderlich sein soll. Ich kann deshalb bei den Mangel einer autentischen Interpretation des Entwurfes nicht umhin, meine Interpretation des Begriffes „Klagegrund" zu geben und zu begründen:

Die Natur der Sache und die quellenmäßigen Ausdrücke »causa petendi« und »causa actionis«, deren Uebersetzung das Wort Klagegrund ist, führen zu dem Satze: Der Klagegrund ist das Rechts-

[1]) „Wird im Laufe des Prozesses ein Rechtsverhältniß streitig, von dessen „Bestehen oder Nichtbestehen die Entscheidung des Rechtsstreites ganz oder theil„weise abhängt, so ist dieses Rechtsverhältniß in demselben Prozesse durch richter„liche Entscheidung festzustellen (§. 179), wenn hierauf von dem Kläger durch Er„weiterung des Klageantrages, von dem Beklagten durch Erhebung einer Widerklage „angetragen wird."

verhältniß, aus welchem der Klageantrag folgt, insofern dasselbe aus dem konkreten rechtlichen Faktum hergeleitet ist. Ist beispielsweise aus einem Pachtkontrakte das Rechtsverhältniß hergeleitet, daß der Verklagte einen Pachtzins schuldet, und aus diesem Schuldverhältnisse der Antrag auf Verurtheilung begründet, so ist „das „Rechtsverhältniß des Bestehens dieser Schuld als einer aus dem Pacht„kontrakte herrührenden" der Klagegrund. Nicht der Pachtkontrakt ist der Klagegrund, denn aus demselben können noch andere Rechtsverhältnisse folgen, die nicht Gegenstand der Klage sind, beispielsweise das Recht auf Rückgewähr, das Retentionsrecht des Verpächters; nicht das Rechtsverhältniß der Schuld des Verklagten allein ist der Klagegrund, denn dasselbe Rechtsverhältniß kann auf anderen Grundlagen ruhen, welche nicht Gegenstand der Klage sind, beispielsweise auf der ungerechtfertigten Benutzung der Sache. Zulässige Abänderungen, die außerhalb des Klagegrundes liegen, sind beispielsweise: die Berichtigung des Datum des Pachtvertrages oder des Pachtjahres; die Ergänzung der faktischen Anführungen, daß der Pachtvertrag zwar nicht zwischen den Parteien, aber mit dem Erblasser des Beklagten abgeschlossen, daß der Pachtvertrag zwar bereits abgelaufen, aber relocatio tacita eingetreten ist; die Erhöhung des Klageantrages, zwar nicht auf eine inzwischen fällig gewordene weitere Pachtschuld, nicht auf Herstellen der verdorbenen Pachtsache, denn das wären neue Anträge, wohl aber auf übergangene Zinsen des Pachtgeldes, auf Erhöhung des Pachtgeldanspruches, wenn derselbe irrthümlich zu niedrig angegeben war, oder wenn seine Höhe sich nach dem Marktpreise des Korns richtet, der sich höher herausstellt, als die Klage annahm.

Dieses Beispiel spricht von einer persönlichen Klage. Die dingliche Klage hat freilich eine sehr verschiedene Natur. Während das persönliche Recht, das Recht auf dare facere einer Person, nicht ohne Zuthun der Person ausgeübt werden kann, wird ein dingliches Recht stets ohne Zuthun einer Person ausgeübt. Bei persönlichen Rechten ist also die Klage die Ausübung des Rechtes selbst, während es bei dinglichen Rechten der Klage nicht zur Ausübung des Rechtes bedarf, sondern nur zur Abwehr des Eingriffes in den bestehenden Zustand. Die Verneinung des Rechtes Seitens des Beklagten ruft also den Klageanspruch erst hervor, der sich nach dem Maaße der Verneinung erhöht, der in der rei vindicatio bis zu einem gemischt persönlichen auf dare facere gerichteten Anspruche wächst. Die Vorfrage, das Bestehen des rechtlichen Zustandes, ist jedesmal dieselbe; der Anspruch aber, welcher das Bestehen dieses Zustandes zur Grundlage hat, d. h. der gegen eine Person gerichtete Klageanspruch, hängt von dem Umfange des Bestreitens ab. Der Anspruch mag bald auf Freiheit des Eigenthums, bald auf Aberkennung behaupteten Miteigenthums, bald auf Gewährung des Eigenthums gehen. Insofern sind dingliche und persönliche Klagen total verschieden. Dennoch ist der Klagegrund in gleicher Weise zu definiren. Der Kläger beansprucht die Freiheit seines Grundstückes von einer Wegegerechtigkeit: Der Grund der Klage ist in Gemäßheit unserer oben aufgestellten Definition das Eigenthum des Klägers und das durch die Störung desselben hervorgerufene Rechtsverhältniß des Widerspruchsrechtes gegen die behauptete Beschränkung. Diese Punkte sind unveränderlich. Zulässige Berichtigung ist beispielsweise die genauere Beschreibung der Grenzen oder der Catasterbezeichnung der betreffenden Grundstücke, des gegnerischerseits in Anspruch genommenen Wegetraktus ꝛc. Zulässige Ergänzung der faktischen Anführungen ist beispielsweise die Behauptung, daß das Eigenthum nicht aus einem mit traditio verbundenen Kaufe oder aus einem Tausche, sondern aus Erbschaft und Verjährung herrühre, daß der Kläger das Recht nur als Leibzüchter geltend mache. Zulässige Erweiterung des Klageantrages ist, daß dem Verklagten nicht nur die Fahrgerechtigkeit, sondern auch das Recht des Gehens abgesprochen werde, sofern der Beklagte seinen Anspruch auf dieses Recht beschränkt. Dies letzte folgt schon, ohne Zuhülfenahme des §. 180 daraus, daß in der beanspruchten Fahrwegsgerechtigkeit die Fußwegsgerechtigkeit als ein Minus enthalten ist, also bei vernünftiger Auslegung der Klage gleichfalls bestritten erscheint.

Nach dieser Erläuterung muß ich die gegebene Definition begründen: der Klagegrund ist jedenfalls dasjenige, was der Klage ihre Existenz giebt, das ist das streitige Rechtsverhältniß, aus dem der Anspruch folgt, und zwar, da dies Rechtsverhältniß aus verschiedenen Wurzeln entstanden sein kann, das aus der konkreten in der Klage bezeichneten Wurzel entsprungene Rechtsverhältniß. Dies folgt aus der Natur der Sache.

Die römischen Ausdrücke »causa petendi« und »causa actionis« wollen wir in folgenden Stellen betrachten:

Neratius fr. 27. de exc. rei jud. (44.. 2.). »Cum de hoc, an »eadem res est, quaeritur, haec spectanda sunt: personae, id ipsum »de quo agitur, causa proxima actionis[1]); nec jam interest,

[1]) Die „causa proxima“ hat zu der unfruchtbaren Unterscheidung der „causa remota“ Veranlassung gegeben.

»qua ratione quis eam causam actionis competere sibi existi»masset: perinde ac si quis, posteaquam contra eum judicatum »esset, nova instrumenta causae suae reperisset.«

Die »causa actionis« ist unterschieden von den »personae« und von dem »id ipsum de quo agitur«. Der Sinn des Ausdruckes »causa actionis«, welcher zweimal in dieser Stelle vorkommt, erhellt aus dem Gegensatze der »ratio, qua quis causam actionis competere sibi existimasset.« Diese ratio ist auf einen Fuß gestellt mit der Bewahrheitung durch Beweismittel. Der Sinn der Stelle ist hiernach folgender: die Identität mehrerer Klagen ist alsdann vorhanden, wenn dieselben außer Gleichheit der Parteien und des Gegenstandes auch dieselbe causa actionis haben, alles übrige ist accidentiell, und hat für Beurtheilung der Identität keine Bedeutung. Namentlich hat die ratio, qua quis eam causam actionis competere sibi existimasset, d. h. es hat die Gleichheit oder Verschiedenheit der Thatsachen, aus denen der Kläger zu dem Glauben gekommen ist, daß die causa existire[1]), auf die Frage nach der Identität der Klage ebensowenig Einfluß, als die Gleichheit oder Verschiedenheit der Beweismittel. Die Thatsachen, welche also nicht zur causa actionis gehören, sondern gleichgültig sind, sind die Thatsachen, aus welchen der Kläger die Existenz des rechtlichen facti herleitet. Wenn diese Thatsachen aber gleichgültig sind, was bleibt außer den »personae« und dem »id ipsum, de quo agitur« noch übrig? Nichts weiter als die Existenz des rechtlichen facti selbst und das aus diesem erzeugte Rechtsverhältniß.

Paulus fr. 12. 13. 14. eod. »Cum quaeratur, haec exceptio »(quod res judicata sit inter me et te) noceat necne? inspicien»dum est, an idem corpus sit, quantitas eadem, idem jus, et an »eadem causa petendi et eadem conditio personarum; quae »nisi omnia concurrunt, alia res est.«

Also dieselben Parteien, derselbe Gegenstand, derselbe Rechtssatz, und dieselbe »causa petendi« sind erfordert, um die Identität verschiedener Rechtssachen festzustellen. In §. 2 des fr. 14 sagt Paulus, daß derselbe Verklagte demselben Kläger dasselbe Objekt aus sehr verschiedenen Gründen schuldig sein könne, daß jeder dieser verschiedenen Gründe eine verschiedene obligatio erzeuge und daß diese Verschiedenheit die Identität der Klage ausschließe. Also die »causa petendi« ist; das „Schuldigsein des Verklagten" (das Rechtsverhältniß) und zwar dies Schuldigsein aus der konkreten causa debendi« (dem rechtlichen

---

1) cfr. Brakenhöft in der Zeitschrift für Civilrecht u. Prozeß. Bd. XI. S. 237.

factum), weil die Substitution einer anderen causa debendi die Klage zu einer anderen macht[1]).

Ich habe versucht die Absicht des Entwurfes aufzufinden. So vollständig ich von der Richtigkeit meiner Auffassung überzeugt bin, so sicher weiß ich dennoch, daß dieselbe manchem Widerspruche begegnen wird. Eine Kontroverse über diese tief in das Prozeßrecht eingreifende Frage, welche eine große Mannichfaltigkeit der Praxis in einem Kardinalpunkte zur Folge hat, gefährdet aber die Einheit der Prozeßgesetzgebung. Also ist das Fehlen einer autentischen Interpretation des Ausdruckes „Klagegrund" ein wesentlicher Mangel.

Es dürfte sich fragen, ob diese Vorschrift der Unabänderlichkeit des Klagegrundes gerecht sei, ob nicht vielmehr die Rücksicht auf die Vertheidigung des Verklagten der einzig für die Beschränkung des Klägers maßgebende Gesichtspunkt sein müsse? Der Preußische Entwurf hat im §. 232 die Aenderung des Klagegrundes soweit erlaubt, als die Vertheidigung des Beklagten dadurch keine andere wird. Der Standpunkt des Norddeutschen Entwurfes scheint richtiger zu sein. Die Frage ist nicht allein eine Prozeßfrage, sondern sie berührt zugleich wesentlich die zivilrechtlichen Folgen der Klageanstellung. Man kann nicht behaupten, daß das Interesse der Vertheidigung des Beklagten das einzige Interesse sei, um welches es sich handelt.[2]) Selbst abgesehen davon hat der Beklagte ein Recht darauf, daß ihn sein Gegner nicht anders als in so bestimmter Weise angreife, daß er durch die Klage von dem Grunde des gegen ihn erhobenen Anspruches Kenntniß erhalte und seine Entgegnung darauf einrichte, daß nur dieser Klagegrund im Streite befangen sei. Der Beklagte befindet sich in einer üblen Lage, wenn der Richter bezweifelt, ob der neue Klagegrund ihn zu einer Aenderung seiner Vertheidigung zwingen werde. Die Frage des Richters: welche neue Vertheidigung denn in casu nöthig werde? zwingt den Beklagten, seine Vertheidigung auf eine noch nicht angestellte Klage vorzeitig zu offenbaren.

Der Kläger behauptet eine Fahrgerechtigkeit durch den Thorweg des Beklagten nnd widerspricht einer Aenderung des Thorweges, welche

---

[1]) Für dingliche Klagen herrscht auf Grund dieser Stelle des Paulus noch heute Streit, ob die dingliche Klage auch durch Angabe des Erwerbungsgrundes des dinglichen Rechtes substantiirt werden müsse.

[2]) Beispielsweise mag der Beklagte in Folge der Klageanstellung Dispositionen über den Gegenstand der Klage getroffen (etwa die Aufführung von Bauten inhibirt) haben, welche ihm nachtheilig sind und welche sich durch Aenderung der Klage als unnöthig herausstellen.

seine Fahrt beschränke. Der Beklagte erwidert, daß die Fahrt gegenwärtig nicht unbequemer, sondern weitaus bequemer sei, aber der Kläger, welcher dies freilich eingestehen muß, will die Aenderung des Thorweges aus anderen Gründen nicht dulden, und behauptet nunmehr Miteigenthum an der Durchfahrt. Soll nun der Beklagte, um den Richter zu überzeugen, daß seine Vertheidigung auf dies Klagefundament eine andre sein müsse, den Inhalt seines Erwerbtitels offenbaren?

Wenn der Beklagte unter solchem Drucke zu stehen das Bewußtsein hat, so wird er sich in der Vertheidigung zum Schaden der Aufklärung des Sachverhaltes reservirt halten. Wenn der Kläger eine Koppelhut auf Grundstücken des Beklagten auf Grund des früheren Gemeindeverbandes in Ansprnch nimmt, so kann die Entgegnung des Beklagten, daß die Gruudstücke stets in verschiedenen Gemeindenverbänden gelegen waren, den Kläger zur Behauptung eines Servitutenrechtes für seine Hofstelle auf Grund erwerbender Verjährung vor 1851 veranlassen. Also wird der Beklagte lieber schweigen.

Die Unabänderlichkeit des Klagegrundes ist mithin eine gerechte Forderung des Beklagten.

Alinea 2 des §. 384 bezieht sich auf §. 116[1]), welcher für die Verhandlung vor den Landgerichten den Anwaltszwang einführt. Es dürfte sich fragen, ob der Anwaltszwang überhaupt gerechtfertigt ist, ob derselbe nicht vielmehr als Zwang gegen die Partei das Prinzip der Freiheit der Partei verletzt?

Es handelt sich keinesweges um eine Frage, welche das Wesen des Prozesses berührt; der Prozeß bleibt Prozeß, mag die Partei gezwungen sein, sich rechtlicher Hülfe zu bedienen, oder nicht. Ein Verstoß gegen die Prinzipien des Prozesses liegt also in der Einführung des Anwaltszwanges nicht; die Frage ist vielmehr nach Zweckmäßigkeitsrücksichten zu entscheiden und lautet lediglich dahin: Ist die Einführung des Anwaltszwanges der Erreichung des Endzweckes des Prozesses dienlich? Es ist nicht zu verkennen, daß die Thätigkeit der Anwälte regelmäßig dem Richter die Findung des Rechtes erleichtert, häufig sogar Bedingung derselben ist, daß auch das Interesse der Parteien durch die rechtsverständige Vertretung regelmäßig gefördert wird. Jeder Anwalt weiß, wie häufig

---

[1]) §. 116: „Vor den Landgerichten und vor allen Gerichten höherer Instanz „müssen sich die Parteien, so weit nicht dieses Gesetzbuch eine Ausnahme gestattet, „in dem Rechtsstreite durch einen bei dem Prozeßgerichte zugelassenen Rechtsanwalt „als Prozeßbevollmächtigten vertreten lassen. (Anwaltsprozeß.)"

der Wortlaut der Parteierklärung ihrer Absicht widerspricht, und daß das richtige Verständniß eines durch die Worte oft mehr verhüllten als enthüllten Sinnes eine besondere praktische Gewandheit, namentlich besondere Kenntniß der Ausdrucksweise, des Gedankenganges, ja sogar des Charakters der Parteien voraussetzt, zu deren Aneignung der Anwalt täglich geübt wird, und zu deren Anwendung derselbe stets Gelegenheit hat. Der Richter, wenn ihm auch wirklich diese praktische Gewandheit und Kenntniß nicht fehlte, ist doch nicht in der Stellung, welche ihn berechtigt, das Interesse der Partei zu vertreten. Anders aber kann in der That die Erforschung der Absicht der Partei durch eine wohlgemeinte Inquisition, welche sogar auf Widerruf und Modifikation abgegebener Erklärungen wirkt, nicht genannt werden. Zu dem Anwalte hat die Partei Vertrauen, während sie den Richter zu fürchten häufig Ursache hat; nur Vertrauen und Abwesenheit jeder Furcht führt zur Aufrichtigkeit. Hat der Anwalt das Faktum gefunden, so unterwirft er dasselbe der rechtlichen Beurtheilung und prüft die Kraft der Beweise. Diese Prüfungen sollen als Vorbereitungen der Klage vorausgehen. Der Richter kann diese Prüfungen erst nach angestelltem Prozesse oder gar erst bei Entscheidung desselben vornehmen. Das Resultat dieser Prüfungen Seitens des Anwaltes ist häufig der Rath desselben, welcher als Rath eines von der Partei erwählten Vertrauensmannes besonderes Gewicht hat, die ungerechte oder gefährliche Sache von den Gerichten fern zu halten; während das Resultat dieser Prüfungen Seitens des Richters das Urtheil ist. Setzt aber eine Verhandlung der beiderseitigen Anwälte dieselben in die Lage, den ganzen Prozeß im Voraus zu übersehen, so ist die günstigste Situation für Unterdrückung des Prozesses vor seiner Geburt geschaffen; namentlich wenn nicht durch Ansetzung eines Termins das Gericht bereits, wenigstens im Interesse des Fiskus, mit der Sache befaßt ist. Die Erfahrung lehrt, daß ein nicht unbedeutender Theil der nicht liquiden Sachen auf den Büreaus der linksrheinischen Anwälte ihr definitives Ende findet. Nach meinen Erkundigungen soll die Zahl der auf diese Weise unterdrückten Sachen die Zahl der zur Verhandlung kommenden erreichen. Da nun die Partei häufig die vorhandene Nothwendigkeit der rechtsverständigen Vertretung nicht erkennt oder zu spät erkennt, so ist die Einführung des Anwaltszwanges, welche dem Wesen des Prozesses nicht widerspricht, aus dem praktischen Grunde, weil sie geeignet ist, den Weg zur Erreichung des Prozeßzweckes zu ebnen, wohl zu rechtfertigen.

Alinea 3 des §. 384 bestimmt, daß auf die Klageschrift die

allgemeinen Bestimmungen über die vorbereitenden Schriftsätze Anwendung finden. Es sind hierdurch insbesondere die Bestimmungen der §§. 173 Nr. 1 und 3 und 175 bezeichnet. Der §. 173 Nr. 1[1]) (oben bereits angeführt) ordnet Vieles an, dessen Ausführung oder Nichtausführung dennoch den Anwälten anheimgestellt bleibt. Die Klage soll die Anträge enthalten, welche der Kläger in der Gerichtssitzung zu stellen „beabsichtigt". Wir haben gesehen, daß die Partei „ihre Absicht" ändern darf. Die Begründung der Anträge soll kurz gefaßt sein. Ein Streit über die Präzision der Fassung würde so unerquicklich als nutzlos sein. Die Andeutung der maßgebenden rechtlichen Gesichtspunkte wird dem Ermessen des Anwaltes überlassen, aber Rechtsausführungen sind verboten. Der Unterschied zwischen „Rechtsausführungen" und „Andeutung der rechtlichen Gesichtspunkte" wird auf ein Mehr oder Weniger der rechtlichen Deduktion hinauslaufen, in Betreff dessen ein Streit nicht nur unerquicklich und abwegig, sondern überhaupt unmöglich ist. Der §. giebt also dem Anwalte einen wohlgemeinten Rath, aber einen Rath, den der Anwalt sicherlich nur dann befolgen wird, wenn sein oder seiner Partei Interesse ihm denselben Rath geben. Der Anwalt kann nach den Umständen vollgültigen Grund ebensowohl zu einer bis zur Grenze der Unverständlichkeit kurzen Fassung der Klage wie auch zu weitläufigen sachlichen und rechtlichen Ausführungen haben, und wird in dieser Hinsicht über seinen als zweckentsprechend erkannten Vorsatz ein Gebot überhaupt nicht anerkennen. Man denke an die Bestimmungen des jüngsten Reichsabschiedes in Betreff der Conzeption der Klageschrift: dieselbe soll „das Faktum kurz und nervose, jedoch deutlich und distinkt, enthalten"; und doch, wo ist diese Bestimmung weniger in praktischer Uebung gewesen als im Gemeinen-Prozesse?

In §§. 173, Nr. 3 und 175 wird die Beweisantizipation vorgeschrieben, welche weiter unten bei §. 442 behandelt werden wird.

§. 385.

»**Die Frist, welche zwischen der Zustellung der Klage und der mündlichen Verhandlung liegen muss (Einlassungsfrist), beträgt mindestens:**

---

[1]) §. 173 Nr. 1: „Die vorbereitenden Schriftsätze sollen außer den im §. 169 „bezeichneten Erfordernissen enthalten: die Anträge, welche die Partei in der Ge„richtssitzung zu stellen beabsichtigt, mit einer kurzgefaßten, aber vollständigen und „bestimmten Angabe der zur Begründung derselben dienenden thatsächlichen Verhält„nisse, nöthigenfalls mit Andeutung der maßgebenden rechtlichen Gesichtspunkte, je„doch ohne Rechtsausführungen."

1) wenn die Zustellung im Inlande erfolgt, drei Wochen;

2) wenn die Zustellung im Auslande erfolgt, einen, zwei oder vier Monate, je nachdem der Ort der Zustellung in einem deutschen Staate oder in einem anderen Europäischen Lande, oder ausserhalb Europas belegen ist; die Frist beträgt jedoch nur zwei Monate bei einer Zustellung an einem Orte der Küstenländer von Asien und Afrika längs des Mittelländischen und Schwarzen Meeres, sowie der Inseln dieser Meere; sie beträgt vier Monate bei einer Zustellung auf Island und den Faröern;

3) im Falle der öffentlichen Zustellung einen Monat, und sofern der Beklagte im Falle des §. 259, Abs. 2, (d. h. bei öffentlicher Zustellung) sich nicht in einem Deutschen Staate aufhält, denjenigen Zeitraum, welcher nach der Bestimmung Ziffer 2 zwischen der Zustellung und dem Termine liegen musste, wenn die Zustellung nicht öffentlich erfolgte.«

Der Entwurf unterscheidet 1. die Frist, welche in einer anhängigen Sache zwischen der Zustellung der Ladung und dem Termine liegt, (§. 198)[1]) welche Ladungsfrist heißt, — 2. die Frist, welche zwischen der Zustellung der Klage und dem Terminstage liegt, (§. 385) welche Einlassungsfrist heißt, — 3. die Frist, welche zwischen der Zustellung eines Schriftsatzes und dem Terminstage liegt, welche keinen technischen Namen hat. (§. 176)[2]) In Beziehung auf das vorgeschriebene Minimum der Ausdehnung unterscheiden sich die Fristen, indem die Ladungsfrist ad 1 nach §. 198 mindestens 8 Tage, d. h. eine Woche und einen Tag, (§. 209)[3]) die Frist ad 3 nach §. 176 gleichfalls mindestens 8 Tage, nach §. 386 (siehe unten) dagegen nur eine Woche, also 7 Tage, laufen muß. Der Grund dieser Verschiedenheit ist unerfindlich. Das Minimum der Dauer der Einlassungsfrist ad 3 bestimmt der §. 385. Sämmtliche Fristen können aber auf Antrag noch

---

[1]) §. 198: „Die Frist, welche in einer anhängigen Sache bei der Ladung zu „einem Termine zwischen der Zustellung der Ladung und dem Terminstage liegen „soll (Ladungsfrist), beträgt in Anwaltsprozessen mindestens acht Tage, in anderen „Prozessen mindestens drei Tage, so weit nicht dieses Gesetzbuch ein Anderes be„bestimmt."

[2]) §. 176: „Ein vorbereitender Schriftsatz ist, so weit nicht dieses Gesetzbuch „ein Anderes bestimmt, mindestens acht Tage, die etwa erforderliche Gegenerklärung „mindestens drei Tage vor der mündlichen Verhandlung zuzustellen."

[3]) §. 209: „Unter einer auf acht oder vierzehn Tage bestimmten Frist sind volle „acht oder vierzehn Tage zu verstehen."

unter das Minimum verkürzt werden (§. 216).[1]) Auch die Abkürzung der bereits angesetzten Fristen und anstehenden Termine (also auch deren Abkürzung bis unter das Minimnm der Frist) ist zulässig, jedoch nur unter Beobachtung der Vorschriften der §§. 214 und 215 (§. 217)[2]). Es bedarf nämlich nach §. 214 für die Verkürzung des Termins oder der Frist eines erheblichen und eines glaubhaft gemachten Grundes. Zur Glaubhaftmachung bedient man sich nach §. 315 [3]) aller sofort zu erhebenden Beweismittel mit Ausnahme der Eideszuschiebung; auch kann die eidliche Versicherung des Antragstellers nach Befund des Gerichtes genügen. Ferner bedarf es nach §. 215 einer vorgängigen mündlichen Verhandlung nach den Vorschriften über den Zwischenstreit, (§. 396)[4]) also mit einer Ladungsfrist von 3 Tagen.

Der §. 216 ertheilt dem Vorsitzenden das Recht der Verkürzung der Fristen bei Gelegenheit der Terminsbestimmung. Ist aber der Termin angesetzt, so bedarf es einer Prozedur zur Herbeiführung der Abkürzung, für welche in schleunigen Sachen, in denen allein die Verkürzung der Frist von Erheblichkeit ist, regelmäßig die Zeit fehlen wird. Ein Grund für die Unterscheidung zwischen der Abkürzung der Frist

---

[1]) §. 216: „Die Einlassungsfristen, die Ladungsfristen und die Fristen, welche „zwischen dem Tage der Zustellung und dem Terminstage liegen, können auf An„trag abgekürzt werden. Der Vorsitzende ist ermächtigt, bei der Bestimmung des „Termins die Abkürzung ohne vorgängiges Gehör des Gegners oder des etwa „betheiligten Dritten zu verfügen.“

[2]) §. 217: „Die Verlegung eines Termins kann auf Antrag oder von Amts„wegen erfolgen. Wird von einer Partei die Verlegung eines Termins zur münd„lichen Verhandlung beantragt, so finden die Bestimmungen der §§. 214 und 215 „entsprechende Anwendung.“

§. 214: „Die Abkürzung oder Verlängerung einer Frist soll von dem Ge„richte nur aus glaubhaft gemachten, erheblichen Gründen bewilligt werden.“

§. 215: „Die Abkürzung einer Frist ist nur nach vorgängiger mündlicher „Verhandlung zulässig. Für den Fall einer mündlichen Verhandlung kommen die „Vorschriften über den Zwischenstreit in Anwendung.“

[3]) §. 315: „Wer eine thatsächliche Behauptung glaubhaft zu machen hat, kann „sich, sofern die Beweisaufnahme sofort erfolgen kann, aller im ordentlichen Ver„fahren zulässigen Beweismittel mit Ausnahme der Eideszuschiebung bedienen.“

„Er kann von dem Gerichte zur eidlichen Versicherung der Wahrheit der „Behauptung zugelassen werden, soweit nicht dieses Gesetzbuch ein Anderes be„stimmt.“

[4]) §. 396: „Erhebt sich unter den Parteien ein prozessualischer Zwischenstreit, „so ist jede Partei befugt, die andere Partei zur mündlichen Verhandlung über den „Zwischenstreit und zur Entscheidung desselben vor das Prozeßgericht zu laden.

„Es ist ausreichend, wenn die Ladung zur mündlichen Verhandlung und der „vorbereitende Schriftsatz drei Tage vor dem Termine zugestellt werden.“

bei Gelegenheit der Terminsbestimmung und der Abkürzung einer bereits erfolgten Terminsbestimmung liegt nicht vor. Die Verkürzung des Termins, welche häufig für den Kläger von entscheidender Bedeutung ist, fügt dem Beklagten niemals einen definitiven Schaden zu; dieselbe gleicht vielmehr einer provisorischen Verfügung, deren Rechtmäßigkeit auf Grund der mündlichen Verhandlung festgestellt werden wird. In dieser Verhandlung mag der Verklagte die Ausdehnung der Vertheidigungsfrist beantragen und motiviren. Die Bestimmung der §§. 214 und 215 scheint also, indem sie vermeintliche Rechte des Beklagten schützen will, nur die Rechte des Klägers zu verletzen.

Nun darf man aber bei allen diesen Minimalfristbestimmungen nicht vergessen, daß die Partei regelmäßig außer Stande ist, auf den Zeitpunkt der Zustellung einzuwirken, weil die Zustellung fremden Händen anvertraut ist. Daraus folgt aber, daß die Vorschriften zunächst für den Richter, den Gerichtsschreiber, den Gerichtsboten, die Postbehörde und den Postboten gegeben sind, obgleich als Präjudiz auf die Nichtbefolgung derselben die Ungültigkeit der Ladung zum Schaden der Partei angedroht ist.

§. 386.

»Mindestens eine Woche vor dem Termine zur mündlichen Verhandlung hat der Beklagte dem Kläger mittelst vorbereitenden Schriftsatzes die Klagebeantwortung zustellen zu lassen.«

Es ist bereits darauf aufmerksam gemacht, daß während in diesem §. eine Woche als Minimalfrist bezeichnet ist, der §. 176 die Frist auf 8 Tage, also um einen Tag länger bestimmt. Die Worte am Schlusse des §. „zustellen zu lassen" sind wohl dahin zu erweitern, daß auch das „Zustellen" des Anwaltes nicht ausgeschlossen ist, denn die Vorschrift der §§. 250 und 251[1]) scheint doch vorauszusetzen, daß die Partei bei Zustellungen von Anwalt zu Anwalt der Vermittelung eines Beamten nicht bedarf.

Wenn nun die Partei gar keine Klagebeantwortung abzugeben

[1]) §. 250: „In Anwaltsprozessen genügt zum Nachweise der Zustellung von „Anwalt zu Anwalt das mit Unterschrift und Datum versehene schriftliche Empfangs„bekenntniß des Anwalts, welchem zugestellt ist."

§. 251: „Ist eine Zustellung nach den Bestimmungen des §. 249 oder des §. 250 „erfolgt, so hat die Partei, von welcher die Zustellung ausgegangen ist, die Urschrift „der Zustellungsurkunde und des zugestellten Schriftstücks zu den Gerichtsakten ein„zureichen."

gedenkt, so ist bei dem Fehlen eines Präjudizes das selbstverständliche Resultat das, daß sie es unterläßt, den vorbereitenden Schriftsatz zuzustellen und die Klagebeantwortung zur mündlichen Verhandlung aufspart. Die Partei hat nur für den Fall einen Schaden aus dieser Unterlassung zu fürchten, daß die Gegenpartei einer Information über Einwendungen bedarf, und deren Mangel zur Frustrirung des Termins führt, in welchem Falle sie die Terminskosten zahlen muß. (§. 220.[1])

§. 387.

»Insoweit die Klageschrift und die Klagebeantwortung zur Vorbereitung der mündlichen Verhandlung nicht genügen, liegt jeder Partei die Verpflichtung ob, dem Gegner solche thatsächlichen Behauptungen, Beweismittel und Anträge, auf welche derselbe voraussichtlich ohne vorhergehende Erkundigung keine Erklärung abgeben kann, vor der mündlichen Verhandlung mittelst ferneren vorbereitenden Schriftsatzes so zeitig mitzutheilen, dass der Gegner die erfoderliche Erkundigung noch einzuziehen vermag.«

Der §. 198 bezeichnet die in diesem §. unbestimmt gehaltene Frist auf 8 Tage. Die Innehaltung dieser Frist ist nicht möglich. Es scheint also hier eine Ausnahme vorzuliegen.

Daß die Arbeit unter dem Drucke des nahe bevorstehenden Termins eine beschleunigte sein muß, mag häufig der Gründlichkeit nicht dienlich sein. Es kann auch eine Duplik nothwendig erscheinen und für deren Zustellung die Zeit gänzlich mangeln. Uebrigens ist die Folge der Nichtbeachtung der in diesem §. ausgedrückten Verpflichtung des Klägers dieselbe des §. 386.

§. 388.

»Tritt in Gemässheit des §. 290 eine Vertagung ein, so kann das Gericht die Fristen bestimmen, binnen welcher die etwa noch erforderlichen vorbereitenden Schriftsätze mitzutheilen sind.«

In Gemäßheit des §. 290[1]) kann, sofern das Vorverfahren sein Ende noch nicht erreicht hat, oder sofern die Mittheilung der vor-

[1]) §. 220: „Ist die Verlegung eines Termins oder die Verlängerung einer „Frist durch Verschulden einer Partei nothwendig geworden, so hat diese die da„durch verursachten Kosten zu tragen."

[2]) §. 290: „Die mündliche Verhandlung kann vertagt werden, wenn eine „Partei erklärt, außer Stande zu sein, die Sache vollständig zu verhandeln, ins„besondere, wenn die Gegenpartei die rechtzeitige Mittheilung oder Niederlegung „eines Schriftsatzes oder einer Urkunde unterlassen hat, oder wenn durch ein neues „Vorbringen weitere Erhebungen erforderlich werden."

bereitenden Schriftsätze mangelhaft oder nicht rechtzeitig erfolgt ist, die mündliche Verhandlung vertagt werden (nämlich von den Parteien, eventuell vom Richter). Im Falle dieser Vertagung „kann" das Gericht die Fristen des fernen Vorverfahrens im Voraus bestimmen. Diese Vorschrift ist selbstredend nur für den Fall einer Uneinigkeit der Parteien ertheilt, denn das Einverständniß der Parteien hat nach §. 212[1]) den Vorzug; in diesem Falle des Einverständnisses der Parteien also kann der Richter die Fristen nicht feststellen. Ist aber ein Streit der Parteien vorhanden, so gehört dessen Entscheidung zur Pflicht des Richters, welcher deshalb die Fristen nicht nur feststellen „kann" sondern vielmehr „muß". Das Wort „kann" bedeutet also entweder „kann nicht" oder „muß".

Die Bezeichnung „Fristen" bedeutet nach dem Entwurfe „präklusivische Fristen". Nach den §§. 269 und 270 soll die Partei, welche eine Frist versäumt, mit der vorzunehmenden Prozeßhandlung ausgeschlossen sein, selbst ohne daß es eines hierauf gerichteten Antrages der Gegenpartei bedarf. Im vorliegenden Falle ist diese Wirkung des Ablaufes der Fristen nicht von Erheblichkeit, denn der Inhalt der vorbereitenden Schriftsätze ist ja nur für die Vorbereitung der Parteien und des Richters von Bedeutung. Im Vorverfahren kann es deshalb keine Eventualmaxime, keine Kontumazia geben, denn entscheidend für das Urteil ist nur die mündliche Verhandlung. Die Fristen können deshalb trotz §§. 269 und 270 kein Vorbringen präkludiren[2]).

---

1) §. 212: „Durch Uebereinkunft der Parteien kann eine Frist verlängert oder „abgekürzt werden."

2) Bei dieser Gelegenheit will ich mich über die Unrichtigkeit des in §§. 269 und 270 ausgesprochenen Grundsatzes, daß ein Vorbringen durch die Thatsache des Ablaufes einer Frist präkludirt werde, ansprechen. Richtig ist es freilich, daß, wenn für das Vorbringen einer Thatsache ein bestimmtes Stadium des Prozesses bestimmt ist, das Vorbringen nach Schluß dieses Stadii keinen regelmäßigen Platz im Prozesse mehr findet, wohl aber den außerordentlichen Platz, welcher jedem Vorbringen, nur nicht der Chikane, gewährt werden soll. Dagegen darf ein Fristablauf, welcher den Prozeß in kein anderes Stadium hinüber führt, diese Wirknng nicht äußern. Der §. 269 sagt nun: „Die Versäumung eines Termins oder einer Frist „hat zur Folge, daß die säumige Partei mit der vorzunehmenden Prozeßhandlung „ausgeschlossen wird" ꝛc., und der §. 270: „Einer Androhung der gesetzlichen Folgen „der Versäumung bedarf es nicht; ‚dieselben treten mit dem Schlusse des Termins „oder mit dem Ablaufe der Frist von selbst ein, sofern nicht dies Gesetzbuch einen „auf Verwirklichung des Rechtsnachtheiles gerichteten Antrag des Gegners verlangt." Der §. 273. schließt auch den zur Aufhebung des Rechtsnachtheils zugelassenen Beweis der Schuldlosigkeit der Partei aus, sofern der Anwalt ein Versehen begangen hat; „eine Versäumung, welche in der Nachlässigkeit eines Vertreters „ihren Grund hat, wird als eine unverschuldete nicht angesehen." Was kann der

§. 389.

»Werden bei der mündlichen Verhandlung Anträge gestellt, welche nicht in Schriftsätzen enthalten sind, oder weichen die mündlich gestellten Anträge in wesentlichen Punkten von den in den Schriftsätzen enthaltenen ab, so sind diese Ergänzungen und Abänderungen durch das Sitzungsprotokoll oder durch eine dem Protokolle als Anlage beizufügende und zu verlesende Schrift festzustellen.«

»Andere in Schriftsätzen nicht enthaltene wesentliche Erklärungen oder wesentliche Abweichungen des mündlichen Vortrags von dem Inhalte der Schriftsätze, mögen die Abweichungen in

---

Grund dieses Kontumazialprinzipes sein? Als eine Strafe kann der als Folge der Versäumniß aufgestellte Rechtsnachtheil nicht gerechtfertigt werden, denn eine Strafe setzt voraus, daß die Partei sich schuldbarer Weise vergangen habe. Gegen wen hat die Partei gefehlt? Gegen den Prozeßgegner, der wohl gar kein Interesse daran hat, ob die Partei die Schrift einen Tag früher oder später einliefert, der vielleicht an der Verschleppung des Prozesses mehr Interesse hat, der überhaupt auf Kontumazia nicht angetragen hat, der, wenn er das thut, regelmäßig nur der Intention folgt, eine Versäumniß des Gegners zu seinem Vortheile auszubeuten? Oder gegen den Richter, der noch weniger Interesse daran hat, ob die Schrift überhaupt eingeht? Und ist die strafbare Schuld, deren Nachweis ja überhaupt nicht erfordert ist, denn stets vorhanden? Läßt sich überhaupt eine auf Selbstbeschädigung gerichtete böse Absicht annehmen? Ist nicht vielmehr regelmäßig ein Versehen, und zwar ein Versehen des Anwaltes oder seines mit Fristeneintragungen überhäuft beschäftigten Büreauvorstehers die Ursache der Versäumniß? Die Versäumnisse des Anwaltes nehmen nach §. 273 den Charakter der „Nachlässigkeit“ an, und verwandeln im Widerspruche mit dem Reichskammergerichtsbeschlusse vom 19. Mai 1786 das Recht der Partei gegen die Gegenpartei in einen Regreßanspruch gegen den Anwalt. Vernünftig ist die Rechtfertigung des Ausschlusses aus der Annahme, daß die Partei, welche innerhalb der Frist nicht verhandelt hat, nicht verhandeln wolle. Aber diese Annahme kann aus dem bloßen Ablaufe einer Frist darum nicht folgen, weil viele andere Gründe der Nichtbenutzung der Frist vorliegen können, welche den Schluß auf Nichtverhandelnwollen ausschließen. Wenigstens würde eine Anfrage vor Ausschließung jedesmal geboten sein. Die unbedingte Annahme des Nichtverhandelnwollens ist, weil dieselbe aus dem Faktum des Ablaufes der Frist nicht folgt, eine „Fiktion“. Und dieses Prinzip der Fiktionen ist der bitterste Feind der Freiheit der Partei, welche in Geltendmachung ihrer Rechtszuständigkeiten gehindert wird, der bitterste Feind der Freiheit des Richters, welcher, obgleich er das Unrecht sieht, nicht helfen darf, der bitterste Feind der Vollständigkeit und Aechtheit der richterlichen Information, indem Prozeßmaterial, gleichgültig ob werthvoll oder werthlos, nach einer Formel über Bord geworfen wird, folgeweise der bitterste Feind eines richtigen Urteils, weil dasselbe auf verstümmeltes Material und von einem Richter auferbaut wird, dessen gewissenhafte Ueberzeugung durch den gegen ihn geübten Zwang unterdrückt ist. Diese Theorie ist also prinzipwidrig und darum unzweckmäßig.

Zusätzen, Weglassungen oder sonstigen Aenderungen bestehen, sind in gleicher Weise festzustellen, wenn es von einer Partei beantragt oder von dem Vorsitzenden für angemessen erachtet wird.«

»Zur Ueberreichung einer dem Protokolle als Anlage beizufügenden Schrift ist der Anwalt auf Anordnung des Versitzenden verpflichtet.«

Zuvörderst ist anzuerkennen, daß die jeder Partei mit Recht verhaßte Protokollirung durch die Ueberreichung von Schriftsätzen, welche dem Protokolle beizufügen sind, verhindert und unschädlich gemacht werden kann. Der Zwang des Vorsitzenden gegen den Anwalt auf Ueberreichung eines Schriftsatzes würde wohl unausführbar sein, wenn nicht das eigene Interesse den Anwalt dazu triebe, die im Falle der Weigerung zu fürchtende Protokollirung zu vermeiden.

Die Protokolle entbehren der Genehmigung der Partei nicht, sondern dieselbe ist durch §. 344[1]) garantirt.

§. 390.

»Die Vorschrift, dass die mündliche Verhandlung die ausschliessliche Grundlage für die richterliche Entscheidung bildet, findet auch dann Anwendung, wenn die im §. 389 vorgeschriebene Feststellung unterblieben ist.«

Der §. 286: „Der Rechtsstreit wird mündlich verhandelt" — und der §. 287: „Die mündliche Verhandlung bildet die ausschließliche Grundlage für die richterliche Entscheidung" — kündigen die grundsätzliche Mündlichkeit des Verfahrens an. Der §. 287 fügt eine Parenthese bei: „sofern nicht dieses Gesetzbuch ein Anderes bestimmt"[2]). Die §§. 389 und 390 führen nun diese Ankündigung aus. Der §. 389 setzt die Zulässigkeit jeder Veränderung des Inhaltes der Schriftsätze (selbstredend ohne Aenderung

[1]) §. 344: „Die Theile des Sitzungsprotokolls, durch welche Anträge und Erklärungen oder das Ergebniß eines in der Sitzung eingenommenen Augenscheines „festgestellt sind, sowie die Aussagen der Zeugen und Sachverständigen sind den „Betheiligten vorzulesen oder zur Durchsicht zu überreichen; im Protokolle ist zu „bemerken, daß dies geschehen und daß die Genehmigung erfolgt ist, oder welche „Einwendungen erhoben sind. Die Verlesung der übrigen Theile des Protokolls „ist nicht erforderlich."

[2]) Diese häufig gebrauchte Generalklausel, „sofern nicht dieses Gesetzbuch ein Anderes bestimmt", giebt zu Kontraversen Veranlassung, und ist deshalb für ein Prozeßgesetz nicht empfehlenswerth, so nützlich dieselbe in Parteischriften sein mag.

der Klage) in der mündlichen Verhandlung voraus; der §. 390 disponirt, daß nur das in der mündlichen Verhandlung gesprochene Wort maßgebend sei. Wir fragen zunächst, welche Berechtigung überhaupt die Mündlichkeit habe, und ob das berechtigte Maaß der Mündlichkeit in dem Prozesse des Entwurfes gegeben sei? Wir werden finden, daß die Bestimmungen des Entwurfes für Zweifel Raum lassen, daß also der Praxis, welche in allen Prozeßordnungen das letzte Wort spricht, eine Aufgabe überlassen bleibt. Das wird uns auf die Frage führen, welche Bedeutung die Vorschriften des Entwurfes für die wirkliche Gestaltung des Prozesses haben?

Die Mündlichkeit des Prozesses ist heute ein Dogma geworden, das wie viele Dogmen bei weitem häufiger mit dem Munde bekannt als wirklich verstanden wird. Man hat die Mündlichkeit ein „Prinzip" genannt und doch ist die Mündlichkeit eine „Form". Man ist, in dem Irrthum weiter vorschreitend, zu dem Schlusse gelangt, daß die Schriftlichkeit das entgegengesetzte Princip sei und hat das „Prinzip der Mündlichkeit" zu dem Prinzipe der Ausschließung der Schriftlichkeit erweitert. Auf dieser Stufe angelangt muß man aber des Irrthums inne werden; man muß erkennen, daß ohne Schriftlichkeit sich der Prozeß nicht herstellen läßt. Die Klage, das Urteil, die Beweisurkunden müssen schriftlich sein. Ueberhaupt ist die Schrift keine müßige Erfindung; so wenig dieselbe in irgend einem Verkehre der Menschen entbehrlich ist, ebenso wenig ist sie es in dem Verkehre der Parteien untereinander und mit dem Richter. Unrichtig ist es nun, wenn man, anstatt nach dieser Erkenntniß umzukehren, den Ausweg wählt, das s. g. Prinzip der Mündlichkeit mit Ausnahmen zu umgeben, die den Charakter der Unsicherheit tragen.

Das „Prinzip der Mündlichkeit" ist aber etwas so durchaus anderes als die „Form der Mündlichkeit", daß sogar die Form der Schriftlichkeit dem „Prinzipe der Mündlichkeit" dient. Grade im französischen Prozesse, der als Muster eines mündlichen Verfahrens genannt wird, finden wir eine überwiegende Bedeutung der Urkunden, und finden wir schriftliche Anträge. Das „Prinzip der Mündlichkeit" ist das Prinzip der Verwerfung der Formelherrschaft, das Prinzip der Freiheit der Partei, der Freiheit des Richters, der Vollständigkeit der richterlichen Information, also das Gegentheil des Prinzipes, dessen Ausbildung die Aufgabe des gemeinen Prozesses gewesen ist. Und weil der gemeine Prozeß die Herrschaft der todten Formel und die Unterwerfung des Richters und der Parteien unter dieselbe, bis zur Beeinträchtigung der Aechtheit der richterlichen Information, bis zur Erhebung des s. g. formellen Rechtes über das materielle Recht, nicht ohne Verschulden und mit Beihülfe der Schriftlichkeit der Form ausgebildet hatte, darum ist der für das Prinzip des gemeinen Prozesses gefundene Name des „Prinzipes der Schriftlichkeit" nicht nur erklärlich sondern auch berechtigt; und gleich erklärlich und berechtigt ist der Name „Prinzip der Mündlichkeit" für das entgegengesetzte Prinzip, welches den Prozeß lebendig macht und das materielle Recht zur Geltung zu bringen trachtet.

Etwas ganz Verschiedenes ist die Form der Mündlichkeit, dieselbe hat freilich darum einen ganz besondern Werth, weil die Sprache das natürliche Mittel der Verständigung der Menschen und vorzüglich geschickt ist, Mißverständnissen vorzubeugen oder solche aufzuklären; aber die Schriftlichkeit hat einen nicht geringeren Werth, sowohl als Surrogat der Sprache als vorzüglich zur Beurkundung des Wortes. Beide sind unentbehrlich zur Ausführung einer auf „das Prinzip der Mündlichkeit" gegründeten Prozeßordnung. Da die Form der Schriftlichkeit oder Mündlichkeit kein Prozeßprinzip ist, so handelt es sich nicht um ein konsequentes Festhalten der einen oder der andern Form, sondern um Anwendung desjenigen Maaßes Beider, welches der Erreichung des Prozeßzweckes dient.[1])

Wir wollen nun die Mündlichkeit des Entwurfes betrachten.

Zunächst ist bei Gelegenheit der Zustellungen im §. 240[2]) verordnet, daß eine Ausfertigung jedes Schriftstückes der Parteien dem Gerichte zu überreichen ist, oder, wie es heißt, bei den Gerichtsakten verbleibt. Nach §. 378[3]) werden diese Schriftstücke zu Gerichtsakten ge-

---

[1]) Cfr. meinen Aufsatz in der Zeitschrift für Gesetzgebung und Rechtspflege in Preußen. Bd. III. Nr. I. u. XI.

[2]) §. 240: „Die Zustellungsurkunde wird dem Gerichtsschreiber von dem Ge„richtsboten übergeben oder, wenn die Zustellung durch einen Postboten bewirkt ist „von der Postbehörde übersendet; sie bleibt nebst der Urschrift des zugestellten Schrift„stückes bei den Gerichtsakten."

[3]) §. 378: „Ueber jeden Rechtsstreit sind bei dem Prozeßgerichte besondere „Akten zu halten."

„Zu den Akten sind alle Schriftstücke zu nehmen, welche die Verhandlung und „Entscheidung der Sache betreffen, insbesondere die Schriftsätze, die Protokolle und „die Urschriften der Urteile, Beschlüsse und Verfügungen, sowie die auf die Zu„stellungen und auf die Verrichtungen des Gerichtsschreibers sich beziehenden Beur„kundungen."

sammelt. Von diesen Schriftsätzen ist die Klage jedenfalls ein schriftliches Fundament der Entscheidung, denn die Unabänderlichkeit des Klagegrundes ist vorgeschrieben. Die Zustellung der Klagebeantwortung ist gleichfalls vorgeschrieben, die Zustellung der übrigen Schriftsätze ist regelmäßig zwar dem Ermessen der Parteien überlassen, der Inhalt der Schriftsätze aber bestimmt vorgezeichnet. Nun überrascht uns der §. 389 mit der Eröffnung, daß, obgleich die vorbereitenden Schriftsätze nach §. 173 die Anträge enthalten sollen, welche die Partei in der Gerichtssitzung zu stellen „beabsichtigt", die Partei „ihre Absicht" ändern und Anträge stellen darf, welche nicht in den Schriftsätzen enthalten sind; daß, obgleich nach §. 173 die vorbereitenden Schriftsätze eine vollständige und bestimmte Angabe der zur Begründung der Anträge dienenden thatsächlichen Verhältnisse enthalten sollen, doch wesentliche Abweichungen des mündlichen Vortrags von dem Inhalte der Schriftsätze, Zusätze, Weglassungen und sonstige wesentliche Aenderungen, zulässig sind; daß auch die im §. 173 Nr. 2[1]) gegebene Vorschrift vollständiger und bestimmter Erklärungen über die thatsächlichen Behauptungen des Gegners bei dieser Zulässigkeit der Aenderung des Inhaltes der Schriftsätze nicht ernstlich gemeint sein kann. Erst für die mündliche Verhandlung ist die Vollständigkeit und Bestimmtheit der Erklärungen vorgeschrieben durch §. 294[2]).

Der §. 389 schreibt die Protokollirung der Abweichungen des Vortrages der Parteien in der mündlichen Verhandlung von dem Vortrage in den Schriftsätzen vor, so daß in der mündlichen Verhandlung eine weitere schriftliche Grundlage des Prozesses geschaffen wird; und auf dieser schriftlichen Grundlage, welche in den Schriftsätzen und in dem Sitzungsprotokolle besteht, wird nicht nur der Vortrag des etwa ernannten Berichterstatters (§. 325)[3]) de facto stets

---

[1]) §. 173 Nr. 2: „Die vorbereitenden Schriftsätze sollen enthalten: 2) eine vollständige und bestimmte Erklärung über thatsächliche Behauptungen des Gegners."

[2]) §. 294: „Thatsachen sind der Wahrheit gemäß, vollständig und bestimmt vorzutragen."

Die Wahrhaftigkeit ist überhaupt keine Prozeßvorschrift. Die Partei kann selbst durch die größte Wahrhaftigkeit den Beweis bestrittener Thatsachen nicht entbehrlich machen.

[3]) §. 325: „Ist ein Berichterstatter ernannt, so hat dieser seine Stimme zuerst abzugeben."

ruhen, sondern diese Schriftlichkeit wird überhaupt sicherlich bis zum Beweise des Gegentheils als ächte Unterlage der Entscheidung gelten. Sie kann sogar integrirender Theil der Entscheidung werden, indem statt Darstellung des Thatbestandes im Urteile eine Bezugnahme auf die Schriftsätze und die Protokolle genügen soll. (§. 331)[1]). Trotz alledem belehrt uns der §. 390, daß es auf diese Schriftlichkeit nicht ankomme, daß vielmehr nur das gesprochene Wort entscheidend sei, einerlei ob die Protokollirungen in der Sitzung geschehen oder unterblieben seien. Ja, die Feindschaft gegen die Schriftlichkeit geht soweit, daß nach §. 293[2]) — was doch sicher nicht gemeint sein darf — eine Waarenrechnung sogar mündlich in freier Rede vorgetragen werden muß, nicht durch Bezugnahme auf das Schriftstück selbst beseitigt werden darf, und wenn Stunden darüber hingehen! Wieder aber kommt die Schriftlichkeit zur Geltung im §. 298[3]), welcher die Vorlegung von Urkunden nach dem Ermessen des Gerichtes gebietet.

Es scheint also der Kampf zweier widerstrebender Grundansichten zu keinem Resultate geführt zu haben. Das s. g. Prinzip der Mündlichkeit, als Prinzip der Ausschließung der Schriftlichkeit aufgefaßt, steht der Erkenntniß gegenüber, daß die Schriftlichkeit im Prozesse nicht zu entbehren ist. Die Versöhnung fehlt; sie ist der Praxis überlassen.

Das wahre „Prinzip der Mündlichkeit“, im Gegensatze zur „Form der Mündlichkeit“ wird gleichfalls in das Treffen geführt und kommt

---

1) §. 331: „Bei der Darstellung des Thatbestandes ist eine Bezugnahme auf „die zum Sitzungsprotokolle festgestellten Erklärungen der Parteien und auf den „Inhalt der Schriftsätze nicht ausgeschlossen.“

Uebrigens ist diese Bestimmung darum sehr bedenklich, weil das Urteil durch Bezugnahme auf andere Urkunden die Vollständigkeit verliert, welche billig von einer Urkunde gefordert werden darf.

2) §. 293: „Die Vorträge der Parteien sind in freier Rede zu halten; sie haben das Streitverhältniß in thatsächlicher und rechtlicher Beziehung zu umfassen.“ „Eine Bezugnahme auf Schriftstücke statt mündlicher Verhandlung ist unzulässig. Die Verlesung von Schriftstücken findet nur insoweit statt, als es auf den „wörtlichen Inhalt derselben ankommt.“.

3) §. 298: „Zur Aufklärung der Sache kann das Gericht anordnen, daß eine „Partei die in ihren Händen befindlichen Urkunden, auf welchen sie sich bezogen hat, „vorlege, und daß sie Stammbäume, Pläne, Risse und sonstige Zeichnungen bei„bringe.“

nicht ganz unverletzt davon. Der §. 295[1]) ordnet zwar das entschieden dem wahren Prinzipe der Mündlichkeit angehörende Fragerecht des Richters an; und die Vorschrift des §. 291, welche dem Vorsitzenden zur Pflicht macht, „Sorge zu tragen, daß die Sache erschöpfende Erörterung finde", verwandelt diese Befugniß des Richters, sein Informationsbedürfniß der Partei zu offenbaren, wohl in eine Pflicht des Richters. Auch der §. 294, Absatz 3, welcher verordnet: „Ob eine „nicht ausdrücklich bestrittene Thatsache für zugestanden oder bestritten „zu erachten sei, hat das Gericht nach den Umständen zu beurtheilen" — ist gewiß, dem Prinzipe der Mündlichkeit entsprechend, dahin zu verstehen, daß die Fiktion eines wahrheitswidrigen Sachverhaltes zur Bestrafung der Unbestimmtheit der Parteierklärungen ausgeschlossen sei, daß vielmehr nach vergeblicher Ausübung des richterlichen Fragerechtes die dem Sachverhalte entsprechenden richterlichen Präsumtionen über das Verständniß der Parteierklärungen entscheiden sollen. Aber gleichwohl erleidet dieses wirkliche Prinzip der Mündlichkeit im §. 297[2]) einen argen Stoß. Das Gericht kann nämlich die Befragung der Partei selbst beschließen. Der Anwalt wird abgesetzt, sogar ihm offenes Mißtrauen gezeigt; die Partei wird als Inquisit vorgeladen und muß sich erklären, widrigenfalls die dem Prinzipe der Schriftlichkeit entstammte Herrschaft der Fiktionen in der eklatantesten Weise eingeführt wird. Nicht diejenige Antwort des Kontumax wird präsumirt, welche der Sachlage nach zu erwarten steht, sondern diejenige, welche am wenigsten zu erwarten steht, nämlich die der befragten Partei ungünstigste. Dies erinnert an Durandi, welcher sagt: »sicut »tacens habetur pro negante, cum damnosa est sibi negatio, sic »pro confesso habendus est, cum damnosa esset ei confessio si »fateretur.«

Mit Ausnahme dieser Vorschrift ist der Entwurf allerdings be-

---

1) §. 295: „Der Vorsitzende ist befugt, durch geeignete Fragen darauf hinzu„wirken, daß unklare Anträge erläutert, ungenügende Angaben der geltend gemach„ten Thatsachen ergänzt und die Beweismittel bezeichnet, überhaupt alle zur Fest„stellung des Sach- und Streitverhältnisses nöthigen Erklärungen abgegeben werden."

2) §. 297: „Wenn eine Partei eine ihr gestellte Frage nicht oder nicht bestimmt „beantwortet, so wird die Frage als auf die dem Gegner vortheilhaftere Weise be„antwortet angesehen."

„Diese Vorschrift findet auch Anwendung, wenn eine zum Zwecke persönlicher „Befragung geladene Partei ausbleibt, sofern ihr die zu stellende Frage vorher „schriftlich mitgetheilt ist."

müht, durch die Mündlichkeit des Parteivortrages, durch das Fragerecht des Richters, durch die eventuell eintretende richterliche Präsumtion des Sachverhaltes, durch die Zulassung schriftlicher Parteierklärungen zum Protokolle das Prinzip der Mündlichkeit in diesem Verfahren zu wahren. Eine Konsequenz, welche der Entwurf aus dem Grundsatze herleitet, daß das aktenmäßige Vorbringen der Parteien ohne Geltung ist, wenn dasselbe nicht durch mündlichen Vortrag wiederholt wird, soll unten gezeigt werden.

Wenn nun, wie gezeigt ist, die Vorschriften des Entwurfes über die Anwendung und Bedeutung der Mündlichkeit der Klärung durch die Praxis bedürfen, so fragen wir ferner, wie die Praxis die Idee des Entwurfes ausführen wird?

1. Die rheinische Praxis. Das Institut der Gerichtsvollzieher wird in Gemäßheit des §. 244 in den Rheinlanden bestehen bleiben. Der Anwalt stellt also durch den Gerichtsvollzieher die Klage zu, wenn er nicht sich der Hülfe des Gerichts zu bedienen in casu Ursache hat. Der Umweg der Termineinrückung durch den Präsidenten des Gerichts wird einfach im Interesse aller Theile dadurch vermieden, daß der Gerichtspräsident ein für allemal den nächsten Gerichtstag nach Ablauf der Einlassungsfrist als den Termin bestimmt. Der Anwalt hat also dem Gerichtsschreiber nur die geschehene Ladung des Beklagten unter Ueberreichung der Klage durch Vermittelung des Gerichtsvollziehers nach §. 245[1]) zu notifiziren. Mit dieser Klage kann der Gerichtsschreiber Akten anlegen. Von da ab erhält das Gericht keine Kenntniß mehr von der Sache. Die Anwälte stellen sich einander nach §. 250 Schriftsätze und Anträge nach Bedürfniß gegen schriftliche Empfangsbescheinigung zu, so daß von einer Behauptung mangelnder Information und darauf gegründetem Antrage auf Terminsaussetzung nicht mehr die Rede sein kann, als dies auch bei formellem Vorverfahren unter Ueberreichung der Schriftsätze zu den Akten möglich bleibt. Daß dieses Verfahren gesetzlich ist, geht daraus hervor, daß aus der Unterlassung der formellen Ueberreichung der vorbereitenden Schrtftsätze kein prozessualischer Nachtheil folgt. Niemand kann der Partei verwehren, ihrem Gegner einen Brief zu schreiben, und der Entwurf selbst kennt, nach Ausweis der unten zu erwähnenden §§. 640 und 641

---

1) §. 245: „Für den Gerichtsvollzieher gelten die in Bezug auf den Gerichtsschreiber und den Gerichtsboten in den §§. 237 bis 241 ertheilten Vorschriften „mit der Abweichung, daß der Gerichtsvollzieher die Urschrift der Zustellungsurkun„den und des zugestellten Schriftstückes zu den Gerichtsakten einreicht."

eine gegenseitige Information der Parteien ohne formellen Schriftenwechsel, indem er die Zustellung vorbereitender Schriftsätze im Verfahren vor dem Handelsgerichte verbietet und doch bei Strafe der Terminskostenerstattung die gegenseitige Information vor dem Audienztermine den Parteien zur Pflicht macht. Der die Einreichung der vorbereitenden Schriftsätze an das Gericht ohne Präjudiz anordnende §. 251[1]) steht dem auch nicht entgegen, denn derselbe kann nichts Anderes besagen, als daß diejenigen Schriftsätze, welche Theile eines formellen Vorverfahrens sein sollen, zu den Akten gebracht werden müssen; daß also, falls dies nicht geschieht, die Schriftsätze nicht Theile des formellen Vorverfahrens sind, was selbstredend unschädlich ist. Der Audienztermin findet nun die Anwälte entweder vorbereitet oder unvorbereitet; die Anwälte sind entweder darüber einig, daß sie verhandeln oder daß sie nicht verhandeln wollen — oder aber sie sind in dieser Hinsicht nicht einig. Sind die Anwälte nicht einig, so geht die Verhandlung vor sich, und das Gericht entscheidet über die etwaige Vertagung. Sind die Anwälte einig, daß sie verhandeln wollen, so mag die Verhandlung vor sich gehen; sind sie darüber einig, daß sie nicht verhandeln wollen, so erscheint im Termine kein Anwalt (§§. 377. 414.)[2]), oder die Anwälte beantragen Verlegung des Termins (§. 217)[3]). Sobald die Vorbereitung geendet ist, beantragt die betreibende Partei die Ansetzung eines Termins, der ihr nicht abgeschlagen werden darf (§. 202)[4]). Im Termine ist die vorhergehende Information des Gerichtes und die exceptio sententiae jamjam conceptae des Gerichtes nicht zu fürchten, weil dasselbe außer der Klage, welche vielleicht gar durch Einverständniß der Parteien geändert ist (§. 183 Nr. 3)[5]), nicht einmal Akten

---

[1]) „Ist eine Zustellung nach den Bestimmungen des §. 249 (durch Notar) oder „des §. 250 (von Anwalt zu Anwalt) erfolgt, so hat die Partei, von welcher die „Zustellung ausgegangen ist, die Urschrift der Zustellungsurkunde und des zugestellten Schriftstücks zu den Gerichtsakten einzureichen."

[2]) §. 414: „Sind beide Theile im Termine zur mündlichen Verhandlung nicht „erschienen, so ruht das Verfahren, bis die eine oder die andere Partei eine neue „Ladung zustellen läßt."

§. 377: „Die Parteien können vereinbaren, daß das Verfahren ruhen soll."

[3]) §. 217: „Den Parteien ist gestattet, die Aufhebung eines Termins zu vereinbaren."

[4]) §. 202: „Die von einer Partei beantragte Bestimmung des Termins zu „einer mündlichen Verhandlung kann nicht verweigert werden."

[5]) §. 183 Nr. 3: „Die Rechtshängigkeit hat folgende Wirkungen. — 3) Der „Kläger ist nicht befugt, ohne Einwilligung des Beklagten die Klage zu „ändern."

besitzt. Die Ernennung eines Referenten ist daher gleichfalls nutzlos. Die mündliche Verhandlung ist wirklich der alleinige Grund der Entscheidung, und die Anwälte werden, soweit es nöthig, in Gemäßheit des §. 389 das Sachverhältniß durch Ueberreichung schriftlicher Anträge zum Protokolle fixiren. Die bestehende Praxis der rheinischen Gerichtshöfe garantirt die wesentliche Beibehaltung der bisherigen Form des Verfahrens.

2. Die Altpreußische Praxis: Die Klage wird wie bisher dem Gerichte übergeben, welches in gewohnter Weise den Termin auf 6 Wochen hinausrückt, denn ein Maximum der Ladungsfrist ist ja nicht bestimmt. Acht Tage vor dem Termine wird die Klagebeantwortung dem Gerichte zur Zustellung an den Kläger überreicht. Will der Kläger repliziren, so wird das Gericht, zumal der Kläger allein Interesse an der Fortsetzung des Prozesses hat, nach §. 217 den Termin aus dem erheblichen, klar vorliegenden Grunde verlegen, weil die Frist zur Replik für den Kläger zu kurz ist. Der more solito auf 6 Wochen hinausgerückte neue Termin wird, wenn die Replik erst 8 Tage vor dem Termine dem Gerichte überreicht ist, aus demselben Grunde auf Antrag des Beklagten auf weitere 6 Wochen verlegt. Auch von Amtswegen wird nach §. 217 die Verlegung erfolgen, weil die Frist nach Einreichung der letzten Schrift zur Vorbereitung des Referenten oder des Gerichtes nicht ausreicht. Die Schriftsätze werden nach §. 173 grade so kurz und doch vollständig sein, sie werden grade so bestimmt die zur Begründung der Anträge dienenden thatsächlichen Verhältnisse enthalten, sie werden eine ebenso bestimmte Erklärung über die gegnerischen Behauptungen abgeben, sie werden unter der Firma „Andeutung der maßgebenden rechtlichen Gesichtspunkte" ebenso viel rechtliche Deduktion einführen, als das Alles bis jetzt der Fall gewesen ist. In der mündlichen Verhandlung werden die Richter oder wenigstens ein Berichterstatter und der Vorsitzende ebenso viel aus den Akten informirt sein und nach Umständen das Urteil bereits ebenso in petto haben, als dies bisher der Fall war. Der Referent wird sein Referat, zwar nicht in der Sitzung, aber (was schlimmer ist) bei der Berathung, vortragen. Die Akten werden in der Regel vollständig sein, denn die Gefahr eines Protokolles werden die Anwälte nicht provoziren. Nova werden deshalb im Audienztermine schwerlich vorkommen. Die Vorträge der Parteien sind regelmäßig eine überflüssige Wiederholung der Akten, welche das Gericht nicht begünstigt, weil dasselbe entweder von Anfang an informirt ist, oder die Information durch den unparteiischen Referenten erwartet; und welche die Parteien nicht lieben, weil sie

eine besondere Aufmerksamkeit des Gerichts oder gar einen Erfolg ihres Vortrages in der Regel nicht erwarten. Die Schriftsätze werden um so mehr anschwellen, je größerer Werth auf die vorläufige Information des Gerichtes gelegt wird, je weniger Werth die mündliche Verhandlung hat. Unter solchen Umständen wird die Praxis Wege zu außerordentlicher Abkürzung der mündlichen Verhandlung finden. Die Bedeutung der mündlichen Verhandlung, die mit so großem Nachdrucke betont ist, verschwindet. Daß diese mündliche Verhandlung unter allen Umständen überflüssig ist, soll ebenso wenig behauptet werden, als dies von der gegenwärtig im Preußischen Prozesse stattfindenden mündlichen Verhandlung behauptet werden darf. Der Charakter des Prozesses wird aber im Wesentlichen der des schriftlchen Prozesses sein. Namentlich wird auch die Frage: was die Parteien gesagt haben? aus den Akten beantwortet werden, und die Frage: was die Parteien gewollt haben? wird de facto aus grammatischer und logischer Interpretation der Akten ihre Beantwortung finden. Kurz das bisherige Preußische Verfahren wird durch den Entwurf im Wesentlichen nicht geändert.

Ein Gleiches ließe sich für alle übrigen Prozeßordnungen Deutschlands ausführen.

Man könnte wohl behaupten, daß es nicht tadelnswerth sei, wenn der Entwurf der Praxis der Gerichtshöfe und der Anwälte die Entwickelung der Form des Verfahrens überläßt, und auf Einführung einer Einheit des Verfahrens in den Norddeutschen Bund verzichtet. Freilich mag sich allmählig die Reform des Prozesses in dem von dem Entwurfe beabsichtigten Sinne Bahn brechen. Aber ob dies Resultat beabsichtigt worden ist, darf bezweifelt werden.

§. 391.

»Wird von dem Verklagten eine der nachstehenden Einreden (prozesshindernde Einreden) vorgebracht:

1) die Einrede der Unzuständigkeit des Gerichtes,
2) die Einrede der Unzulässigkeit des Rechtsweges,
3) die Einrede der Rechtshängigkeit,
4) die Einrede der mangelnden Sicherheit für die Prozesskosten,
5) die Einrede, dass die zur Erneuerung des Rechtsstreites

erforderliche Erstattung der Kosten des früheren Verfahrens noch nicht erfolgt sei,

6) die Einrede der mangelnden Prozessfähigkeit oder der mangelnden gesetzlichen Vertretung,

so ist auf Antrag des Beklagten über eine solche Einrede zunächst und abgesondert zu verhandeln und zu entscheiden.«

»Das Gericht kann jedoch auf Antrag des Klägers anordnen, dass die Verhandlung und Entscheidung mit der Verhandlung und Entscheidung über die Hauptsache verbunden werde; im letzteren Falle ist die Verhandlung über dié Hauptsache auf Antrag des Beklagten zu vertagen.«

§. 392.

»Wird im Falle der abgesonderten Verhandlung die prozesshindernde Einrede durch Urteil verworfen, so bleibt bis zur Rechtskraft desselben das weitere Verfahren ausgesetzt. Das Gericht kann jedoch auf Antrag des Klägers anordnen, dass eine solche Aussetzung nicht] stattfinde, und dass der Beklagte sich sofort und ohne Vertagung der mündlichen Verhandlung auf die Hauptsache einzulassen habe.«

§. 393.

»Die Vorschrift des §. 391 Abs. 1 findet keine Anwendung, wenn der Beklagte bereits zur Hauptsache mündlich verhandelt, oder wenn er im Falle der Erhebung mehrerer prozesshindernder Einreden diese nicht gleichzeitig vorgebracht hat.«

»Die Bestimmungen des §. 154 werden hierdurch nicht berührt.«

Der erfahrungsmäßig sehr beliebten Benutzung dieser Präjudizial-Einreden zur Vertagung der Entscheidung ist durch das Korrektiv des §. 391 in fine und der §§. 392 und 393 einigermaßen entgegengetreten. Nicht einzusehen ist übrigens die verschiedene Behandlung des Falles „wenn das Gericht sich der präjudiziellen Entscheidung weigert" und des Falles „der Verwerfung der präjudiziellen Einrede." In dem ersten Falle erlangt der Beklagte nach dem Entwurfe stets das Recht einer neuen Verhandlung nach erneuter Vorbereitung, in dem zweiten Falle kann ihm dieses Recht durch das Gericht abgeschnitten werden.

Was die Rechtskraft bedeutet, bis zu deren Eintritt das weitere Verfahren nach §. 392 ausgesetzt bleiben soll, läßt sich noch nicht beurteilen, da die Vorschriften über die Rechtsmittel der höhern Instanzen noch nicht veröffentlicht sind.

Nach dem §. 339[1]) ist das Gericht an die von ihm erlassenen Urteile, also auch in die von ihm erlassenen Präjudizialurteile (§. 391), gebunden. Der Ausdruck ist nicht gut. Das Urteil bindet die Parteien, zwischen denen es ergangen ist, nicht den Richter; für den Richter hat aber das Urteil, und zwar jedes Urtheil, das eigne Urteil sowohl wie das eines fremden Gerichtes, die Bedeutung, daß er die durch dasselbe begründeten Rechte der Parteien als solche achten muß. Das ist jedoch nicht der Sinn des §. 339, welcher dem Urteile eine ganz besondere Wirkung für denjenigen Richter beilegen will, welcher dasselbe erlassen hat. Gemeint ist wohl vielmehr, daß der Richter nicht kompetent sei, ein Urteil, welches er erlassen hat, wieder aufzuheben, und dieser Satz ist als Regel wohl richtig. Nach der Ausdrucksweise des §. cit. entstehen aber Zweifel. Bleibt der Richter, welcher „die Einrede der Inkompetenz für begründet erachtet", oder welcher „wegen mangelnder Kompetenz in der Hauptsache abgewiesen hat", an dieses Urteil gebunden, nachdem in höherer Instanz die Einrede der Inkompetenz verworfen worden ist, oder darf er demnächst eine seinem früheren Urteile widersprechende Entscheidung erlassen? Die letzte Alternative scheint von dem Entwurfe, ungeachtet der Vorschrift des §. 339 doch beabsichtigt zu sein, denn andernfalls würden die Parteien ihren ordentlichen Richter verlieren.

Der §. 154[2]) soll durch die Bestimmung des §. 393 nicht berührt werden. Es ist vielleicht beabsichtigt, die Einrede der mangelnden Kostenkaution als eine für die übrigen prozeßhindernden Einreden präjudizielle zu bezeichnen und zu bestimmen, daß deren abgesonderte Vorschützung die demnächstige präjudizielle Verhandlung anderer prozeßhindernder Einreden nicht ausschließe. Nach dem Wortlaute ist aber vielmehr gesagt: Die Bestimmung des §. 393: „daß die Einrede der „mangelnden Prozeßkostenkaution nach Aufstellung einer der übrigen „prozeßhindernden Einreden oder nach mündlicher Verhandlung zur

---

[1]) §. 339: „Das Gericht ist an die von ihm erlassenen Urteile, einschließlich „lich der Zwischenurteile (§§. 396. 398) gebunden. Vorbescheide und Entscheidungs„gründe sind für das Gericht nicht bindend."

[2]) §. 154: „So lange die Verbindlichkeit, wegen der Prozeßkosten Sicherheit „zu leisten, nicht erfüllt wird, ist der Beklagte zur Fortsetzung des Verfahrens nicht „verpflichtet."

„Das Gericht hat dem Kläger bei Anordnung der Sicherheitsleistung eine an„gemessene Frist zu bestimmen, binnen welcher die Sicherheit zu leisten ist. Wird „die Sicherheit binnen dieser Frist nicht bestellt, so ist der Beklagte auf seinen An„trag von der Instanz zu eutbinden, oder, wenn über ein Rechtsmittel in höherer „Instanz zu verhandeln ist, dasselbe zu verwerfen."

„Hauptsache nicht mehr präjudiziell erhoben werden darf," soll die Bestimmung nicht alteriren: „daß der Beklagte vor Erfüllung der „(erkannten) Kautionspflicht sich der Fortsetzung des Prozesses weigern „kann, und daß nach fruchtlosem Ablaufe einer etwa gestellten Frist die „Abweisung der Klage erfolgen soll". Ich kann mir in der That eine Kollision dieser beiden Bestimmungen nicht denken. Wohl aber kollidirt mit dem §. 393 der §. 152[1]), welcher die Forderung der Sicherheitsleistung in jedem Stadium des Prozesses, also auch nach mündlicher Verhandlung zur Hauptsache, in dem Falle zuläßt, daß der Kläger seine bisherige Qualität als Inländer erst lite pendente in die Qualität eines kautionspflichtigen Ausländers ändert.

Die Bestimmung, daß die Präjudizialeinreden kumulirt werden sollen, führt in Bezug auf dieselben die Eventualmaxime ein. Es entsteht zunächst die Frage, ob die vorbereitenden Schriftsätze oder ob die mündliche Verhandlung die Kumulation sämmtlicher Präjudizialeinreden enthalten soll? Da die Schriftsätze ausdrücklich keine Grundlage der Entscheidung bilden sollen, so ist wohl nur die Kumulation in der mündlichen Verhandlung vorgeschrieben. In der That wäre es auch unbegreiflich, daß die gänzliche Uebergehung aller Präjudizialeinreden in der Klagebeantwortung der nachträglichen Erhebung derselben nicht im Wege stehen und doch die Erhebung einer einzigen Präjudizialeinrede die sämmtlichen übrigen nicht erhobenen gleichen Einreden ausschließen sollte. Angenommen nun, daß die präjudizielle Erhebung der prozeßhindernden Einreden, wie überhaupt die Erhebung aller Einreden, erst in der mündlichen Verhandlung erfolgt, so rechtfertigt der §. 288[2]), die Auffassung, daß alle präjudiziell erhobenen prozeßhindernden Einreden als rechtzeitig eingebracht erscheinen, wenn sie nur successive bis zum Schlusse der Verhandlung (auch wenn dieselbe in mehreren Terminen erfolgt) vorgebracht sind. Dagegen scheint nach dem Sinne des Ent-

---

[1]) §. 152: „Die Sicherheitsleistung wegen der Prozeßkosten kann auch dann „verlangt werden, wenn der Kläger während des Prozesses die Eigenschaft eines „Inländers oder eines von der Sicherheitsleistung befreiten Ausländers verliert. „Der Antrag auf Sicherheitsleistung ist in diesem Falle nicht mehr zulässig, wenn „der Beklagte, nach dem ihm die Veränderung in der Eigenschaft des Klägers be-„kannt geworden ist, zur Hauptsache mündlich verhandelt hat."

[2]) §. 288: „Alle Prozeßhandlungen, welche eine Partei während einer münd-„lichen Verhandlung bis zum Schlusse derselben vornimmt, sind als ein Ganzes „anzusehen; alles bis zum Schlusse der Verhandlung Vorgebrachte gilt als rechtzeitig „vorgebracht, sofern nicht dieses Gesetzbuch ein Anderes bestimmt."

wurfes das Verbot der präjudiziellen Erhebung dieser Einreden nach Verhandlung zur Hauptsache eine Ausnahme von der Regel der Rechtzeitigkeit aller bis zum Schlusse der Verhandlung aufgestellten Einreden zu bilden. Ist das der Fall, so geschieht die präjudizielle Erhebung der prozeßhindernden Einreden in der mündlichen Verhandlung nur so lange rechtzeitig, bis der Verklagte in derselben mündlichen Verhandlung zur Hauptsache verhandelt hat. Es wird freilich die Freiheit der mündlichen Verhandlung durch solche Vorschrift einer Gliederung des Vorbringens beeinträchtigt. Die Eventualmaxime setzt die Schriftlichkeit des Verfahrens voraus, welche jedem Vorbringen sein bestimmtes Geburtszeugniß ausstellt. Die Einführung derselben in die mündliche Verhandlung kann leicht zu einem unerquicklichen Streite darüber führen, welches Wort zuerst, welches zuletzt gesprochen sei? Abgesehen davon ist aber dieses Prinzip überhaupt lediglich darauf berechnet, der Partei Gelegenheit zu geben, eine Versäumniß der Gegenpartei zu ihrem Vortheile auszubeuten.

Im Uebrigen ist die Eventualmaxime durch §. 288 und durch §. 289[1]) ganz sachgemäß darauf beschränkt, daß der Präklusivtermin für neue Anführungen der Schluß der Hauptverhandlung ist. Der §. 394 fügt noch weitere Beschränkungen hinzu.

§. 394.

»Ist die mündliche Verhandlung über die Hauptsache (Hauptverhandlung) geschlossen, so kann eine Partei neue selbstständige Angriffs- oder Vertheidigungsmittel (Einreden, konnexe Widerklagen, Repliken etc.) in der Instanz nur insofern geltend machen, als sie glaubhaft macht, dass sie ohne ihr Verschulden ausser Stande gewesen sei, dieselben schon bei der Hauptverhandlung vorzubringen.«

»Auf Thatsachen, welche zur näheren Begründung eines selbstständigen Angriffs- oder Vertheidigungsmittels dienen, sowie auf selbstständige Angriffs- und Vertheidigungsmittel, auf welche die Partei wirksam nicht verzichten kann, findet der vorstehende Abatz keine Anwendung.«

---

[1]) §. 289: „Wenn eine Partei während der mündlichen Verhandlundlung eine „bei derselben vorzunehmende Handlung nicht vornimmt, so wird sie mit dieser „Handlung ausgeschlossen. Einer Androhung dieses Rechtsnachtheils bedarf es „nicht; derselbe tritt mit dem Schlusse der Verhandlung von selbst ein.“

Drei Abschwächungen der Eventualmaxime finden sich in diesem §. ausgedrückt:

1. Das Recht der Partei, unter Glaubhaftmachung (§. 315)[1]) ihrer Schuldlosigkeit Nova nachzubringen,
2. das Verbot der Präklusion solcher Thatsachen, welche zur näheren Begründung eines bereits vorgebrachten Angriffs- und Vertheidigungsmittels dienen,
3. das Verbot der Präklusion solcher Angriffs- und Vertheidigungsmittel, auf welche die Partei wirksam nicht verzichten kann.

Bei Nr. 3 ist an Fälle wie die mangelnde Prozeßfähigkeit, die Unzulässigkeit des Rechtsweges ꝛc. gedacht; Nr. 2 ist eine weise Vorschrift, sofern die Vertheidigung auf solche Nova dem Gegner nicht beschränkt wird; Nr. 1 ist unzureichend.

Die Eventualmaxime, eine Erfindung des gemeinen Prozesses, zuerst durch die Kammergerichtsordnung von 1500 eingeführt und seitdem als Schutzwaffe gegen die observanzmäßige Unsterblichkeit der gemeinrechtlichen Prozesse gepflegt und ausgebildet, ist eine Vergewaltigung, welche die Grenzen der Nothwehr überschreitet, und doch nicht genügt. Die Absicht war gut, das Mittel nicht allein unzureichend, sondern, wie alle Radikalmittel, zugleich schädlich wirkend. Wenn die Eventualmaxime ihre Spitze gegen die Verschleppung der Prozesse richten wollte, welche durch endloses Nachbringen von Thatsachen und Durchtreiben von Einreden durch die Instanzen, meist litis differendae gratia, geübt wurde, so durfte sie nicht, über diesen Zweck hinausgehend, die für die richterliche Information werthvollen Anführungen mit dem werthlosen, die zu spät erkannten mit dem absichtlich zurückgehaltenen gleichmäßig nach einer Formel aus dem Prozesse ausweisen. Wenn sie das dennoch that, so verstümmelte sie die richterliche Information und strafte den Unschuldigen mit dem Schuldigen. Diese Ungerechtigkeit der Eventualmaxime machte sich besonders geltend, sobald die Parteivertreter ihre Geschicklichkeit darin übten, durch vorsichtiges Schweigen wesentliche Einreden des Gegners in ihrer Verborgenheit zu halten, auch durch Hervorhebung unbedeutender Punkte die Aufmerksamkeit des Gegners von wesentlichen Punkten abzulenken. Die Eventualmaxime

---

[1]) §. 315: „Wer eine thatsächliche Behauptung glaubhaft zu machen hat, kann „sich, sofern die Beweisaufnahme sofort erfolgen kann, aller im ordentlichen Ver„fahren zulässigen Beweismittel mit Ausnahme der Eideszuschiebung bedienen."

„Er kann von dem Gerichte zur eidlichen Versicherung der Wahrheit der Be„hauptung zugelassen werden, soweit nicht dieses Gesetzbuch ein Anderes bestimmt."

ist ein treffliches Mittel, versteckten Angriffen ihre Wirkung zu sichern und die Chikane, zu deren Unterdrückung sie erfunden ist, zu begünstigen. Der Grund liegt darin, daß die Eventualmaxime nach einer ein für allemal gegebenen Formel die Rechtzeitigkeit des Vorbringens der Parteien als conditio sine qua non seiner Existenz feststellt und die individuelle Behandlung des Falles von der Hand weist. Diese Herrschaft einer Formel widerspricht der Freiheit der Parteien und des Richters. Der einzige Zwang, welchen die Partei vernünftigerweise zu dulden hat, ist die Unterwerfung unter das Urteil des Richters, welches den vorliegenden Fall nicht nach einer Formel, sondern seiner individuellen Gestaltung gemäß entscheidet. Dahin wendet sich auch der §. 288, welcher die Eventualmaxime aus der mündlichen Verhandlung verbannt und der §. 394, welcher den im §. 289 gestellten Präklusivtermin des Schlusses der Verhandlung in Fällen erweitert. Von diesen Fällen interessirt uns hauptsächlich der erste Fall der Schuldlosigkeit der Partei an der Unterlassung rechtzeitiger Anführung der Nova.[1]) Die betreffende Bestimmung genügt nicht. Abgesehen davon, daß der Inzidentstreit über Zulassung verspäteter Anführungen und die Anordnung von Beweisaufnahmen zur Glaubhaftmachung der Schuldlosigkeit der Partei nur als abwegige Erörterungen zu bezeichnen sind, welche den Kern des Prozesses überdecken, so ist es auch dem auf Erfüllung des Prozeßzweckes gerichteten Verfahren wenig entsprechend, die Zulassung offenbar erheblicher Thatsachen von einem Beweise der Schuldlosigkeit derjenigen Partei, welche die rechtzeitige Anführung unterlassen hat, abhängig zu machen. Die Nova werden auf Grund eines formellen Gebotes ausgeschlossen, die Wirksamkeit dieser Formel wird verschanzt durch Erschwerung der ausnahmsweisen Zulassung. Bedingung der Zulassung soll nämlich die Glaubhaftmachung der Schuldlosigkeit der Partei sein, welche die Zulassung begehrt. Sobald kein Rechtfertigungsgrund gefunden oder kein Rechtfertigungsgrund glaubhaft gemacht ist, besteht also die Schuld und mit derselben die Wirksamkeit der Formel. Der Mangel der Glaubhaftmachung eines Rechtfertigungsgrundes für die Versäumniß soll also die Ausschließung erheblichen Prozeßmaterials, folgeweise die Fehlerhaftigkeit des Urteils rechtfertigen. Das ist der Standpunkt der Schriftlichkeit, der Standpunkt der Herrschaft der Formel. Richtig und

---

1) Derselbe Grundsatz findet sich in der Beweisinstanz wiederholt. §. 449 §. 450, §. 453.

genügend ist es vielmehr, daß nur die Chikane aus dem Prozesse ausgeschlossen wird und daß der Richter nach der individuellen Gestaltung des Falles über das Vorhandensein der Chikane entscheidet. Es genügt die Vorschrift des §. 324 des Preußischen Entwurfes, welche dem Richter überläßt, Thatsachen, deren chikanöse Zurückhaltung er erkennt, aus dem Prozesse auszuschließen. Und diese Befugniß des Richters wird sogar jede chikanöse Zurückhaltung nahezu unmöglich machen, da sich kein Anwalt solcher Entscheidung des Richters, welche einen Theil der Schuld auf ihm ruhen läßt, wird unterwerfen wollen.

Nicht zu verkennen ist übrigens der bedeutende Fortschritt des Entwurfes in der Abschwächung der Eventualmaxime. Die Praxis kann auf Grund der Bestimmungen des Entwurfes die Eventualmaxime sogar beseitigen. Die Glaubhaftmachung der Schuldlosigkeit der Partei mag sich leicht in das freie Ermessen des Gerichtes auflösen, und eine Erschwerung der Zulassung erheblicher Nova auf den Fall der mit gutem Grunde vermutheten Chikane beschränkt werden.

Richtig ist es, daß, wenn die mündliche Verhandlung zur Erörterung der Hauptsache bestimmt ist, für nachträgliche Anführungen nach Schluß des Hauptverfahrens ein regelmäßiger Platz im Prozesse nicht existirt. Auf welchem formellen Wege ist nun ein ausnahmsweiser Platz für verspätete Anführungen zu erlangen?

Bei den Vorschriften über die Versäumniß der Termine nach dem Schlusse der Hauptverhandlung (§. 424 und 425) ist erwähnt, daß nach dem Schlusse der Hauptverhandlung, aber vor dem Schlusse des Prozesses Termine stattfinden können (auf Grund des §. 202 angesetzt), in denen auch über neue Thatsachen oder anderes neues Vorbringen der Partei verhandelt wird, und daß diese Nova in einem Schriftsatze der Partei rechtzeitig vorher mitgetheilt werden sollen. Dies Verfahren, welches übrigens von dem Zwischenstreit verschieden ist[1]), wird also zur Geltendmachung versäumter Nova anzuwenden sein. Nach §. 466 können auch die Nova noch im Schlußtermine nach erfolgter Beweiserhebung geltend gemacht werden.

Die Befürchtung, daß die gleichzeitige Verhandlung aller Einreden in derselben mündlichen Verhandlung die Klarheit der mündlichen Verhandlung beeinträchtigen könnte, ist nicht grundlos, aber es kann den Parteien die Beurtheilung der Auffassungsgabe des Richters nicht über-

---

[1]) Denn der §. 423 bestimmt, daß gleiche Grundsätze in Betreff des Versäumnißverfahrens auch für den Zwischenstreit (§. 396) gelten sollen.

lassen bleiben. Dem Richter gebührt es, die Trennung der Verhandlung über verschiedene Parteiansprüche, über verschiedene Angriffs- oder Vertheidigungsmittel zu bestimmen. Dies ordnen die §§. 300 u. 301[1])

§. 395.

»Das Recht zur Betreibung des Prozesses steht, soweit nicht von Amtwegen das Verfahren fortgeführt wird, jeder der Parteien zu. Insbesondere kann jede Partei die Bestimmung des Termins für eine weitere mündliche Verhandlung erwirken und die andere Partei zu demselben laden.«

»Im Falle einer Streitgenossenschaft hat jeder Streitgenosse das Betreibungsrecht: er muss jedoch, wenn er die andere Partei zu einem Termine ladet, zu demselben auch die übrigen Streitgenossen laden.«

Dieser Paragraph ist mit Ausnahme der Generalklausel „soweit nicht von Amtswegen das Verfahren fortgeführt wird," untadelhaft. Die Generalklausel ist unannehmbar. Es giebt schlechterdings keinen Fall, in dem der Richter ohne den Antrag, also ohne den Willen der Partei den Prozeß fortsetzen darf. Die einzige Rechtfertigung wäre aus der Präsumtion des Parteiwillens zu entnehmen. Unnöthig ist diese Präsumtion, so lange die Partei vorhanden ist, also ihren Willen aussprechen kann. Wie gefährlich aber diese Präsumtion ist, zeigt z. B. die Ausführung von Goenner, der in Abhandl. VIII. §. 8 seines Handbuches sogar die Inquisitionsmaxime aus dem präsumtiven Willen der Parteien rechtfertigt. Da der Gesetzgeber Alles für Willen der Parteien erklären kann, so ist auf diesem Wege Alles zu rechtfertigen. So mißverstanden die Auffassung der Verhandlungsmaxime ist, nach welcher der Richter von der ihm vernünftiger Weise gebührenden Thätigkeit im Prozesse ausgeschlossen und zu einer Maschine herabgesetzt sein soll, so mißverstanden ist andrerseits die Auffassung, daß der Richter in der Verhandlung des Prozesses ohne den klar vorliegenden Willen der Parteien vorschreiten dürfe.

---

[1]) §. 300: „Sind mehrere Ansprüche in einer Klage erhoben, so kann das „Gericht die Verhandlung der verschiedenen Ansprüche in getrennten Prozessen an„ordnen."

§. 301: „Liegen mehrere auf denselben Anspruch sich beziehende selbstständige „Angriffs- oder Vertheidigungsmittel (Klagegründe, Repliken rc.) vor, so kann das „Gericht anordnen, daß die Verhandlung sich zunächst auf eins oder einzelne dieser „Angriffs- oder Vertheidigungsmittel zu beschränken habe."

Der von Amtswegen geführte Prozeß entbehrt nicht nur der Beihülfe der Parteien, sondern er entfernt dieselben auch von ihrem Rechte. Das Nähere wird bei §. 451 zu erörtern sein.

§. 396.

»Erhebt sich unter den Parteien ein prozessualischer Zwischenstreit, so ist jede Partei befugt, die andere Partei zur mündlichen Verhandlung über den Zwischenstreit und zur Entscheidung desselben vor das Prozessgericht zu laden.«

»Es ist ausreichend, wenn die Ladung zur mündlichen Verhandlung und der vorbereitende Schriftsatz drei Tage vor dem Termine zugestellt werden. Die Zustellung eines vorbereitenden Schriftsatzes des Gegners ist nicht erforderlich.«

»Das Gericht kann die Erledigung des Zwischenstreites bis zur Erledigung der Hauptsache vorbehalten.«

Es ist nicht gesagt, ob ein Zwischenstreit den Fortgang der Hauptsache inhibirt oder nicht. Prozessualische Zwischenstreitigkeiten und mündliche Verhandlungen zur Entscheidung derselben können sich nämlich sehr wohl häufen. Ob ein solcher Zwischenstreit den Fortgang der Sache hemmen muß, wird von dem Inhalte desselben abhängen. Der zu verhandelnde Inzidentpunkt soll ein prozessualischer sein, bezieht sich also nur auf das Verfahren, entweder ohne Präjudiz für die Hauptsache, wie Fristverlängerungsgesuche, Gesuche um Zulassung versäumter Anführungen oder Beweismittel, oder präjudizirend, wie die exceptio judicis suspecti, nondum praestitae cautionis[1]). Es kann aber sehr wohl Streit darüber herrschen, ob die Hauptsache bis zur Erledigung des Zwischenstreites ruhen müsse, und scheint für diesen Fall eine formelle Vorschrift zu fehlen.

Die auf die Verhandlung im prozessualischen Zwischenstreite ergehenden Entscheidungen heißen „Zwischenurteile". Der §. 339 führt bei der Bestimmung, daß Zwischenurteile für den Richter, der sie erlassen habe, bindend seien, den §. 396 und §. 398 an. Der §. 398, Abs. 2[2]) nennt die Entscheidungen über selbstständige Angriffs- oder

---

[1]) Dies sind nämlich wirkliche prozessualische Inzidentpunkte; aber gerade für diese ist ein anderes Verfahren vorgeschrieben.

[2]) §. 398, Abs. 2: „Sind einzelne selbstständige Angriffs- oder Vertheidigungs„mittel oder sind prozessualische Zwischenstreitigkeiten zur Entscheidung reif, so sind „sie bei Erlassung des Vorbescheides durch Zwischenurteil zu erledigen."

Vertheidigungsmittel, deren Erledigung nach dem Ermessen des Richters in Gemäßheit des §. 301 nicht auf Entscheidung der Hauptsache warten soll, gleichfalls „Zwischenurteile“. Auch diese können für die Hauptsache prajudiziell sein.

Daß die Zwischenurteile nach §. 339 für den Richter, der sie erlassen hat, bindend sind, wird nach der Ausführung zu §. 393 wohl vielmehr bedeuten, daß der Richter, welcher dieselben erlassen hat, nicht kompetent ist, sie wieder aufzuheben.

Im Absatz 2 wird verordnet, daß es ausreichend sei, wenn die Ladung drei Tage vor dem Termine zur mündlichen Verhandlung zugestellt werde. Das ist eine Ausnahme von der im §. 198 bestimmten achttägigen Ladungsfrist. Daß die dreitägige Ladungsfrist das Minimum sei, bestimmt der §. 396 nicht, sondern nur, „daß sie ausreiche.“ Man wird aber annehmen müssen, daß diese Ladungsfrist auch das Minimum sein solle, weil dieselbe Frist sogar für schleunige Sachen (nämlich für „andere als Anwaltsprozesse“) nach §. 198 das Minimum bildet.

Drittes Kapitel.

Von dem ordentlichen Verfahren vor den Handels- und Amtsgerichten.

§§. 635 bis 644.

Der §. 648[1]) stellt das ordentliche Verfahren vor den Handelsgerichten dem Verfahren vor den Amtsgerichten gleich.

§. 635.

»Auf das Verfahren vor den Handelsgerichten finden die in dem ersten Abschnitte des zweiten Buches enthaltenen Vorschriften Anwendung, so weit nicht in den §§. 636—647 ein Anderes bestimmt ist.«

---

[1]) §. 648: „Das Verfahren vor den Amtsgerichten bestimmt sich nach den in „den §§. 635—644 enthaltenen Vorschriften, insoweit nicht Abweichungen sich dar- „aus ergeben, daß die Amtsgerichte nicht Kollegialgerichte sind.“

Das Verfahren vor den Handels- und Amtsgerichten ist nach §. 635 nur durch Ausnahmebestimmungen von den Verfahren vor den Landgerichten unterschieden. Diese Ausnahmebestimmungen beziehen sich hauptsächlich auf den im Kapitel II. dieses Aufsatzes berührten Theil des Verfahrens. Wir wollen zunächst diese Ausnahmebestimmungen, demnächst die Sachen, für welche die Ausnahmebestimmungen gegeben sind, kennen lernen und uns sodann die Frage vorlegen: Sind Ausnahmebestimmungen überhaupt und in specie die hier vorliegenden gerechtfertigt und namentlich durch die besondere Qualität der vor die Handels- und Amtsgerichte gewiesenen Sachen bedingt?

§. 636.

»Die auf die Nothwendigkeit der Vertretung durch Rechtsanwälte und die auf die vorbereitenden Schriftsätze sich beziehenden Vorschriften, insbesondere die Bestimmungen der §§. 384, Abs. 2 u. 3, 386—389, 396 Abs. 2 finden keine Anwendung.«

»Die Anwendbarkeit der auf andere als vorbereitende Schriftsätze sich beziehenden Vorschriften, insbesondere der §§. 405, 418, 424, 425 u. 428 bleibt unberührt.«

Die in Absatz 1 dieses §. aufgehobenen Bestimmungen sind außer den auf den Anwaltszwang und auf die vorbereitenden Schriftsätze, d. h. auf das formelle Vorverfahren, sich beziehenden Bestimmungen, insbesondere die Bestimmungen mehrerer besonders bezeichneter §§. Von diesen §§. bezieht sich §. 384, Abs. 3 weder auf den Anwaltszwang noch auf die vorbereitenden Schriftsätze, sondern auf die Klage. Der §. 636 Abs. 1 sagt auch nicht, daß die benannten §§. nur in soweit aufgehoben seien, als sie hauptsächlich oder beiläufig von dem Anwaltszwange und von vorbereitenden Schriftsätzen handeln; während der Abs. 2 sich in dieser Hinsicht bestimmt ausdrückt. Daß aber diese Vorschrift des Absatzes 1 dennoch nur auf Ausschluß der über den Anwaltszwang und die vorbereitenden Schriftsätze handelnden Bestimmungen, der benannten §§. verstanden werden darf, und der §. 384 Absatz 3 überhaupt nicht aufgehoben ist, zeigt die nachstehende Ausführung. Die als aufgehoben bezeichneten §§. sind die nachfolgenden:

Aufgehoben ist der §. 384, Abs. 2, welcher verordnet, daß die Klageschrift außer den im §. 181 bezeichneten „Erfordernissen", auch die Aufforderung zur Anwaltsbestellung enthalten müsse.

Der §. 181 ist bereits oben erwähnt; er enthält die Bestimmung, daß die Klage die Bezeichnung der Parteien, des Prozeßgerichts, die bestimmte Angabe des Gegenstandes und Grundes des Klageanspruches und einen bestimmten Antrag enthalten soll. Daß die Aufhebung dieses §. nicht gemeint sei, liegt meines Erachtens in der Natur der Sache.

Aufgehoben ist der §. 384, Abs. 3, welcher verordnet, daß die allgemeinen Bestimmungen über die vorbereitenden Schriftsätze auch auf die Klageschrift Anwendung finden sollen, verbis: „Die allgemeinen Bestimmungen über die vorbereitenden Schriftsätze finden auch „auf die Klageschrift Anwendung." Diese Bestimmung, welche sich weder auf den Anwaltszwang noch auf die vorbereitenden Schriftsätze sondern auf die Klage bezieht, ist aufgehoben, also finden die allgemeinen Vorschriften über die vorbereitenden Schriftsätze namentlich der §. 173 auf die Klage in dieser Prozeßform keine Anwendung. Die Bestimmung des §. 173, „daß der vorbereitende Schriftsatz, also daß die Klage„schrift, den Antrag enthalten soll, welchen die Partei, also welchen der „Kläger, in der mündlichen Verhandlung zu stellen beabsichtigt," ist aufgehoben; und doch kann diese Bestimmung nicht aufgehoben sein, ohne daß zugleich der §. 181 aufgehoben ist, welcher gleichfalls einen bestimmten Klageantrag und sicher keinen anderen Antrag als denjenigen verlangt, den der Kläger in der mündlichen Verhandlung zu stellen beabsichtigt. Ebenso ist die Bestimmung des §. 173, „daß der vorbereitende Schrift„satz, also die Klage, eine kurz gefaßte aber bestimmte Angabe der zur Be„gründung des Antrages, also des Klageantrages, dienenden thatsächlichen „Verhältnisse enthalten soll", aufgehoben; und doch kann diese Bestimmung nicht aufgehoben sein, ohne daß der §. 181, welcher gleichfalls die bestimmte Angabe des Gegenstandes und Grundes des Klageanspruches verlangt, zugleich aufgehoben ist. Nur die ferner im §. 173 vorgeschriebene Beweisantizipation in der Klage kann aufgehoben sein, wie denn auch der §. 642 die im §. 175 vorgeschriebene abschriftliche Mittheilung der zum Beweise in Bezug genommenen Urkunden für diese Prozeßform als unnöthig erklärt. Im Wesentlichen ist also entweder der §. 384, Abs. 3 nicht aufgehoben, oder der §. 181 ist auch aufgehoben. Daß aber, wenn die Klage keinen bestimmten Gegenstand, Grund und Antrag hat, das ganze Prozeßgesetz aufgehoben ist, läßt sich leicht begreifen.

Aufgehoben ist der §. 386, welcher verordnet, daß die Klagebeantwortung spätestens 8 Tage vor dem Termin mittels „vorbereitenden Schriftsatzes" zuzustellen sei.

Da der §. 640 die Zustellung vorbereitender Schriftsätze für unzulässig erklärt, so ist selbstredend nicht allein das im §. 386 enthaltene

Gebot der Zustellung einer Klagebeantwortung aufgehoben, sondern die Zustellung der Klagebeantwortung ist sogar unzulässig. Es ist damit nur gesagt, daß die Information der Partei durch einen Schriftsatz, welcher Theil der Akten wird, also nur daß die Aktenmäßigkeit des Vorverfahrens aufgehoben ist; denn die zeitige Informationsertheilung über Nova, welche in der mündlichen Verhandlung vorkommen sollen, ist so wenig für überflüssig erachtet, daß die Partei, welche solche Informationsertheilung unterläßt und dadurch die Frustrirung des Termins verschuldet, nach §. 641 die Terminskosten tragen soll. Der §. 171[1]), welcher für diese Prozeßform den Schriftsätzen die Erklärung zum Protokolle des Gerichtsschreibers substituirt, kann auf vorbereitende Schriftsätze, weil solche überhaupt nicht stattfinden dürfen, nicht bezogen werden.

Aufgehoben ist der §. 387, welcher rechtzeitige Ertheilung der etwa außer der Klagebeantwortung nothwendigen Information der Parteien durch „vorbereitende Schriftsätze" verordnet.

Aufgehoben ist der §. 388, welcher dem Gerichte die Befugniß giebt, bei Anordnung eines ferneren Vorverfahrens die Fristen für die Mittheilung „der Schriftsätze" zu bestimmen.

Aufgehoben ist der §. 389, welcher die Protokollirung der wesentlichen Abweichungen des Inhaltes des mündlichen Vortrages von dem Inhalte „der Schriftsätze" und die Pflicht der Parteivertreter zur Einreichung eines gerichtsseitig erforderten, als Anlage dem Protokolle beizufügenden „Schriftsatzes" verordnet. Anstatt dieses §. ist die freiste Verfügung des Richters über das Protokoll durch §. 644 eingeführt. Die Klage ist auch ein Schriftsatz und die Anführungen der Klage dürfen nach §. 188 berichtigt, ergänzt, erweitert werden. Warum diese Abänderungen nicht protokollirt werden sollten, ist nicht abzusehen. Daß solches Verbot auch gar nicht beabsichtigt sein kann, ergiebt der §. 644, nach welchem diejenigen Anträge und Erklärungen der Parteien in das Protokoll aufgenommen werden sollen, welche der Richter zu protokolliren für nöthig hält. Ergänzungen, Erweiterungen, Berichtigungen der Klage werden doch das Nächste sein, was der Richter als zur protokollarischen Feststellung geeignet erachtet.

Aufgehoben ist der §. 396, Absatz 2. Derselbe verordnet dispositiv, daß die dreitägige Ladungsfrist im Zwischenstreite genüge; erwähnt nur nebenbei, daß ein „Schriftsatz" gleichzeitig mit der Ladung

---

[1]) §. 171: „In anderen als Anwaltsprozessen kann der Schriftsatz durch eine „Erklärung zum Protokolle des Gerichtsschreibers ersetzt werden."

zuzustellen sei, verordnet ferner dispositiv, daß die Entgegnung des Geladenen „durch vorbereitenden Schriftsatz“ überflüssig sei.

Daß die Ladungsfrist von drei Tagen für diese Prozeßform nicht genüge, soll wohl nicht gesagt sein, daß sie das Minimum sei, sagt der §. 396 selbst nicht, sagt übrigens für diese Prozeßform der §. 198. Es sollte also nur die beiläufig erwähnte Bemerkung, daß ein vorbereitender Schriftsatz mit der Ladung zu verbinden sei, aufgehoben werden.

Dagegen sollen nach Absatz 2 des §. 636 die in folgenden §§. auf „andere als vorbereitende Schriftsätze“ sich beziehenden Vorschriften bestehen bleiben.

Es bleibt bestehen die Bestimmung des §. 405, daß der Antrag auf Abfassung eines Ergänzungsurteils dem Gegner nebst Ladung zum Audienztermine innerhalb 8 Tagen von Zustellung des unvollständigen Urteils „schriftlich“ zugestellt werden muß.

Es bleibt bestehen die Bestimmung des §. 418, daß die Einlegung des Einspruches mittels Zustellung eines die Erklärung der Einspruchserhebung, die Bezeichnung des angefochtenen Urteils, die Ladung des Gegners zum Audienztermine, enthaltenden „Schriftsatzes“ erfolgen muß, und daß dieser „Schriftsatz“ auch der Regel nach Alles enthalten soll, was zur „Vorbereitung“ der Verhandlung erforderlich ist. Insofern der Schriftsatz diese „Vorbereitung“ enthalten soll, ist er ein vorbereitender Schriftsatz, dennoch wird er ausdrücklich im §. 636 als ein „anderer als vorbereitender Schriftsatz“ bezeichnet.

Es bleibt bestehen die Bestimmung des §. 424, daß die neue Thatsache oder das neue Vorbringen, welches nach dem Schlusse der Hauptverhandlung geltend gemacht und der Gegenpartei rechtzeitig vor dem demnächst anberaumten Audienztermine in einem „Schriftsatze“ mitgetheilt ist, für zugestanden resp. für unbeantwortet erachtet wird. Der Schriftsatz ist also gleichfalls kein vorbereitender.

Es bleibt bestehen die Bestimmung des §. 425, daß wenn in solchem Falle die Mittheilung durch „Schriftsatz“ nicht oder nicht rechtzeitig erfolgt ist, neue Ladung an die Partei unter Beobachtung der Ladungsfrist erfolgen soll.

Es bleibt bestehen die Bestimmung des §. 428, welcher die vorstehenden §§. 424 und 425 auch auf den Fall eines Zwischenstreites ausdehnt. Der §. 428 lautet: „Wenn eine Partei in einem „zur Verhandlung über einen prozessualischen Zwischenstreit bestimmten „Termine (§. 396) nicht erscheint, so finden die Vorschriften der §§. 424

„bis 427 entsprechende Anwendung“. Nun ist aber der §. 396 Absatz 2 nach §. 636, Absatz 1 aufgehoben. Es ist also namentlich die Zustellung des vorbereitenden Schriftsatzes im Zwischenstreite untersagt. Dagegen ist durch ausdrückliche Aufnahme des §. 428 die Zustellung desselben Schriftsatzes (§. 424 und §. 425) ausdrücklich gerade für den Zwischenstreit erlaubt, und wird derselbe ein „anderer als vorbereitender“ genannt; er ist also zugelassen, während er kurz vorher ausdrücklich verboten war.

§. 637.

»Die Vertretung der Parteien durch Anwälte als solche findet nicht statt.«

Der §. 115[1]) gestattet den Parteien, in den Prozessen vor den Amts- und Handelsgerichten den Prozeß in Person zu führen, oder als Bevollmächtigten nach §. 117[2]) jede prozeßfähige Person zu bestellen. Der §. 637 verordnet nun die Ausschließung der Anwälte als solcher von der Vertretung der Parteien. Die Befugniß der Anwälte ist den Prozeßvertretern, wenn sie gleich Anwälte sind, in diesem Verfahren entzogen. Auch in der Hinsicht sind die Anwälte degradirt, daß ihnen eine Zunft geringer qualifizirter Personen, als gleich berechtigt, als Kollegen, zur Seite gestellt wird. Möglich ist es freilich, daß diese Kollegen dieselbe Kenntniß des Rechts, dieselbe praktische Gewandheit, dieselbe Ehrenhaftigkeit und Rechtschaffenheit des Charakters besitzen, wie nur irgend ein Anwalt, daß sie den Anwälten überhaupt vollkommen ebenbürtig sind. Ob sie das sind, ist eine quaestio facti, zu deren Entscheidung ein kompetenter Richter fehlt, so lange diese Prozeßbevollmächtigten nicht als wirkliche Anwälte aufgenommen sind. In der Regel werden die gewerbmäßigen Prozeßbevollmächtigten, um welche es sich allein handelt, welche nach §. 118[3]) von der zuständigen Behörde (wahrscheinlich von der Regierung) bestellt werden, frühere Gehülfen der Anwälte sein, welche sich auf dem Büreau ihres Prinzipals eine formelle Ausbildung und Geschäftsgewandheit angeeignet haben,

[1]) §. 115: „Vor den Amtsgerichten und den Handelsgerichten können die Parteien den Rechtsstreit in Person oder durch Bevollmächtigte führen.“

[2]) §. 117: „In anderen als Anwaltsprozessen ist außer den Rechtsanwälten jeder, welcher prozeßfähig ist, als Prozeßbevollmächtigter zuzulassen.“

[3]) §. 118: „Ein Prozeßbevollmächtigter hat nur dann Anspruch auf Vergeltung seiner Mühewaltung, wenn er Rechtsanwalt ist, oder wenn er von der nach den Landesgesetzen zuständigen Behörde die Erlaubniß erhalten hat, gegen Vergeltung als Prozeßbevollmächtigter aufzutreten.“

welche aber weder das Ansehen des Anwaltes vor dem Richter noch die Fähigkeit des Anwaltes zur Wahrung der Rechte der Partei besitzen. Die Zulassung minder qualifizirter Prozeßvertreter kann nur durch das Interesse der Parteien gerechtfertigt werden. Es fragt sich, ob dasselbe vorliegt? Die aus der Hoffnung der Kostenersparung hervorgehende so sehr bekannte Neigung des Publikums, unqualifizirte Personen zur Besorgung ihrer Rechtsangelegenheiten auszuwählen und dieselben für deren fehlerhafte Besorgung sogar über die Anwaltstaxe hinaus zu honoriren, verdient keine Begünstigung. Es könnte aber namentlich bei Amtsgerichten in kleineren Plätzen an Anwälten mangeln und deshalb geboten scheinen, den Parteien eine Aushülfe zu schaffen. Abgesehen davon, daß es bei Freigebung der Advokatur wohl nirgends an Anwälten mangeln wird, so wäre eine Aushülfe bei eintretendem Mangel dadurch zu gewähren, daß den Anwälten die Substitution tauglicher Vertreter unter eigner Verantwortung überlassen würde. So lange eine copia juris consultorum vorhanden, sollte man nicht die Zulassung geringer qualifizirter Personen zur Anwaltspraxis genehmigen. Nun aber hat diese Conzessionirung einer Klasse minder qualifizirter Anwälte noch andere Nachtheile. Diese konzessionirten Geschäftsleute treten bekanntlich mit Hülfe der Reklame als unüberwindliche Konkurrenten auf. Sie werden die Praxis der amts- und handelsgerichtlichen Sachen, welche in vielen Gerichtssprengeln die Mehrzahl der Sachen bilden, ganz an sich ziehen, wenn die Anwälte sich auf die Reklame nicht einlassen. Entweder werden die Anwälte also zur Reklame und zum geschäftsmäßigen Gewerbebetrieb herabsteigen, und der Stand der Anwälte verliert an Würde; — was zur Hebung des Standes durch Freigebung der Advokatur geschehen, wird auf der andern Seite doppelt rückgängig gemacht; — oder die Anwälte verlieren den bedeutendsten Theil ihrer Praxis. Die besseren Anwälte werden sich an die Landgerichte und Appellationsgerichte zurückziehen, und eine rechtsverständige Vertretung vor den Amts- und Handelsgerichten wird mehr und mehr zu den Seltenheiten gehören. In großen Städten werden die Prozesse von großen Geschäftsbüreaus sachverständig aber rein handwerksmäßig betrieben und für das Beste der Parteien weniger als für die eigne Kasse gesorgt werden; in kleinen Plätzen, welche durch Unteragenten nicht versorgt werden! wird eine mangelhafte qualifizirte Klasse von Geschäftsleuten ihr Handwerk weder zu besonderem Nutzen der Parteien noch zu besonderer Annehmlichkeit des Richters betreiben. Der Vortheil der Parteien ist bei dieser Einrichtung gleich wenig wie das Interesse des Anwaltstandes bedacht. Wie werden die Anwälte

Hülfe schaffen? Wenn sie sich nicht in der Lage befinden, mit Anwendung aller Hülfsmittel ihrer gleichberechtigten Konkurrenten, unter Verläugnung der Anschauungen und Gewohnheiten ihres Standes, mit vollen Segeln in die Konkurrenz hineinsteuern, so werden sie zwar gezwungen sein, ihre Anwalts-Praxis auf die Landgerichte und Appellationsgerichte zu beschränken, aber an den Amts- und Handelsgerichten als Advokaten fungiren und die Prokuratur durch Geschäftsgehülfen betreiben, für deren Ausbildung und Information sie Sorge tragen.

§. 638.

»Der Termin zur mündlichen Verhandlung ist dergestalt zu bestimmen, dass er thunlichst nicht über zwei Wochen hinausgerückt wird.«

»Die Einlassungsfrist beträgt, wenn die Klage im Inlande zugestellt wird (§. 385, Ziff. 1), eine Woche.«

»In Messsachen beträgt die Einlassungsfrist sowie die Ladungsfrist vierundzwanzig Stunden.«

In dem ersten Absatz ist von dem Termin die Rede, welcher auf die Klage anberaumt wird. Dieser Termin ist also thunlichst nicht über zwei Wochen hinauszurücken, das ist das Maximum; dagegen ist im Absatz 2 das Minimum für den Fall, daß die Zustellung im Inlande erfolgt, angegeben. In Meßsachen müssen zur Einhaltung der 24stündigen Frist auch Sonn- und Festtage in Anspruch genommen werden. (§. 203.)[1]) Die Vorschrift, daß überhaupt an Sonntagen gerichtliche Verhandlungen stattfinden dürfen, ist zum mindesten überraschend.

§. 639.

»An ordentlichen Gerichtstagen können die Parteien zur Verhandlung des Rechtsstreites ohne Ladung und Terminsbestimmung vor Gericht erscheinen.«

»Die Rechtshängigkeit der Streitsache tritt in einem solchen Falle mit dem Zeitpunkte ein, in welchem die Klage mündlich vorgetragen ist.«

Die Bestimmung ist zwar eine reglementarische und noch dazu eine selten anwendbare, doch schwer entbehrlich, weil ohne dieselbe eine derartige Praxis nicht leicht Eingang finden wird. Selten anwendbar ist

---

1) §. 203: „Auf Sonntage und allgemeine Feiertage sind Termine nur in „Nothfällen zu bestimmen."

die Bestimmung, weil sie den Willen des Beklagten, sich möglichst bald verklagen zu lassen, voraussetzt, und weil die Parteien an den Amtstagen sicherlich erst nach Beendigung der anstehenden Termine vorgelassen werden, und deshalb schon eine Ladung vorziehen. Dennoch kommt der Fall vor, daß beiden Theilen an sofortiger Erledidung des Streites gelegen ist, und daß sie die Vorschrift dieses §. der Abweisung des Richters entgegensetzen werden. Namentlich wichtig und wohlthätig ist diese Bestimmung für den sofortigen Erlaß eines freiwilligen Urteils.

§. 640.

»Die Zustellung vorbereitender Schriftsätze ist unstatthaft.«

§. 641.

»Der Antrag einer Partei auf Vertagung der mündlichen Verhandlung wegen eines eine nähere Erkundigung erfordernden Vorbringens der anderen Partei (§. 290) kann zurückgewiesen oder die Vertagung auf Kosten der ersteren Partei angeordnet werden, wenn dieser Partei das Vorbringen vor der mündlichen Verhandlung von der anderen Partei angezeigt ist. Ein solche vorhergehende Anzeige ist an keine besondere Form gebunden. Ist die Anzeige zum Zwecke der Verzögerung des Verfahrens unterlassen, so hat die vorbringende Partei die Kosten einer nöthig werdenden Vertagung zu tragen.«

Im §. 640 wird die förmliche Vorverhandlung verboten, nicht jedoch die vorherige gegenseitige Information der Parteien über die zu verhandelnde Streitsache, die vielmehr in §. 641 anbefohlen ist. Das unbedingte Verbot, die Gerichtsakten mit Schriftsätzen zu füllen, ist allerdings der einzige Ausweg, um die erfahrungsmäßig abwegigen Schriftsätze rechtsunkundiger Parteien und Parteivertreter zu beseitigen. Selbst das Gebot der Legalisation der Schriftsätze durch Anwälte ist erfahrungsmäßig nicht genügend. Hat man sich also zu dem Grundsatze der Entfernung der Anwälte aus diesem Prozesse bekannt, so ist der §. 640 eine richtige Konsequenz. Aber die vorherige Information der Parteien respective ihrer rechtsunkundigen Vertreter wird ebenso an dem Rechtspunkte vorbeigehen wie die Schriftsätze, und statt einer Vereinfachung der Sache wird häufig nur eine Aussetzung der Termine das Resultat sein, ohne daß einer Partei oder einem Parteivertreter ein weiterer Vorwurf gemacht werden kann, als seine Rechtsunkunde, die das Gesetz selbst voraussetzt. Die Verbannung der rechtsverständigen Vertreter führt also zur Verzögerung der Prozesse, und ist für keine Prozeßform weniger geschickt als für den schleunigen Prozeß.

§. 642.

»Einer Mittheilung von Urkunden vor der Vorlegung bei der mündlichen Verhandlung bedarf es nicht.«

»Das Gericht kann anordnen, dass die Urkunden während einer von ihm zu bestimmenden Zeit zu seiner Einsicht, sowie zur Einsicht der Gegenpartei auf der Gerichtsschreiberei verbleiben.«

Auch die Vorschrift des Absatzes 1 dieses §. dient zur Abkürzung des Prozesses nicht. Sie erschwert der Partei die Information über den thatsächlichen Grund der gegnerischen Anführungen, führt deshalb zur Vervielfältigung der Termine.

§. 643.

»Bei der mündlichen Verhandlung hat der Vorsitzende dahin zu wirken, dass die Parteien über alle erheblichen Thatsachen sich vollständig erklären und die sachdienlichen Anträge stellen. Dies liegt ihm insbesondere ob, wenn die Unerfahrenheit einer Partei eine mangelhafte Wahrnehmung der Rechte derselben besorgen lässt.«

Der ausgesprochene Unterschied dieses §. von dem §. 295 liegt darin, daß der §. 295 dem Richter nur eine Befugniß ertheilt, welche der §. 643 ihm als Pflicht vorschreibt. Die Ausübung des Fragerechtes muß vernünftigerweise in jedem Prozesse eine Pflicht des Richters sein, wenn der Zweck der mündlichen Verhandlung erreicht werden soll. In Wahrheit aber geht die Meinung des §. dahin, daß der Richter den Prozeß, welcher zumal bei der Rechtsunkunde der Parteien gänzlich verworren daliegt, instruiren soll. Das ergiebt sich aus dem folgenden §. und ist eine Folge der Entfernung der Anwälte aus dem Prozesse.

§. 644.

»Anträge und Erklärungen der Parteien sind in das Sitzungsprotokoll insoweit aufzunehmen, als das Gericht bei dem Schlusse der mündlichen Verhandlung die Aufnahme für angemessen erachtet.«

»Die Aufnahme des vollständigen Thatbestandes (§. 329, Ziff. 5) in das Protokoll ist nicht ausgeschlossen.«

»Anerkenntnisse, Zugeständnisse und Verzichtleistungen einer Partei müssen auf Antrag der Gegenpartei durch das Protokoll festgestellt werden.«

Die in diesem Verfahren außer der Klageschrift einzig zulässige Schriftlichkeit ist das richterliche Protokoll. Während im Anwaltsprozesse dem Anwalte das außerordentlich wichtige Recht übergeben ist, sein eignes Wort in eigner Fassung zur Geltung zu bringen, ist in dieser Prozeßform dem Parteivertreter die Geltendmachung seines Wortes durch Beurkundung desselben entzogen. Es ist bekannt, daß das Protokoll de facto stets einen unwiderleglichen Beweis schafft, und es ist jede Ausschließung der Partei von der Einwirkung auf die Fassung des Protokolls eine entschiedene Entfernung derselben von ihrem Rechte.

Der citirte §. 329, Ziffer 5 definirt den „Thatbestand" als eine gedrängte Darstellung des Sach- und Streitgegenstandes auf Grundlage des mündlichen Vortrages der Parteien und unter Hervorhebung der gestellten Anträge.

Dieses durch Ausnahmen modifizirte ordentliche Verfahren soll nun für „die handelsrechtlichen Streitigkeiten und für die minder wichtigen „und gewisse einfache oder der Beschleunigung bedürfende Sachen" Platz greifen. (Vorbemerkungen Nr. 1.)

Vor die Amtsgerichte gehören nach §. 3[1]) die Rechtsstreitigkeiten über vermögensrechtliche Ansprüche bis incl. 100 Thlr. Was „vermögensrechtliche Ansprüche" sind, ist nicht gesagt. Zu der Summe von 100 Thlr. werden die als causa rei geforderten auch vor der Zeit der Klage erfallenen Früchte, Nutzungen, Schäden und Kosten nicht eingerechnet. (§. 5.)[2]) Der Werth der Sache kann also 100 Thlr. weit übersteigen, und die Sache insofern aufhören, minder wichtig zu sein. Der §. 5 gestattet sogar den Schluß, daß die Früchte einer Sache, welche 100 Thlr. übersteigen und selbständig gefordert werden, wichtiger

---

[1]) §. 3: „Vor die Amtsgerichte gehören:

I. „Die Rechtsstreitigkeiten über vermögensrechtliche Ansprüche, deren Gegen„stand an Geld oder Geldeswerth die Summe von hundert Thalern nicht „übersteigt;"

II. „ohne Rücksicht auf den Werth des Streitgegenstandes:"

1. „die Rechtsstreitigkeiten zwischen Miether und Vermiether wegen Ueber„lassung oder Räumung eines vermietheten Lokals;"
2. „die Rechtsstreitigkeiten aus einem Viehhandel;"
3. „die Rechtsstreitigkeiten aus einer außerehelichen Schwängerung."

[2]) §. 5: „Für den Werth des Streitgegenstandes (§. 4) ist der Zeitpunkt der „Erhebung der Klage entscheidend; Früchte, Nutzungen, Zinsen, Schäden und Kosten „bleiben unberücksichtigt, wenn sie als Nebenforderungen geltend gemacht werden."

sind, als dieselben Früchte mit der Sache. Uebrigens ist es jeder Partei freigestellt, jede Sache definitiv dem Amtsgerichte zu entziehen, indem nach §§. 12 und 13[1]) jede Streitsache, welche einmal vor das Kollegialgericht gebracht ist, bei demselben verbleibt. Die Aufstellung und demnächstige Zurückziehung einer Gegenforderung, deren Werth 100 Thlr. übersteigt, mag je nach dem durch die Umstände gegebenen Interesse der Partei erfolgen.

Auch die Handelssachen, deren Werth 100 Thlr. nicht übersteigt gehören vor die Amtsgerichte. (§. 9.)[2])

Der §. 4 giebt die Grundsätze an, nach denen in einzelnen Fällen der Werth des Streitobjektes zur Bestimmung der Kompetenz des Gerichtes berechnet wird. Es wird die Angabe des Objekts in der Klage zuvörderst maßgebend sein, bis der Einwand der Inkompetenz des Gerichtes erhoben wird. In Nr. 5 wird bestimmt, daß in Streitigkeiten über das Bestehen eines Miethsverhältnisses der Betrag des auf die Miethszeit fallenden Zinses, eventuell der 25jährige Betrag des einjährigen Zinses, maßgebend sei. Diese Bestimmung ist für Streitigkeiten über Räumung eines Miethslokals nicht anwendbar, weil diese Streitigkeiten ohne Rücksicht auf ihren Werth vor die Amtsgerichte gehören.

Ohne Rücksicht auf den Werth des Gegenstandes gehören vor die Amtsgerichte nach §. 3: Die Rechtsstreitigkeiten zwischen Miether und Vermiether wegen Ueberlassung oder Räumung eines vermietheten Lokals. Der Grund ist die Schleunigkeit dieser Sachen. Es ist nicht abzusehen, welche Schleunigkeit der Miethskontrakt herbeiführt; warum der Anspruch auf Räumung, wenn er von dem Käufer des Hauses gegen den Einwohner desselben, oder wenn er von dem Berechtigten gegen einen gänzlich unbefugten Eindringling erhoben wird, weniger der Beschleunigung bedürfe?

---

[1]) §. 12: „Wenn in einem bei dem Amtsgerichte anhängigen Rechtsstreite in „Folge des Vorbringens einer Partei der Streitgegenstand sich dergestalt erhöht, „daß der Werth desselben die für die Zuständigkeit des Amtsgerichts maßgebende „Summe übersteigt, so hat dieses, sofern die eine oder die andere Partei vor wei„terer Verhandlung zur Hauptsache darauf anträgt, seine Unzuständigkeit auszusprechen „und den Rechtsstreit vor das Kollegialgericht zu verweisen. Ist die Verweisung „rechtskräftig erfolgt, so gilt der Rechtsstreit als bei dem Kollegialgerichte anhängig. „Die Entscheidung über die im Verfahren vor dem Amtsgerichte erwachsenen Kosten „ist von dem Ausgange der Hauptsache abhängig."

§. 13: „Die Zuständigkeit eines Kollegialgerichts wird weder durch eine von „demselben angeordnete Trennung des Verfahrens noch dadurch wieder aufgehoben, „daß die eine oder die andere Partei ihre Ansprüche ermäßigt oder fallen läßt."

[2]) §. 9: „Für Rechtsstreitigkeiten, welche in Gemäßheit des §. 8 vor die Amts„gerichte gehören, sind die Handelsgerichte nicht zuständig."

Ferner gehören vor die Amtsgerichte die Rechtsstreitigkeiten aus Viehhändeln, entweder als einfache oder als schleunige Sachen. Einfach sind diese Prozesse regelmäßig nicht; schleunig sind dieselben nur unter bestimmten Verhältnissen, beispielsweise wenn ein Stück Vieh während des Prozesses auf Kosten des unterliegenden Theiles gefüttert werden muß. Solche und ähnliche Gründe für Beschleunigung können aber fast bei jeder Rechtssache eintreten.

Die Rechtsstreitigkeiten aus außerehelicher Schwängerung, welche ferner vor die Amtsgerichte verwiesen werden, sind regelmäßig einfach und der Beschleunigung bedürftig.

Die Kategorien der schleunigen Sachen sind bei Weitem nicht erschöpft.

Vor die Handelsgerichte gehören alle Handelssachen incl. Wechselsachen, deren Werth 100 Thlr. übersteigt. (§. 7.)

Es fragt sich nun, ob abgesehen von dem §. 647[1]), welcher bei Handelsgerichten, also in Handelssachen über 100 Thlr., die Richter zugleich zu Sachverständigen über technisch kaufmännische Fragen einsetzt, die Erfindung eines besonderen Verfahrens für die vor die Amts- und Handelsgerichte gewiesenen Sachen, also für die schleunigen, einfachen, geringfügigen und Handelssachen, sich rechtfertigt, und ob das Verfahren, welches der Entwurf bestimmt, dem Zwecke entspricht?

Im gemeinen Prozesse war die Ausbildung eines unbestimmten summarischen Prozesses wohl gerechtfertigt. Bis zur großen Reform des Prozesses durch den jüngsten Reichsabschied bildete das artikulirte Verfahren die Regel. Zum Zwecke der möglichsten Zerlegung des Prozeßmaterials wurde jede Behauptung und jede Antwort in Artikel aufgelöst. Den Artikeln des libellus actionis und den articuli additionales folgten die articuli defensionales, elisivi und additionales elisivorum; diesen die articuli replicatorii, elisivorum elisivi etc. Ueber jeden Artikel konnte sich ein Streit erheben, welcher die Zulässigkeit der Frage, die Bestimmtheit, Fehlerfreiheit, Bedingungslosigkeit der Antwort, die Zulässigkeit beigefügter Klauseln zum Gegenstande hatte und vor Fortgang des Prozesses durch alle Instanzen entschieden wurde. Der Prozeß wurde durch Tausende von Artikeln, durch zahllose Entscheidungen, durch halbe Jahrhunderte hindurch fortgeschleppt, bevor man an die Sache selbst kam. Die einfachste Sache wurde auf die

---

1) §. 647: „Ueber Gegenstände, zu deren Beurtheilung eine kaufmännische Begutachtung genügt, sowie über das Bestehen von Handelsgebräuchen kann das Handelsgericht auf Grund eigener Sachkunde und Wissenschaft entscheiden."

schwierigste Weise verhandelt. Die Erkenntniß der Unzuträglichkeit dieser exorbitanten, nicht einmal die Absicht stets treffenden, auf die Rechtswahrung verwandten Sorgfalt, mußte nothwendig der Anwendung eines s. g. „summarischen“, d. h. „nicht artikulirten“ Verfahrens den Weg öffnen. Der jüngste Reichsabschied, der bereits vielfach bestehenden Praxis folgend, verbot das artikulirte Verfahren und erhob das summarische Verfahren zur Regel. Aber auch dieses nunmehr ordentliche Verfahren litt trotz der inzwischen ausgebildeten Eventualmaxime so sehr an unerträglicher formaler Weitläufigkeit, daß sich für unbedeutende und begünstigte Sachen (auch für begünstigte Personen) ein s. g. „unbestimmtes summarisches Verfahren“ in die Praxis des gemeinen Prozesses einbürgerte. Dieses unbestimmte summarische Verfahren, welches übrigens auch nicht besonders schleunig war[1]), sollte sich namentlich dadurch auszeichnen, daß die Verhandlung mündlich zum richterlichen Protokolle erfolgte, wodurch dem Richter vielfach Gelegenheit zu günstiger Einwirkung auf den Fortgang des Prozesses gegeben wurde, insbesondere zur Vereinigung der Parteiauslassungen in einem Termine, zum Abschneiden unnöthiger Weiterungen, zur schnelleren Aufklärung des Fakti durch passende Fragen. Außerdem sollten Termine und Fristen in diesem Prozesse abgekürzt werden und die Zeugenvernehmung nicht nach Artikeln erfolgen. Eine Beschränkung der Rechtszuständigkeiten der Parteien, namentlich der Einreden oder Beweismittel sollte nicht stattfinden. Ueberhaupt sollte dieser unbestimmte summarische Prozeß nicht weniger wie der ordentliche Prozeß den Charakter der vollen Rechtswahrung tragen.

Diese Auszeichnung gewisser Sachen ist also hergebracht und von dem Entwurfe aufgenommen, indem außer Handelssachen die angeblich geringfügigen und einige angeblich einfache oder schleunige Angelegenheiten ohne Zulassung von Schriftsätzen lediglich mündlich respektive protokollarisch verhandelt werden sollen. Die Beschleunigung des Prozesses bedingt keine Veränderung des Verfahrens, namentlich keine Beseitigung der als nothwendig erkannten Stützen der Rechtswahrung. Ist der ordentliche Prozeß mustergültig, so sind die in ihm gegebenen Stützen der Rechtswahrung nothwendig, und das Ausnahmeverfahren, welches einige solche Stützen beseitigt, verstümmelt den Prozeß in we-

---

[1]) Ich habe beispielsweise ein schleuniges possesorium summariissimum aus der zweiten Hälfte des 17. Jahrhunderts in Bearbeitung, welches bis zur Duplik gediehen ist, übrigens meistentheils in Verhandlungen besteht, die neben der Sache liegen.

sentlichen Punkten, ist also eine Ungerechtigkeit. Oder das Ausnahmeverfahren genügt; so ist der ordentliche Prozeß, welcher die Verfolgung des Rechtes unnöthig erschwert, eine Ungerechtigkeit. Theoretisch befinden wir uns also in dem Dilemma, eine der beiden Prozeßarten für eine Ungerechtigkeit zu erklären. Im vorliegenden Falle trifft der Vorwurf den abgekürzten ordentlichen Prozeß. Demselben ist die wesentliche Beihülfe der Anwälte entzogen, demgemäß ist die Vorbereitung zur mündlichen Verhandlung erschwert und die Partei auf die Hülfe des Richters angewiesen. Die mündliche Verhandlung wird zum Instruktionstermine; der Richter wird als Prozeßinstruent in die Verhandlung hineingesetzt und mit außerordentlicher Macht bekleidet; die Nothwendigkeit mehrerer Termine muß sich als Folge der erschwerten vorherigen Information herausstellen; das Protokoll wird demzufolge unerläßlich und bildet die **schriftliche Grundlage des Prozesses**; aber diese schriftliche Grundlage ist unvollkommen, weil dem Richter nicht nur die Fassung des Protokolles, sondern auch der Inhalt desselben großentheils anheimgegeben ist; die Partei ist soviel als thunlich aus dem Prozesse entfernt; der Prozeß gehört wesentlich dem Richter. Dies Verfahren, welches eine Beschleunigung des Prozesses nicht herbeiführt, im Gegentheil auf Verzögerung gerichtet ist, verstößt also gegen alle Grundsätze des Prozesses, und ist nur unter der Voraussetzung erträglich, daß der Richter das unbedingteste Vertrauen der Parteien besitzt und verdient, ist also nur da zu rechtfertigen, wo der ausgesprochene Wille der Parteien es billigt. In diesem Falle ist aber jedes Verfahren gerechtfertigt. Abgesehen davon, daß der dem Prozesse fremde Streit des Richters mit den Parteien sich aus der Parteistellung des Richters entwickeln muß, ist die Partei in diesem Streite nicht einmal in Beziehung auf das Faktum geschützt. Das Protokoll ist dem Einflusse der Partei entzogen, die in der Schriftlichkeit liegende Garantie fehlt also der Partei; der Richter urteilt de facto auf Grund von Urkunden, die er selbst verfaßt hat, die also seine Auffassung, nicht durchaus die Auffassung der Partei, wiedergeben. **Der Prozeß ist trotz der scheinbar überwiegend mündlichen Form grade nicht auf das Prinzip der Mündlichkeit gebaut, der Partei ist vielmehr die Gelegenheit, ihr Wort geltend zu machen, entzogen. Die Information des Richters schwebt demgemäß in der größten Gefahr, das Urteil folgeweise in derselben Gefahr.**

Die Schleunigkeit des Prozesses, welche keineswegs in den bezeichneten Sachen stets wünschenswerth ist, die aber in jeder Sache unter Umständen ebenso dringend sein kann, mag durch richterlicherseits nach Beschaffenheit des Falles abzukürzende Fristen erreicht werden; einer Beschädigung der Sachen bedarf es für diesen Zweck nicht.

Das abgekürzte Verfahren ist also zu verwerfen.

Viertes Kapitel.

Von dem Versäumnißverfahren.

§§. 406 bis 415.

Der Abschnitt 28 trägt die Ueberschrift: „von dem Versäumniß„verfahren und dem Versäumnißurteile". Der Abschnitt 30 trägt die Ueberschrift: „Von der Versäumung der Termine nach dem Schlusse der Hauptverhandlung". Der gegenwärtig zu behandelnde Abschnitt handelt also von der Versäumung der Termine vor dem Schlusse der Hauptverhandlung. Die Hauptverhandlung ist nach §. 394 die Verhandlung über die Hauptsache. Unter dieser Verhandlung über die Hauptsache scheint hier der Entwurf nur die erste Verhandlung über die Hauptsache zu verstehen. Wird nach erhobenem Beweise über die Hauptsache verhandelt, so ist nach der Terminologie des Entwurfes diese Verhandlung insofern keine Hauptverhandlung, als das hier behandelte Versäumnißverfahren nicht stattfindet.

Der Richter schließt die Verhandlung mit der Befugniß, dieselbe wieder zu eröffnen. (§§. 291 und 306.)[1]) Ist die Verhandlung zur Hauptsache geschlossen, d. h. ist nach Abhaltung des einen oder der mehreren Verhandlungstermine, welche als ein Termin gelten, die Verhandlung richterlicherseits für geschlossen erklärt, so findet das Versäumnißverfahren nach den Bestimmungen des gegenwärtig behandelten Abschnittes nicht statt. Die Verhandlung zur Hauptsache, oder vielmehr die Verhandlungen des ersten Verfahrens sind fixirt; das zu er-

---

[1]) §. 291: „Der Vorsitzende schließt die Verhandlung, wenn nach Ansicht des „Gerichtes die Sache vollständig erörtert ist."

§. 306: „Das Gericht ist befugt, die Wiedereröffnung einer Verhandlung, „welche für geschlossen erklärt war, anzuordnen."

lassende Beweisurteil (genannt Beweisbescheid) bildet den Schluß dieses Verfahrens in facto so lange, bis dasselbe wieder eröffnet wird. Wir haben also gegenwärtig das Verfahren zu betrachten, welches eintritt, wenn eine Partei im Termine zur mündlichen Verhandlung vor Schluß des ersten Hauptverfahrens, nämlich im Termine zur Verhandlung über einen Präjudizialpunkt oder über die Hauptsache oder über einen Theil derselben ausbleibt.

§. 406.

»Wenn der Kläger im Termine zur Hauptverhandlung nicht erscheint, so ist gegen ihn auf Antrag des Beklagten das Versäumnissurteil dahin zu erlassen, dass der Beklagte von der Instanz entbunden werde.«

»Mit der Rechtskraft des Urteils treten die Wirkungen der Zurücknahme der Klage (§. 355) ein.«

Die Wirkung der Zurücknahme der Klage (§. 355)[1]) ist die Aufhebung aller Wirkungen der Rechtshängigkeit und die Verpflichtung des Klägers zur Erstattung der Kosten. Die mangelnde Kostenerstattung kann nach dem bereits angeführten §. 391 als präjudizielle Einrede der erneuten Klage entgegengesetzt werden.

Für die Widerklage bedarf es keiner Bestimmung, denn die Widerklage ist entweder eine konnexe oder eine nicht konnexe. Die konnexe Widerklage kann erst im Termine zur mündlichen Verhandlung mit der Wirkung der Rechtshängigkeit angebracht werden; die Widerklage existirt also bei Beginn des Termins nicht; ein Versäumnißverfahren darauf ist mithin unmöglich. (§. 191.)[2]) Die nicht konnexe Widerklage aber

---

[1]) §. 355: „Die Zurücknahme der Klage hat zur Folge, daß der Rechtsstreit „als nicht anhängig geworden anzusehen ist. Sie verpflichtet den Kläger, die „Kosten des Rechtsstreites zu tragen, so weit nicht darüber bereits rechtskräftig er„kannt war. Auf Antrag des Beklagten ist diese Verpflichtung durch ein Urtheil „auszusprechen. Wird die Klage von Neuem angestellt, so kann der Beklagte die „Einlassung verweigern, bis der Kostenersatz geleistet ist. Die Weigerung findet „nicht mehr statt, wenn der Beklagte zur Hauptsache mündlich verhandelt hat."

[2]) §. 191: „Eine Widerklage, deren Gegenstand mit dem Gegenstande der „Klage oder einer Einrede in rechtlichem Zusammenhange steht (konnexe Widerklage), „kann von dem Beklagten so lange erhoben werden, als dieser den Gegenstand der „Widerklage durch Einrede geltend zu machen befugt sein würde."

„Die konnexe Widerklage ist in derselben Weise wie eine Einrede anzubringen; „es wird über sie wie über eine Einrede verhandelt und entschieden; die Vor„schriften über die Einlassungsfrist und über die Klagebeantwortung finden auf die „Beantwortung der konnexen Widerklage keine Anwendung."

„Die Rechtshängigkeit des mit der konnexen Widerklage geltend gemachten Anist eine neue Klage, also der Widerkläger ist eben selbst Kläger. (§. 192.)[1])

Wenn der Verklagte gleichfalls nicht erscheint oder keinen Antrag stellt, so ist der Termin ausgefallen. (§. 414.) Wenn der Verklagte in Abwesenheit des Klägers sich auf die Sache einlassen will, so ist das zwecklos. Ein Versäumnißurteil gegen den Kläger ist nicht vorgeschrieben und auch unmöglich.

Die Versäumniß tritt mit Schluß der Verhandlung ein, deren zeitweise Zurücksetzung dem Gerichte übrigens freisteht. (§. 204.)[2])

§. 407.

»Wenn der Kläger gegen den im Termine zur Hauptverhandlung nicht erschienenen Beklagten das Versäumnissurteil beantragt, so hat das Gericht die Thatsachen, welche zur Begründung der Klage in der Klageschrift vorgebracht sind, als zugestanden anzunehmen und, soweit dieselben den Klageantrag rechtfertigen, in dem zu erlassenden Versäumnissurteile nach dem Klageantrage zu erkennen, so weit dies nicht der Fall ist, durch Urteil die Klage zurückzuweisen.«

Der §. fesselt den Richter, der durch den Grundsatz der freien Beweiswürdigung in Beurteilung des Fakti befreit wird, (§. 429)[3])

„spruchs tritt mit dem Zeitpunkte ein, in welchem derselbe in der mündlichen Ver„handlung geltend gemacht ist.““

[1]) §. 192: „Eine nicht konnexe Widerklage kann im Gerichtsstande der Klage „nur dann erhoben werden, wenn sie dem Kläger vor dem Termine zugestellt wird, „welcher zur mündlichen Verhandlung auf die Klage bestimmt ist.“

„Alle Vorschriften über die Klage, insbesondere diejenigen, welche die Zustellung „der Klage, die Rechtshängigkeit und das weitere Verfahren betreffen, finden auch „auf die nicht konnexe Widerklage Anwendung.“

[2]) §. 204: „Der Anfang des Termins wird durch den Aufruf der Sache be„stimmt. Ist bei Feststellung des Termins eine bestimmte Stunde bezeichnet, so „darf der Aufruf nicht vor Eintritt dieser Stunde erfolgen. Der Termin ist von „der Partei versäumt, wenn dieselbe weder bei dem Aufrufe noch vor dem Schlusse „der Verhandlung sich meldet.“

„Die Vornahme der Verhandlung kann, auch wenn der Aufruf bereits erfolgt „ist, von dem Gerichte auf einen späteren Zeitpunkt desselben Tages verlegt werden.“

[3]) §. 429: „Das Gericht hat unter Berücksichtigung des gesammten Inhalts „der Verhandlungen und unter sorgfältiger Prüfung des Ergebnisses einer etwaigen „Beweisaufnahme nach freier Ueberzeugung zu entscheiden, ob eine thatsächliche Be„hauptung für wahr oder für nicht wahr zu erachten sei.“

auf eine ungerechtfertigte Weise. Während der §. 438[1]) die gerichtsnotorischen Thatsachen als des Beweises nicht bedürfend erklärt, ist der Richter nach §. 407 auf Grund des vielleicht zufälligen Ereignisses des Ausbleibens des Beklagten gebunden, sogar gerichtsnotorisch unwahre Thatsachen für wahr anzunehmen. Ja es kann ihm noch viel schlimmer ergehen; er kann durch eine Behauptung des Klägers zur Annahme jeder Unmöglichkeit gezwungen werden. Das Urteil steht also in Gefahr, ein falsches, ja ein unverständiges zu sein. Das ist die Wirkung des Prinzipes der Fiktionen, welches hier wiederum adoptirt ist. Die Bestimmung wird zu recht eklatanten Unzuträglichkeiten führen, wenn die Unmöglichkeit oder die offenbare Lügenhaftigkeit der Klage bereits aktenmäßig feststeht und der Richter trotzdem ihre Wahrheit fingiren muß. Das ist eine Konsequenz zugleich des Grundsatzes, daß das schriftliche Vorbringen nicht existirt, wenn es nicht mündlich wiederholt ist.

§. 408.

»Die Vorschrift des §. 407 über das von dem Gerichte anzunehmende Zugeständniss findet auch auf die Thatsachen Anwendung, welche die Zuständigkeit betreffen.«

§. 409.

»Wird in dem Falle, in welchem der Kläger das Versäumnissurteil beantragt, wegen eines von Amtswegen zu berücksichtigenden Umstandes eine nähere Nachweisung für nöthig erachtet, so hat das Gericht anzuordnen, dass der Kläger in einem zu bestimmenden neuen Termine die Nachweisung beizubringen habe. Die Mittheilung dieses Beschlusses, sowie die Ladung des Beklagten zu dem neuen Termine ist nicht erforderlich. Der Beklagte kann jedoch, wenn er erscheint, verlangen, dass die Sache ohne Rücksicht auf die frühere Versäumniss verhandelt werde.«

Welche Umstände von Amtswegen zu berücksichtigen sind, dürfte in Fällen zweifelhaft sein, und wäre eine Bestimmung hierüber erwünscht.

Die Mittheilung des nach §. 409 gefaßten Beschlusses an den

---

[1]) §. 438: „Thatsachen, welche bei dem Gerichte offenkundig sind, bedürfen keines Beweises."

Beklagten soll unterbleiben, demselben vielmehr nur überlassen sein, durch Studium der Rolle sich von der nochmaligen Ansetzung eines Termins, der für ihn gleichwohl entscheidende Wirkung hat, zu informiren. Diese Rache gegen den indefensus folgt wohl aus der Fiktion, daß derselbe seinen Anspruch auf Gerechtigkeit verscherzt habe, paßt aber keineswegs zu der übrigens sehr zu billigenden Zulassung desselben sofern er im zweiten Termine erscheint.

§. 410.

»Werden die Urkunden, aus welchen die Prozesslegitimation hervorgeht, von dem Kläger in dem Termine vorgelegt, so ist die Erlassung des Versäumnissurteils gegen den Beklagten nicht davon abhängig, dass diese Urkunden dem letzteren vorher mitgetheilt sind.«

Ist die Prozeßlegitimation des Klägers verstanden, so ist das Prinzip bereits ausgesprochen. Ist die Prozeßlegitimation derjenigen Person verstanden, welche der Kläger in der Ladung als den Vertreter des Beklagten bezeichnet hat, so darf dem in Wirklichkeit nicht vertretenen, also nicht geladenen Beklagten die Fiktion der Aechtheit unächter Urkunden, und die Säumniß resp. der Betrug einer gänzlich unlegitimirten Person doch gewiß nicht schaden. Insofern der §. dies Letzte verordnet, entbehrt derselbe der Rechtfertigung.

§. 411.

»Wenn im Termine zur Hauptverhandlung von dem Kläger Thatsachen vorgebracht oder Anträge gestellt werden, welche in der Klageschrift nicht enthalten sind, so sind bei Erlassung des Versäumnissurteils die Thatsachen insoweit als zugestanden anzunehmen und die Anträge insoweit zu berücksichtigen, als sie dem Beklagten in einem späteren Schriftsatze rechtzeitig mitgetheilt sind. Der spätere Schriftsatz gilt als rechtzeitig mitgetheilt, wenn zwischen der Zustellung und dem Termine eine achttägige Frist liegt. Enthält der spätere Schriftsatz eine Klageänderung, so muss zwischen dem Tage der Zustellung und dem Termine die Einlassungsfrist liegen.«

»Ist die Mittheilung unterblieben oder nicht rechtzeitig erfolgt, so muss zur mündlichen Verhandlung ein neuer Termin bestimmt und zu diesem der Beklagte dergestalt geladen werden, dass ihm von der Zustellung des das nachträgliche Vorbringen enthaltenden Schriftsatzes bis zu dem Termine diejenige Frist bleibt, welche nach den Bestimmungen des vorhergehenden Absatzes zwischen der Zustellung des späteren Schriftsatzes und dem Termine liegen muss.«

Der Absatz 1 dieses §. steht auf dem Standpunkte des Prinzipes der Schriftlichkeit. Die Klage ist freilich eine schriftliche Unterlage des Urteils; die Klage ist ein Dokument. Es ist aber darum noch keinesweges unerläßlich, daß der Richter die Klage lediglich nach dem Worte auslegen muß. In der Klage kann Vieles enthalten sein, was der Kläger gemeint hat und was der Beklagte offenbar auch verstanden hat, was dennoch eine nakte Worterklärung weg interpretiren muß. Die strenge Interpretation, welche die Klage wegen Fehlens eines Jota abweist, obwohl es selbstverständlich ist, daß der Verklagte über den Sinn der Klage keinen Zweifel hat, gehört eben dem schriftlichen Prozesse an. Nach dem Prinzipe der Mündlichkeit muß der Richter entscheiden, was der Kläger vernünftiger Weise gesagt haben will, und was der Beklagte ehrlicher Weise verstanden haben muß. Wenn die Klage vorträgt, daß der Beklagte dem Kläger eine Uhr verbracht habe, für welche Kläger 30 Thlr. bezahlt habe, so ist es klar, daß der Kläger den Werth der Uhr noch jetzt auf 30 Thlr. behaupten wollte. Und wenn der Kläger das auch nicht gesagt hat, darf der Richter nicht annehmen, daß der Beklagte den Kläger nicht verstanden haben könne. Freilich paßt dieser §. vollständig zu dem §. 407, welcher auf dem gleichen Prinzipe der Schriftlichkeit ruht. Besser disponirt der §. 367 des Preußischen Entwurfes, (welchem der Vorwurf der Verletzung der Rechte des Beklagten nur vereinzelt und nur aus Mißverständniß gemacht worden ist), indem dieser §. sagt: „Wird gegen den Beklagten wegen Versäumung der Anwaltsbestellung das Versäumnißurteil beantragt, so hat das Gericht das in der Klage behufs Begründung des Anspruchs angeführte Sachverhältniß, imgleichen die von dem Anwalte des Klägers in der Sitzung zur Erläuterung und Ergänzung des thatsächlichen Inhalts der Klage vorgetragenen Thatsachen für richtig anzunehmen und hiernach über den Anspruch des Klägers zu erkennen. Wenn jedoch die Richtigkeit der in der Klage oder in der Sitzung vorgetragenen Thatsachen dem Gericht ganz oder zum Theil bedenklich erscheint, so ist dasselbe befugt, den Kläger zur Beweisantretung aufzufordern und durch ein Beweisurtheil die Erhebung des Beweises anzuordnen."

In Bezug auf den Fall der Aenderung des Antrages und des Klagegrundes sind die Vorschriften des §. 411 gerecht.

§. 412.

»Wenn die Partei, gegen welche das Versäumnissurteil beantragt wird, nicht ordnungsmässig, insbesondere nicht rechtzeitig geladen war, so ist der Antrag zurückzuweisen, unbeschadet des Rechts der erschienenen Partei, die Bestimmung eines neuen Termins zu beantragen. Im Falle der Bestimmung eines neuen Termins muss die nicht erschienene Partei von Neuem geladen werden. Besteht die Ordnungswidrigkeit nur in dem Mangel der Rechtzeitigkeit der Ladung, so ist es genügend, wenn zwischen der Zustellung der neuen Ladung und dem Termine derjenige Zeitraum liegt, welcher bei der früheren Ladung an der gesetzlichen Frist fehlte.«

§. 413.

»Wird der Beschluss, durch welchen der Antrag, das Versäumnissurteil gegen den Beklagten zu erlassen, zurückgewiesen ist, von dem Kläger nicht binnen einer vom Tage der Verkündigung des Beschlusses laufenden Frist von zwei Wochen im Wege der Beschwerde angefochten, so ist die Klage als zurückgenommen anzusehen.«

Es ist hier von einem „Beschlusse" die Rede. Der Ausdruck „Beschluß", welcher häufig vorkommt — der §. 281 spricht von Verkündigung „der Urteile und Beschlüsse" des Gerichtes — scheint ein richterliches Urteil zu bezeichnen, gegen welches kein Rechtsmittel oder nur das Rechtsmittel der Beschwerde stattfindet. Außerdem giebt es Bescheide, Anordnungen, Verfügungen. Eine weniger reiche Nomenklatur und mehr scharfe Terminologie ist ein großer Vorzug eines Gesetzes.

Die Stellung einer Frist, deren Versäumniß die Unanfechtbarkeit des abweisenden Urteils mit sich führt, ist praktisch und verletzt Niemanden, da der Kläger nach §. 355 jederzeit eine neue Klage anstellen kann. Die Fassung des §. ist aber weniger gelungen. Durch das Urteil, welches die Klage abweist (und wenn es auch Beschluß genannt wird) gilt doch jedenfalls die Klage als abgewiesen. Und doch soll diese Abweisung sich nach 2 Wochen in eine freiwillige Zurücknahme verwandeln. Das Urteil bildet also eine Anfrage an die Partei, ob sie dasselbe annehmen wolle? Antwortet die Partei „Nein" so existirt kein Urteil mehr und hat nie existirt, sondern der II. Richter entscheidet de novo; antwortet die Partei „Ja", resp. giebt sie diese Antwort durch Nichtbenutzung der Frist zu verstehen, so existirt auch kein Urteil, sondern es existirt eine freiwillige Zurücknahme der Klage. Das Urteil als solches existirt also unter keinen Umständen. Diese Auffassung dürfte dem Begriffe eines richterlichen Urteils wenig entsprechen.

§. 414.

»Sind beide Theile im Termine zur mündlichen Verhandlung nicht erschienen, so ruht das Verfahren, bis die eine oder die andere Partei eine neue Ladung zustellen lässt. Erfolgt die Zustellung nicht binnen einer vom Tage des Termins laufenden Frist von 6 Monaten, so ist die Klage als zurückgenommen anzusehen.«

Die Frist von 6 Monaten hat keinen besonderen Zweck, da das Gericht kein Interesse daran hat, ob die Klage schwebt oder zurückgenommen ist, die Partei aber ihr Interesse selbst wahren muß. Es würde sich rechtfertigen, die Klage nach Ablauf einer Frist, welche von der Aufforderung des Verklagten an den Kläger läuft, als zurückgenommen zu erachten.

§. 415.

»Die Vorschriften der §§. 406 bis 414 finden auch Anwendung:

1) wenn eine der Parteien in dem Termine nicht erscheint, auf welchen die mündliche Verhandlung vertagt, oder welcher zur Fortsetzung derselben bestimmt ist;
2) wenn im Falle der abgesonderten Verhandlung über eine prozesshindernde Einrede eine der Parteien in dem zur Fortsetzung dieser Verhandlung oder nach rechtskräftiger Erledigung einer solchen Einrede in dem zur Verhandlung der Hauptsache bestimmten Termine nicht erscheint;
3) wenn nach der Rechtskraft des Urteils, durch welches im Falle des §. 400 der Anspruch für begründet erklärt ist, eine der Parteien in dem Termine, welcher zur mündlichen Verhandlung über den Betrag des Anspruchs bestimmt ist, nicht erscheint.«

»Die früheren Anführungen der nicht erschienenen Partei bleiben bei Erlassung des Versäumnissurteils unberücksichtigt.«

»Die Vorschriften unter Ziffer 1 kommen insoweit nicht zur Anwendung, als in Gemässheit des §. 300 über einzelne Ansprüche getrennt verhandelt und die Verhandlung geschlossen ist.«

Nach Absatz 1 gilt also der Termin, auf welchen eine mündliche Verhandlung vertagt ist, und der zur Fortsetzung derselben bestimmte Termin als der erste Termin zur Hauptverhandlung. In Beziehung auf das Contumazialverfahren wird also selbst den Aufzeichnungen des Protokolles des ersten Termins, also demjenigen Vorbringen, welches beweisenermaßen, sogar aktenmäßig, bereits in mündlicher Verhandlung geltend gemacht worden ist, jede Bedeutung abgesprochen. Das ist schwer zu rechtfertigen.

Anders ist es dagegen bei den Verhandlungen über einzelne Klageansprüche, welche bereits abgeschlossen sind. Nach dem Schlußsatze des §. sollen nämlich die Verhandlungen über getrennt verhandelte Klageansprüche wie besondere Prozesse behandelt werden, was der §. 300 bereits anordnet. Zu beachten ist, daß diese Ausnahmevorschrift des Schlußsatzes dieses §. sich nur auf „getrennt verhandelte Klageansprüche" (§. 300) bezieht, nicht auch auf den Fall „getrennter Verhandlung über „einzelne selbständige Angriffs- oder Vertheidigungsmittel". Die Anordnung solcher Trennung der Verhandlungen über selbstständige Angriffs- und Vertheidigungsmittel ist nämlich nach §. 301 dem Gerichte gleichfalls anheimgegeben. Die frühere Verhandlung, welche doch sicherlich geschlossen werden wird, um nicht stets von vorne zu beginnen, soll indessen für das Kontumazialverfahren niemals geschlossen sein, sondern (so lange nicht ein Zwischenurteil (§. 398) vorliegt) bei Ausbleiben der Partei als nicht vorhanden betrachtet werden. Wenn also beispielsweise über den Einwand der Zahlung verhandelt ist, da aber die Zahlung den ganzen Klageanspruch nicht deckt, die Fortsetzung der Verhandlung in Betreff des ferneren Einwandes des Vergleiches angeordnet wurde, der Excipient nun im neuen Termin zur Verhandlung ausbleibt, so ist auch der Einwand der Zahlung, über den bereits verhandelt ist, nicht existent. Diese Vorschrift ist höchst anomal. Für den Fall, daß die Parteien in dem ferneren Termine erscheinen, wird doch jedenfalls die frühere Verhandlung, soweit das Protokoll dieselbe als geschehen beweist, auch als geschehen angenommen werden; der vielleicht zufällige Umstand des Nichterscheinens soll aber die bereits durch Verhandlung geltend gemachten und selbst durch das Protokoll schriftlich fixirten, ja sogar materiell bereits zum Schlusse verhandelten Rechtszuständigkeiten der Parteien vernichten.

Fünftes Kapitel.

Von dem Einspruche.

(§§. 416 bis 423.)

§. 416.

»Der Partei, gegen welche ein Versäumnissurteil erlassen ist, steht gegen dasselbe das Rechtsmittel des Einspruchs zu, soweit nicht dieses Gesetzbuch ein Anderes bestimmt.«

Der Einspruch ist „ein Rechtsmittel" genannt, es sind also die Vorschriften über die Rechtsmittel nicht sämmtlich vorbehalten. Auch die Wiedereinsetzung in den vorigen Stand nennt der §. 278 „Rechtsmittel".

Der Einspruch soll gegen jedes Versäumnißurteil zulässig sein, also gegen jedes Urteil, welches die Thatsachen der Klage gegen den Kläger als nicht vorgebracht oder gegen den Beklagten als zugestanden fingirt, und welches nach theilweiser Verhandlung der Sache gegen den Kläger oder gegen den Beklagten fingirt, daß noch nichts verhandelt sei.

Ob der Einspruch das einzige Rechtsmittel sei, wird durch die Bestimmung des §. 406 al. 2 zweifelhaft.

Die Generalklausel am Schlusse des §. bezieht sich wohl auf den §. 423, welcher verordnet, daß der Einspruch gegen ein wiederholtes Versäumnißurteil nicht stattfinde.

§. 417.

»Die Frist zur Einlegung des Einspruchs beträgt 2 Wochen; sie beginnt mit der Zustellung des Versäumnissurteils. Ist die Zustellung des Versäumnissurteils an eine durch einen Prozessbevollmächtigten nicht vertretene Partei im Auslande oder durch öffentliche Bekanntmachung erfolgt, so ist die Frist zur Einlegung des Einspruchs der Einlassungsfrist gleich.«

Es dürfte sich vielmehr rechtfertigen, gar keine Frist zur Einlegung des Einspruches zu bestimmen. Die Regel ist, daß der in contumaciam verurteilte Beklagte ein zahlungsflüchtiger Schuldner ist, welcher die zweiwöchentliche Frist zur Entfernung des letzten Exekutionsobjektes benutzt. In solchem Falle ist also die Frist sehr beschädigend für den Kläger. Wenn dieser Fall nicht vorliegt, so kann der Beklagte durch die Versäumniß der kurzen Frist in eine sehr üble Lage kommen. Der Ausschluß des Einspruches nach Ablauf der Frist setzt gerechter Weise voraus, daß der Beklagte, welcher die Frist verstreichen läßt, sich wirklich im Unrechte befinde. Aus dem, mit dieser Voraussetzung in gar keinem kausalen Zusammenhange stehenden Fristablaufe läßt sich jedoch das Unrecht des Beklagten nicht folgern; also wird es fingirt. Eine Strafe ist undenkbar, wo der Beklagte durch seine Säumniß Niemandes Rechte beschädigt. Dagegen ist, wenn das Urteil sofort vollstreckbar ist, und der Einspruch nicht an eine Fristbestimmung gebunden ist, den Rechten beider Theile genügt. Der Kläger kann nämlich gegen seinen säumigen Schuldner sofort zur Exekution schreiten; der Beklagte, welcher sich die Exekution ohne Widerspruch gefallen läßt, giebt durch sein Verhalten unabweislich kund, daß er sich seines Unrechtes bewußt sei, was der Ablauf einer Frist nicht kund giebt. Will der Beklagte Einspruch erheben, so hat er bei Antritt der Exekution, vorausgesetzt daß dieselbe nicht den Charakter eines heimlichen Ueberfalles hat, (die Bestimmungen über die Exekution kennen wir noch nicht), hinreichende Gelegenheit, sich durch Einspruch zu schützen.

Dem Kläger, welcher in contumaciam abgewiesen ist, schadet diese Abweisung überhaupt nicht definitiv, weil er eine neue Klage einlegen kann.

§. 418.

»Die Einlegung des Einspruchs erfolgt durch Zustellung eines Schriftsatzes, welcher die Erklärung, dass die Partei Einspruch einlege, und die Bezeichnung des Urteils enthalten muss, gegen welches der Einspruch gerichtet wird.«

»Der Schriftsatz soll zugleich die Ladung des Gegners zur mündlichen Verhandlung über die Hauptsache und dasjenige enthalten, was zur Vorbereitung der Verhandlung erforderlich ist, Der Mangel dieses Erfordnisses bleibt jedoch ohne Einfluss auf die wirksame Einlegung des Einspruchs.«

Es wird ferner darauf ankommen, daß auf die Zustellung des Einspruches dem Beklagten eine Urkunde ertheilt wird, die ihn gegen jede Execution schützt.

Wenn der Schriftsatz keine Ladung des Gegners enthält und die Ladung auch nicht nachfolgt, so kann der Gegner auf Grund des §. 202 selbst die Ladung beantragen. Der Einspruch ist nach §§. 240 u. 251 zugleich dem Gerichte mitzutheilen.

§. 419.

»Das Gericht hat von Amtswegen zu prüfen, ob der Einspruch an sich statthaft und ob er in der gesetzlichen Form und Frist eingelegt sei. Ist eins dieser Erfordernisse nicht vorhanden, so ist der Einspruch als unzulässig zu verwerfen.«

Diese Prüfung des Gerichtes muß der Anberaumung des Termins zur mündlichen Verhandlung vorausgehen. Entweder geschieht die Verwerfung und zwar ohne vorherige mündliche Verhandlung, oder es wird sofern eine Ladung beantragt ist, bis wohin die Sache beruht, neuer Termin zur mündlichen Verhandlung anberaumt. Ob der Partei ein Rechtsmittel gegen das Urteil, welches den Einspruch verwirft, zustehe, ist noch nicht gesagt.

§. 420.

»Ist der Einspruch zulässig, so wird der Prozess in die Lage zurückversetzt, in welcher er sich vor Eintritt der Versäumniss befand.«

Der Einspruch wirkt also, ohne daß es eines Ausspruches des Gerichtes über seine Zulässigkeit bedarf. Die Sache wird in der Lage, in welcher sie sich vor Eintritt der contumacia befand, fortgesetzt.

§. 421.

»Insoweit die Entscheidung, welche auf Grund der neuen Verhandlung zu erlassen ist, mit der in dem Versäumnissurteile enthaltenen übereinstimmt, hat das Gericht auszusprechen, dass das Versäumnissurteil aufrecht zu erhalten sei. Insoweit diese Voraussetzung nicht zutrifft, wird das Versäumnissurteil in dem neuen Urteile aufgehoben.«

Diese Bestimmung betrifft nur die Form des Urteils. In Wahrheit ist es nicht das Versäumnißurteil, welches aufrecht erhalten wird, denn das Versäumnißurteil ist nach §. 420, sobald Einspruch eingelegt ist, nicht mehr vorhanden; das Urteil ist vielmehr ein neues, in der Regel auf andre Begründung gebautes. Der Grund dieser Vorschrift des §. 421 ist wohl der, daß nicht zwei gleichlautende Urteile I. Instanz über denselben Gegenstand formell existiren sollen. Deshalb soll auch, sofern das neue Urteil ein anderes ist, die Aufhebung des Versäumnißurteils ausgesprochen werden.

§. 422.

»War das Versäumnissurteil in gesetzlicher Weise ergangen, so sind die durch die Versäumniss veranlassten Kosten, soweit sie nicht durch einen unbegründeten Widerspruch des Gegners entstanden sind, der säumigen Partei auch dann aufzuerlegen, wenn in Folge des Einspruchs eine abändernde Entscheidung erlassen wird.«

Die Kosten des Versäumnißurteils treffen den Kontumax, selbst in dem Falle, daß der Kontumax nach Erhebung des Einspruches ein günstiges Urteil erstreitet. Jedoch soll, vorausgesetzt daß der Kontumax demnächst nach Einspruch ein günstiges Urteil erstritten hat, in dem Falle eine Ausnahme von dieser Regel eintreten und der Kontumax von den Kosten des Versäumnißurteils entbunden werden, wenn diese Kosten, welche das Versäumnißurteil „veranlaßt" hat, durch einen unbegründeten Widerspruch des Gegners des Kontumax „entstanden" sind. Welcher Widerspruch ist unbegründet? Derjenige, den das Gericht als unbegründet erkennt. Wenn das Gericht aber ein dem Kontumax günstiges Urteil fällt, so spricht es damit aus, daß der Widerspruch des Gegners unbegründet war, wenn also durch diesen Widerspruch die Kosten „entstanden sind", welche das Versäumnißurteil „veranlaßte", so treffen diese Kosten nie den Kontumax, sondern stets dessen Gegner. Es dürfte vielleicht gerechtfertigt sein, die Frivolität, und zwar nicht allein die Frivolität des Widerspruches sondern ebenso die Frivolität der Klage, durch ausnahmsweise Verurteilung der frivolen Partei in die Kosten zu bestrafen. Ist das gemeint, so ist es wenigstens nicht ausgesprochen.

§. 423.

»Gegen ein neues Versäumnissurteil steht der Partei, welche Einspruch erhoben hat, der Einspruch nicht zu.«

Sechstes Kapitel.

Der Beweisbescheid.

§§. 442, 445 bis 448, 339.

§. 442.

»Ist die Beweisantretung nach Vorschrift des §. 441 durch zulässige Beweismittel erfolgt, so hat das Gericht, wenn die Aufnahme eines Beweises erforderlich ist, durch Vorbescheid die Beweisaufnahme über alle streitigen Thatsachen anzuordnen, welche es für erheblich erachtet (Beweisbescheid).«

»Dies gilt auch von einer Thatsache, welche nur für den Fall erheblich ist, dass andere Thatsachen, über welche die Beweisaufnahme angeordnet ist, bewiesen oder nicht bewiesen werden.«

Nachdem die Hauptverhandlung im ersten Verfahren geschlossen ist, ergeht auf Grund derselben das Urteil. Dasselbe lautet, sofern die Sache zum Definitivurteil in facto nicht reif ist, sofern noch erhebliche Thatsachen streitig und des Beweises bedürftig sind, auf Beweis. Der Entwurf setzt ferner als Bedingung des Beweisurteils, welches er Beweisbescheid nennt, voraus, daß die Thatsachen, welche als erheblich, streitig und des Beweises bedürftig erkannt werden, auch durch Beweismittel unterstützt sind. Die Beweisantizipation, welche nach Vorschrift der §§. 173, Nr. 3 und 175 bereits in den vorbereitenden Schriftsätzen erfolgen. soll, dient an jener Stelle nur zur Information. Die für die mündliche Verhandluug im §. 441[1]) enthaltene Vorschrift der Beweisantizipation hat dagegen eine andere Wirkung, weil die mündliche Verhandlung alleinige Grundlage des Beweisbescheides ist, und weil nach deren Schluß kein regelmäßiger Platz zur Beweisangabe mehr gegeben ist. Ausnahmen enthalten die §§. 449, 450, 459.

Es fragt sich ob die Beweisantizipation gerechtfertigt ist?

Entweder sind die Parteien einig, nämlich: Die Beweisantizipation ist entweder von beiden Parteien gewollt; alsdann ist sie gerechtfertigt, sofern nicht der Richter, welcher wesentlich in dieser Frage interessirt ist, die Trennung der Beweisangabe für sein Verständniß der Sache fordert. Oder die Beweisantizipation ist von keiner Partei gewollt; alsdann ist dieselbe unter keinen Umständen gerechtfertigt.

Oder aber die Parteien sind nicht einig darüber, ob Beweisantizipation stattfinden soll oder nicht. Für diesen Fall muß, wenn wir von der Regel der Beweisantizipation, den Vorschlägen des Entwurfes entsprechend, ausgehen wollen, der zur Beweisantizipation gezwungenen Partei die volle Möglichkeit gegeben worden, dieser Vorschrift zu genügen. Die Beweisangabe ist nun erfordert, wenn erstens das Faktum erheblich, zweitens bestritten, drittens des Beweises bedürftig und viertens die beweisende Partei zur Erbringung des Beweises verpflichtet ist. Entweder ist über keinen dieser vier Punkte ein Streit, beziehungsweise

[1]) §. 441: „Jede Partei hat bei der Hauptverhandlung unter Bezeichnung der „Beweismittel, deren sie sich zum Nachweise oder zur Widerlegung thatsächlicher „Behauptungen bedienen will, den Beweis anzutreten und über die von der Ge„genpartei angegebenen Beweismittel sich zu erklären".

der etwa vorhandene Streit charakterisirt sich als Unverstand oder Chikane; so ist gegen die Vorschrift der Beweisantizipation nichts einzuwenden, sofern der Partei zur Erforschung der Beweismittel genügende Zeit gegeben war. Oder aber es besteht wirklich ein Zweifel in Beziehung auf die Bedingungen der Beweisangabe; so ist die Beweisantretung vor Lösung dieses Zweifels gerechter Weise nicht zu fordern. Im gemeinen Prozesse war wenigstens darüber, ob eine Thatsache streitig und ob eine streitige Thatsache des Beweises bedürftig sei, ein Zweifel kaum möglich, denn Alles, was nicht zugestanden war, mußte bewiesen werden, selbst: »Carolum Francorum regem fuisse«. Der Entwurf läßt indessen hierüber die Partei unter Umständen im Zweifel: Nach §. 294, Absatz 3 hat das Gericht „nach den Umständen zu beur„theilen, ob eine nicht ausdrücklich bestrittene Thatsache für zugestanden „oder für bestritten zu erachten sei"; nach §. 438 hat das Gericht zu beurteilen „welches Gewicht dem von einer Partei in einem Schrift„satze oder in einem anderen Prozesse abgelegten Geständnisse beizu„legen sei". Wenn der Richter zu beurteilen hat, ob eine Thatsache zugestanden oder bestritten, ob ein Zugeständniß bindend oder unverbindlich ist, so kann die Partei nicht wissen, ob die Thatsache streitig, ob also eine Beweisantretung erfordert ist oder nicht, bevor ihr nicht der allein kompetente Richter dies im Beweisbescheide mitgetheilt hat. Nach §. 430 „bedürfen bestrittene Thatsachen, welche dem Gerichte „offenkundig sind keines Beweises". Ob dieselben dem Gerichte offenkundig sind oder nicht, ob sie also des Beweises bedürfen oder nicht, weiß der Richter, weiß aber die Partei nicht, so lange es ihr nicht der Richter im Beweisbescheide gesagt hat. Nach §. 439 „bedarf es des „Beweises über das in einem fremden Staate geltende Recht, nur so„weit, als dasselbe dem Gerichte unbekannt ist". Ob dasselbe dem Gerichte unbekannt ist, ob dasselbe also des Beweises bedarf, weiß der Richter, weiß aber die Partei nicht eher, als bis es der Richter ihr im Beweisbescheide mitgetheilt hat. Nach §. 513 kann das Gericht „den Sachverständigenbeweis ablehnen, wenn es sich selbst die erforder„liche Sachkenntniß beimißt". Ob das Gericht sich die erforderliche Sachkenntniß beimißt, weiß der Richter, weiß aber die Partei nicht, so lange ihr der Richter nicht im Beweisbescheide darüber Mittheilung gemacht hat. Noch viel zweifelhafter sind die Fragen nach der Erheblichkeit der Thatsachen und nach der Beweislast. Diese Fragen bilden häufig den einzigen Kern des Prozesses. Wenn also die Partei, um den Beweis anzutreten, diese Fragen in den Zweifelsfällen durch den Richter beantwortet wissen muß, so kann der Beweis vor dem Beweisbescheide, welcher diese Fragen erst beantworten soll, nicht angetreten werden. Nun sagt man freilich, die Partei möge, um sicher zu gehen, alle Thatsachen, gleichviel ob erheblich oder unerheblich, gleichviel ob streitig oder unstreitig, gleichviel ob des Beweises bedürftig oder nicht, gleichviel ob zur Beweislast der beweisenden Partei oder des Gegners gehörig, mit Beweismitteln unterstützen. Dieser Grundsatz verurteilt die Partei zu vieler unnöthiger Mühe, und läßt sich in einem mündlichen Verfahren, außer in einfachen Sachen, ohne große Erschwerung der Uebersichtlichkeit der Verhandlung nicht gut durchführen; das Verfahren entbehrt einer bestimmten Richtung, der Kern des Prozesses wird in überflüssiges Beiwerk eingehüllt. Aber wird die Partei wirklich dazu übergehen, für Thatsachen, welche sie mit Sicherheit als zugestanden, als des Beweises nicht bedürfend, als unerheblich, als zum Beweise des Gegners gehörend erachtet, sich die bisweilen keinesweges unbedeutende Mühe einer Beweisermittelung aufzulegen? Und wenn die Partei, ihrer Ueberzeugung folgend, die Beweisangabe unterläßt, ist es alsdann gerecht, daß der Richter sein Urteil zurückhalten soll, bis die Zeit zur Beweisangabe verstrichen ist; daß er erst im Beweisbescheide, wenn es zu spät ist, die Partei belehren soll, wie sie es hätte anfangen müssen, um seinem Informationsbedürfnisse zu genügen?

Die Vorschriften des Entwurfes sind vielleicht aus der Erwägung hervorgegangen, daß die Beweisangabe zu der sehr wesentlichen Spezialisirung der Thatsachen nöthigt, daß häufig aus der Beweisangabe selbst bereits die Beschaffenheit des Anspruches sich ergiebt. Eine solche Spezialisirung wird in einer mündlichen Verhandlung, in welcher die Parteien sich bestreben, die Erheblichkeit der Thatsachen durch jede Illustration darzuthun, niemals fehlen, wo sie erwünscht ist. Der Grund schlägt also nicht durch. Die Vorschriften des Entwurfes bedürfen einer Modifikation soweit, als der Wille beider Parteien, der Widerspruch des Richters gegen die Verbindung der Beweisinstanz mit der Hauptsache, der begründete Widerspruch einer Partei gegen die Beweisantizipation Berücksichtigung verdienen; und insoweit, als namentlich die ohne Chikane unterlassene Beweisantretung einer Partei nicht zur Ausschließung des Beweismittels, folgeweise der erheblichen Thatsache, sondern zur Auflegung eines Beweises führen muß.

Der Entwurf hat allerdings Korrektive eingeführt, in den §§. 291, 295, 306, 290 und Abschwächungen in die §§. 449, 450, 459. Wir wollen prüfen, ob dieselben genügen.

Nach §. 291 soll der Vorsitzende „für die erschöpfende Erörterung der Sache Sorge tragen", und nach §. 295 ist der Vorsitzende befugt

„durch Fragen darauf hinzuwirken, daß die Beweismittel bezeichnet werden." Wenn aber der Vorsitzende die Kenntniß, daß und welche Beweismittel das Kollegium noch vermißt, erst nach Schluß der Verhandlung aus der Berathung des Kollegii schöpft, so ist er nach §. 306 befugt, „die Wiedereröffnung der geschlossenen Verhandlung anzuordnen". Wenn die Partei alsdann erklärt, daß sie von der dem Beschlusse des Kollegii widersprechenden Ansicht so fest überzeugt gewesen, daß sie sich keine Beweismittel verschafft habe, so kann das Gericht nach §. 290 „die mündliche Verhandlung vertagen". Es ist also dem Gerichte die Macht gegeben, die Unebenheiten, welche die Regel des Gesetzes schafft, auszugleichen. Aber dabei ist ein der heute üblichen Kontumazialmaxime nicht adäquates Wohlwollen des Gerichtes vorausgesetzt. Der übereinstimmende Wille der Parteien wird ferner nicht geachtet, der Widerspruch des Gerichtes gegen die Verbindung des Beweisverfahrens mit dem Hauptverfahren ist wirkungslos, die Theilung der Verhandlung nach §. 301 wird als Ersatz in unnöthiger Weise häufig werden, und die Verwirrung der Verhandlung durch abwegige Beweisangaben wird sich dennoch häufig nur durch verständiges Benehmen der Anwälte, und durch Verständigung des Gerichtes mit denselben vermeiden lassen.

Der §. 449 gestattet, unter Glaubhaftmachung der Schuldlosigkeit der Partei, die nachträgliche Angabe und im Falle des unverschuldeten Verlustes eines Beweismittels die Substitution neuer Beweismittel. Selbstredend sind, soweit Nova überhaupt zulässig sind, auch die zur Bewahrheitung derselben dienenden Beweismittel nicht ausgeschlossen. Der §. 450 läßt verspätete Einwendungen gegen Beweismittel zu, unter Glaubhaftmachung der Schuldlosigkeit der Partei an der verspäteten Anführung und sofern dieselben keines Beweises bedürfen oder durch Urkunden sofort erwiesen werden. Der §. 459 gestattet eine wiederholte Berufung auf unvollständig erhobene Beweismittel unter Glaubhaftmachung, daß die Unvollständigkeit in der unverschuldeten Nichtanwesenheit der Partei bei der Beweisaufnahme ihren Grund habe. Diese Abschwächungen der Regel dienen freilich dazu, die als Regel vorgeschriebene Strenge der Eventualmaxime bei einer wohlwollenden Praxis der Gerichte weniger fühlbar zu machen.

Im zweiten Absatze des §. 442 ist verordnet, daß das Gericht die Erlassung eines Beweisbescheides nicht deshalb aussetzen darf, weil die Thatsache, über welche der Beweis erhoben werden soll, erst eventuell, je nach Ausfall einer andern Beweisaufnahme, erheblich ist. Die Beweiserhebung mag ausgesetzt werden, aber der Beweisbescheid soll gleichzeitig das ganze erhebliche und eventuell erhebliche Beweisthema unfassen. Die Vorschrift ist unter Umständen gut, denn die Partei kann die Mühe einer prinzipalen Beweiserhebung ersparen, wenn sie die kürzere eventuelle Beweisführung für sicher hält. Freilich kann der Richter auf Grund der Vorschrift des §. 339: „Vorbescheide sind für das Gericht nicht bindend", durch neuen Beweisbescheid die Irrelevanz des von der Partei gewählten eventuellen Beweissatzes demnächst erkennen; der Vortheil der Bestimmung ist also aufgehoben[1]).

§. 445.

»Ist in Gemässheit des §. 301 angeordnet, dass sich die mündliche Verhandlung zunächst auf ein oder auf einzelne Angriffs- oder Vertheidigungsmittel zu beschränken habe, so ist ein etwa erforderlicher Beweisbescheid erst dann zu erlassen, wenn die mündliche Verhandlung auch über die anderen Angriffs- oder Vertheidigungsmittel geschlossen ist.«

Der §. 301 ertheilt dem Gerichte die Befugniß, selbstständige Angriffs- oder Vertheidigungsmittel getrennt zu verhandeln. Die getrennten Verhandlungen werden jedenfalls geschlossen werden. Doch ist der Schluß, wie wir bereits bei §. 415 gesehen haben, insofern nicht anerkannt, als die Kontumazia der Partei ihre vernichtende Wirkung auf die bereits materiell abgeschlossene Verhandlung erstreckt. Auch insofern soll nun nach §. 445 der Schluß nicht vollständig sein, als die Erlassung des Beweisbescheides bis zur Beendigung der sämmtlichen nach §. 301 getrennt geführten Verhandlungen über die selbstständigen Angriffs- oder Vertheidigungsmittel vorbehalten bleibt. Der §. 445 verbietet, nämlich in diesem Falle den Erlaß eines vorläufigen Beweisbescheides. Nun wird aber im §. 447 die Vorschrift des §. 330 auf den Beweisbescheid für anwendbar erklärt und der §. 330[2]) sagt ausdrücklich das Gegentheil des §. 445, nämlich „daß der Beweisbescheid „in dem Falle der nach §. 301 getrennt geführten Verhandlungen über „selbstständige Angriffs- oder Vertheidigungsmittel sich in der Dar„stellung des Thatbestandes auf die Grenzen dieser getrennten Ver-

---

[1]) Ein Urteil, dessen Entscheidungsgründe andere sind, ist ein anderes Urteil, und muß der Partei in solchem Falle die Wahl einer Beweisaufnahme, auf welche sie etwa verzichtet hatte, wiederholt freigestellt werden.

[2]) §. 330: „Ist in Folge einer von dem Gerichte angeordneten oder zugelasse„nen Trennung (§. 301) nicht über sämmtliche Angriffs- oder Vertheidigungsmittel „verhandelt worden, so hat sich die Darstellung des Thatbestandes (§. 329 Ziff. 5) „unter Erwähnung dieser Trennung auf dasjenige zu beschränken, worüber vollstän„dig verhandelt worden ist."

„handlung zu beschränken habe.“ Selbstverständlich ist hiernach ein vorläufiger Beweisbescheid dennoch zulässig, ob er sogar vorgeschrieben sein soll, läßt sich aus dem Wortlaute nicht ersehen. Der §. 305 [1]) macht gleichfalls die Erlassung eines vorläufigen Beweisbescheides über einzelne getrennt verhandelte Angriffs- oder Vertheidigungsmittel unter Umständen nothwendig; sofern nämlich das erlassene Urteil, welches den Streit nicht vollständig erledigt, auf Grund eines Beweisbescheides erlassen wird. Es ist in diesem Paragraphen der Erlaß eines vorläufigen Urteils über getrennt verhandelte Punkte desselben Streites vorausgesetzt, und sofern dieses Urteil einen vorgängigen Beweisbescheid voraussetzt, muß dieser Beweisbescheid dem Urteile vorausgehen, und kann nicht, wie der §. 445 vorschreibt, bis nach Erledigung der sämmtlichen zur Entscheidung des Streitfalles erheblichen Streitpunkte vorbehalten werden.

§. 446.

»Der Beweisbescheid soll enthalten:

1) die Bezeichnung der streitigen Thatsachen, über welche der Beweis zu erheben ist (Beweissätze);
2) die Bezeichnung der Beweismittel unter Benennung der etwa zu vernehmenden Zeugen und Sachverständigen;
3) die Bezeichnung der Partei, welche sich zum Nachweise oder zur Widerlegung thatsächlicher Behauptungen auf das Beweismittel berufen hat (Beweisführer);
4) die Eidesnorm, wenn die Abnahme eines zugeschobenen oder zurückgeschobenen Eides angeordnet wird;
5) die Gründe, aus welchen die Beweisaufnahme für erforderlich erachtet wird.«

ad 1. Der Beweissatz ist also nicht die Bezeichnung des streitigen Rechtsverhältnisses, sondern die Bezeichnung der streitigen Thatsache. Prinzipiell ist das nicht richtig, aber die Bezeichnung des streitigen Rechtsverhältnisses kann wohl deshalb nicht unterdrückt werden, weil unter Nr. 5 die Begründung angeordnet ist, welche, wenig-

---

[1]) §. 305: „Anordnungen, welche eine Trennung, Verbindung oder Aussetzung „betreffen, können von dem Gerichte, welches sie erlassen hat, wieder aufgehoben „werden. Diese Bestimmung findet keine Anwendung, wenn in einem den Rechts„streit nicht vollständig erledigenden Urtheile die Aussetzung des weiteren Verfahrens „bis zur eingetretenen Rechtskraft dieses Urtheils angeordnet worden ist.“

stens wenn sie gründlich ist, das Verschweigen des streitigen Rechtsverhältnisses nicht duldet.

ad. 3. Der Beweisführer ist derjenige, welcher sich zum Nachweise oder zur Widerlegung thatsächlicher Behauptungen auf das Beweismittel berufen hat, nicht derjenige, welchem der Beweis obliegt. Die Beweislast kann aber dennoch wohl nicht gänzlich verschwiegen werden, weil die Begründung des Beweisbescheides, wenigstens wenn sie gründlich ist, auch die Erhebung der Beweise durch die Feststellung der Beweislast der beweisführenden Partei motiviren muß.

ad 5. Die Begründung des Beweisbescheides ist es also, welche die ad 1 und 3 hervorgehobenen Fehler wieder gut machen muß. Ist die Begründung erschöpfend, klar gedacht und klar gesprochen, so hat sie das Urteil in ventre und genügt, um dem Prozesse fortan eine bestimmte Bahn anzuweisen, und um jedes Mißverständniß zwischen Parteien und Richter abzuschneiden. Warum wesentliche Punkte, deren Uebergehung in den Gründen undenkbar ist, im Tenor nicht ausgesprochen werden sollen, ist in der That unbegreiflich. Nun heißt es aber noch dazu im §. 339: „Entscheidungsgründe sind für den Richter, „der den Vorbescheid erlassen hat, nicht bindend." Wo bleibt also der Werth der Begründung für die Partei, die ihre ganze Prozeßführung den Entscheidungsgründen folgend eingerichtet hat?

Nicht allein die Gründe, „aus welchen die Beweisaufnahme erforderlich wird," sondern auch die Gründe, aus denen eine andere Beweisaufnahme abgeschlagen wird, müssen im Beweisbescheide bezeichnet werden; die im §. 447 durch Einführung des §. 329 vorgeschriebene Hervorhebung der gestellten Anträge muß doch sicherlich zur Motivirung der Ablehnung gestellter Beweisanträge führen.

§. 447.

»Die Bestimmungen der §§. 326 bis 334 und 403 finden auf den Beweisbescheid Anwendung, so weit sich nicht aus §. 446 ein Anderes ergiebt. Insbesondere soll der Beweisbescheid den Thatbestand (§. 329 Ziff. 5) enthalten.«

»In dem Urtheile, welches nach Erledigung des Beweisbescheides erlassen wird, kann bei der Darstellung des Thatbestandes auf die in dem Beweisbescheide enthaltene Darstellung verwiesen werden.«

Der §. 326 sagt, daß die Verkündigung des Urteils durch Vorlesung der Urteilsformel geschieht, daß die Vorlesung oder mündliche Eröffnung der Gründe dem Gerichte anheimgestellt ist.

Der §. 327 sagt, daß diese Verkündigung auch in Abwesenheit der Parteien wirksam geschehen könne. Die Partei kann also von der Verkündigung des Beweisbescheides ununterrichtet sein. Wenn nach §. 454, Absatz 1[1]) auch der folgende Termin im Beweisbescheide bestimmt ist, so erhält die abwesende Partei auch von diesem Termine keine Kenntniß, denn eine Ladung ist nach §. 199[2]) nicht erforderlich. Möglicherweise haben auch alle beide Parteien keine Kenntniß von dem Termine erhalten, und haben auch keine Veranlassung, sich diese Kenntniß durch Studium des Verzeichnisses der Urteile, welches nach §. 333 eine Woche lang auf der Gerichtsschreiberei ausgehängt wird, zu verschaffen, weil sie sich verglichen haben; alsdann geht die Beweisaufnahme und Entscheidung des verglichenen Prozesses nach §. 451[3]) ex officio fort. Dies ist eine Konsequenz der Verletzung des Prinzipes, daß der Prozeß den Parteien und nicht dem Richter gehört.

Der §. 328 sagt, daß die Urteile in vollständiger Form abzufassen seien, nämlich daß sie nach §. 329 enthalten sollen:

1) die Bezeichnung der Parteien und ihrer etwaigen gesetzlichen Vertreter nach Namen, Stand oder Gewerbe, Wohnort und Parteistellung, sowie in Anwaltsprozessen die Namen der Rechtsanwälte;
2) die Bezeichnung des Gerichts und die Namen der Richter, welche bei der Entscheidung mitgewirkt haben;
3) die Bezeichnung des Tages der mündlichen Verhandlung, auf welche das Urteil erlassen ist;
4) den Namen des bei der mündlichen Verhandlung zugezogenen Gerichtsschreibers;
5) eine gedrängte Darstellung des Sach- und Streitstandes auf Grundlage der mündlichen Vorträge der Parteien und unter Hervorhebung der gestellten Anträge (Thatbestand);
6) die Entscheidungsgründe;
7) die Urteilsformel.

---

[1]) §. 454 Abs. 1: „Soll die Beweisaufnahme vor dem Prozeßgerichte erfolgen, so ist in dem Beweisbescheide der Termin zur Beweisaufnahme und zur „Schlußverhandlung zu bestimmen."

[2]) §. 199: „Zu Terminen, welche in verkündigten Urtheilen, Beschlüssen und „Verfügungen bestimmt sind, ist eine Ladung der Parteien nicht erforderlich."

[3]) §. 451: „Das zur Aufnahme des Beweises erforderliche Verfahren wird von „Amtswegen eingeleitet und fortgeführt."

Der §. 330, welcher oben bei §. 445 bereits berührt ist, sagt, daß, wenn in Folge einer vom Gerichte angeordneten Trennung (§. 301) nicht über sämmtliche Angriffs- oder Vertheidigungsmittel verhandelt worden ist, die Darstellung des Thatbestandes im Beweisbescheide sich unter Erwähnung dieser Trennung auf dasjenige zu beschränken habe, worüber vollständig verhandelt worden ist.

Der §. 331 sagt, daß bei dieser Darstellung des Thatbestandes die Bezugnahme auf die Schriftsätze und Sitzungsprotokolle zulässig sei, sanktionirt also eine schriftliche Grundlage der Entscheidung. Ferner sagt derselbe §., daß die Urteilsformel von dem Thatbestande und von den Gründen äußerlich geschieden sein muß, daß es aber gleichgültig sei, ob sie vorn oder hinten stehe.

Der §. 332 sagt, daß die Richter ihr Urteil unterschreiben sollen, oder der Vorsitzende bei Ermangelung dessen den Grund der Verhinderung vermerken soll; daß auch der Gerichtsschreiber den Tag der Verkündigung und die Namen der bei der Verkündigung anwesenden Richter bemerken und diesen Vermerk unterschreiben soll.

Der §. 333 sagt, daß der Gerichtsschreiber das Verzeichniß der Urteile eine Woche lang auf der Gerichtsschreiberei aushängen soll.

Der §. 334 verbietet dem Gerichtsschreiber die Ertheilung von Ausfertigungen, Auszügen und Abschriften unverkündigter oder nicht vollständig abgefaßter Urteile, und verordnet, daß die Ausfertigung das Gerichtssiegel und die Unterschrift des Gerichtsschreibers tragen solle.

Der §. 403 sagt, daß das Gericht Schreibfehler und ähnliche offenbare Unrichtigkeiten, ex officio oder auf Antrag zu jeder Zeit und zwar durch Beschlußfassung in berathender Sitzung zu berichtigen, und den Beschluß, welcher eine Berichtigung ausspricht, kostenfrei zu erlassen und auf der Urteilsausfertigung, (natürlich sofern es dieselbe erhält), zu vermerken und den Parteien von Amtswegen durch Vermittelung des Gerichtsschreibers zustellen soll. Gegen den Beschluß, welcher den Berichtigungsantrag zurückweist, findet ein Rechtsmittel nicht statt.

Die vorstehend angeführten Vorschriften, welche für das Urteil gegeben sind, sollen auf den Beweisbescheid soweit Anwendung finden, als nicht aus §. 446 ein Anderes sich ergiebt. Da sich aus §. 446 ein Anderes nicht ergiebt, so finden sie volle Anwendung. Daß der Beweisbescheid den Thatbestand nach §. 329 Nr. 5 enthalten soll, ergiebt sich schon daraus, daß der §. 329 sich unter den eingeführten §§. befindet.

§. 448.

»Keine Partei ist befugt, vor Erledigung des Beweisbescheides eine Aenderung desselben auf Grund der früheren Verhandlungen zu beantragen.«

Der Angriff gegen den Beweisbescheid vor Erhebung des Beweises ist nur dann verboten, wenn derselbe sich auf die früheren Verhandlungen gründet, nicht wenn zulässige Nova eine Aenderung des Beweisbescheides motiviren sollen. Ob für diesen Fall die Fortsetzung der Beweiserhebung ausgesetzt wird, ist nicht bestimmt.

Der Beweisbescheid ist entweder richtig oder unrichtig. Ist der Beweisbescheid richtig, so ist es ganz in der Ordnung, daß ein Angriff gegen denselben Seitens der Partei nicht geduldet wird. Der Angriff gegen den Beweisbescheid im Schlußtermine kann zwar nicht verwehrt werden, aber wenigstens bis dahin soll der Angriff nicht geschehen. Wenn aber der Beweisbescheid unrichtig ist, so ist die Sache ganz anders. Für diesen Fall sagt der §. 448, daß, wenn auch dem Richter nicht verwehrt ist, seinen Irrthum zu erkennen, doch die Partei denselben nicht darauf aufmerksam machen darf; daß vielmehr der unrichtige Beweisbescheid zuvörderst seine nachtheilige Wirkung voll äußern soll, bevor die Partei berechtigt ist, demselben entgegenzutreten. Wie aber läßt sich diese Inkonvenienz vermeiden? Die Unrichtigkeit des Bescheides kann auch sehr wohl erst in folgender Instanz erkannt werden. Alsdann haben wir gleicherweise das Uebel einer unnöthigen Beweiserhebung. Das Heilmittel gegen unrichtige Urteile ist bekanntlich die Berufung. Und die Zulassung der Berufung hat noch andere Vorteile. Ist nämlich durch die Berufung der Beweisbescheid der Ansicht desjenigen Richters, welchem das letzte Wort gebührt, entsprechend festgestellt, so wird naturgemäß die Partei eine höhere Thätigkeit entwickeln, als wenn sie, an die Unfehlbarkeit des ihrer Ansicht widersprechenden Beweisbescheides nicht glaubend, sich durch denselben nur zu einer Arbeit verurteilt sieht, welche zwar eventuell fruchtbar sein kann, ihrer Ueberzeugung nach aber gänzlich abwegig ist. Wird der Entwurf die Berufung gegen den Beweisbescheid aufnehmen, so ist das Heilmittel gegeben und der §. 448 gerechtfertigt. Aber der Entwurf nennt das Beweisurteil wahrscheinlich schon deshalb „Beweisbescheid", weil die Berufung gegen dasselbe nicht gestattet werden soll. Die Abschneidung der Berufung gegen Beweisurteile ist heute förmlich zu einem Dogma geworden, weil die Furcht vor der gemeinrechtlichen Berufung gegen Beweisurteile größer ist, als die Geneigtheit, die Gründe der schädlichen Wirkungen dieses Institutes aufzusuchen. Mit der Appellabilität des Beweisurteils verbindet sich sofort der Schrecken vor der gemeinrechtlichen Verschleppung der Prozesse und vor den großen Inkonvenienzen, die aus der Unabänderlichkeit eines falschen Beweisinterlokutes im Gemeinen Prozesse sich ergaben. Und dennoch ist an beiden Mißständen die Berufung gegen das Beweisurteil vollständig unschuldig. Die Verschleppung ist Folge nicht der Berufung sondern der Suspension des Beweisurteils; die Unabänderlichkeit ist Folge nicht der Berufung sondern der Rechtskraft. Beide, Suspension und Rechtskraft, haben aber mit der Berufung nichts zu thun. Die Suspension ist räthlich, wenn das Beweisurteil zweifelhaft ist, und mag der höhere Richter causa cognita die inhibitoriales in geeigneten Fällen erlassen. Wenn die Partei also die Verschleppung durch die Einlegung der Berufung beabsichtigte, so hat sie sich getäuscht. Da sie aber vernünftiger Weise die Kosten einer voraussichtlich zwecklosen Berufung nicht anlegen wird, so reduzirt sich die Berufung schon von selbst auf die Fälle, in denen dieselbe zur Abschneidung einer vielleicht kostspieligen und mühevollen, gleichwohl in ihrer Erheblichkeit zweifelhaften Beweisaufnahme erwünscht ist. Die Rechtskraft ist mehr, als die Partei durch die Berufung zu erlangen beabsichtigt. Die Partei beabsichtigt lediglich, die Meinung des höheren Richters zu hören und den Unterrichter auf diejenige Bahn zu lenken, welche voraussichtlich die maßgebende sein wird.

§. 339.

»Das Gericht ist an die von ihm erlassenen Urtheile einschliesslich der Zwischenurtheile (§§. 396, 398) gebunden. Vorbescheide, sowie Entscheidungsgründe sind für das Gericht nicht bindend.«

Der §. ist bereits oben in Erwägung gezogen. Hier interessirt uns nur der Schlußpassus. Vorbescheide sind für das Gericht (welches dieselben erlassen hat) nicht bindend, d. h. das Gericht ist kompetent, den Beweisbescheid, welchen es erlassen hat, wieder aufzuheben, sobald es die Unrichtigkeit desselben erkennt. Mit diesem Grundsatze muß sich Jeder einverstanden erklären, der nicht beabsichtigt, das Gericht, welches sich einmal geirrt hat, zu zwingen, seinen Irrthum nun auch zur Beschädigung der Partei und zur Beeinträchtigung seiner Gewissenhaftigkeit durchzuführen. Soll durch die bindende Kraft des Bescheides ein Zwang gegen den Richter, sich vor Irrthum zu hüten, ausgeübt werden, so ist ein solcher Zwang überhaupt unmöglich, denn der Irrthum ist nicht Ausfluß des freien Willens. Um den Richter zur Anwendung aller Sorgfalt zu zwingen, ist ein die Partei zumeist treffendes Präjudiz wenigstens nicht gerecht. Aber eine Anregung zur Anwendung seiner Kräfte und zugleich eine Beihülfe gewährt dem Richter die lebendige, freie, paritätische Verhandlung der Parteien und ein äußerliches Anregungsmittel ist in der Vorschrift der Begründung des Beweisbescheides und in der Oeffentlichkeit der Verhandlung und Verkündigung des Urteils gegeben.

Der Entwurf erkennt das Prinzip der Mündlichkeit mehrfach ausdrücklich an, glaubt aber, die Anhänger des Prinzipes der Schriftlichkeit durch Konzessionen versöhnen zu müssen. Beispielsweise wird das Prinzip der Mündlichkeit, d. h. es wird die Bestimmung des Prozesses, das wirkliche Recht nach Möglichkeit herzustellen, anerkannt: in der vorgeschriebenen mündlichen Form der Verhandlung (§. 286), in der Anerkennung des richterlichen Fragerechtes (§§. 291 und 295), in der Zulassung individueller richterlicher Beurteilung der Parteierklärungen (§. 294 Abs. 3), in der Anerkennung des Rechtes der Parteien zur Geltendmachung ihres Wortes mittels schriftlicher Anträge zum Protokolle (§. 389 Abs. 1 i. f.), in der Vorschrift gegenseitiger Verständigung zwischen Richter und Parteien durch Begründung des Beweisbescheides (§. 446 Nr. 5). Auch kann ich schon hier den §. 429 citiren, welcher die freie Beweiswürdigung des Richters einführt. Dagegen sind beispielsweise das Gebot der Existenz von Akten und ferner die gleich zu erwähnenden Vorschriften, welche auf Verkümmerung der Parteirechte gerichtet sind, Zugeständnisse an die dem Prinzipe der Mündlichkeit widerstrebende Partei; Wir wollen das Schicksal des Prinzipes der Mündlichkeit durch die bisher behandelten Abschnitte des Prozesses verfolgen.

In der Erkenntniß, daß die durch die Schriftlichkeit des Gemeinen und Preußischen Prozesses erzeugten Mißverständnisse und sinnwidrigen Auslegungen der Parteivorträge schwere Fehler sind, schreibt der Entwurf die Form der Mündlichkeit vor. Dem Widerspruche der

Anhänger der Schriftlichkeit begegnet er mit der Konzession, daß die Instruktion des Prozesses in Gerichtsakten erfolgen soll. Das Gericht sorgt für die erste Ladung, erhält Kenntniß von allen Parteihandlungen im Vorverfahren und sammelt Akten an, welche vor dem Audienztermine eine Vorbereitung ermöglichen. Nun ist aber nicht zu verkennen, daß diese Konzession an die Schriftlichkeit der Mündlichkeit sehr gefährlich ist, daß namentlich die an Schriftlichkeit gewöhnten Richter und Anwälte Wege finden werden, die Mündlichkeit neben den Akten auf Nichts zu reduziren; deshalb erklärt der Entwurf die Mündlichkeit für die allein zulässige Grundlage der Entscheidung. Die Schriftlichkeit also, welche geschaffen ist, ist keine Grundlage der Entscheidung, die Schrift erhält vielmehr erst dadurch Existenz, daß sie durch mündlichen Vortrag wiederholt wird. Wenn man nun anerkennt, daß die naturgemäße Bedeutung der Schrift die Beurkundung des Wortes ist, so findet man diesen Grundsatz vollständig umgekehrt: die Schrift beweist nicht das Wort, sondern das Wort giebt der Schrift Geltung.

Es ist nun freilich nicht zu verkennen, daß diese Vorschrift, welche der Herrschaft der Schriftlichkeit außerordentlich feindlich ist, in dem zu erwartenden Streite zwischen Schriftlichkeit und Mündlichkeit der Letztern ein gewaltiges Uebergewicht gewährt. Die Anhänger der Mündlichkeit müssen deshalb diese Vorschrift ebenso als eine starke Waffe acceptiren, wie die Anhänger der Schriftlichkeit gegen dieselbe ihre Hauptangriffe richten werden. Die Praxis wird diese Vorschrift hoffentlich nicht zu der Konsequenz führen, welche die Bedeutung der Schrift und des Wortes gradezu umkehrt; die Praxis wird wohl schwerlich zu dem Prinzipe der Garantielosigkeit der Parteien gelangen; sie wird schwerlich Gerichtsbeschlüsse kennen, welche der Partei die Existenz jeder Erklärung ohne ihr Zuthun abvotiren. Die richtige Ausübung des richterlichen Fragerechtes wird eine Differenz zwischen dem Worte und der Schrift nicht zulassen, und wenn sich dennoch nach Schluß der Verhandlung eine solche Differenz findet, so wird ein verständiger Vorsitzender die Verhandlung wieder eröffnen, und die Erklärung der Parteien einholen. Bei einer solchen Praxis ist freilich die Schrift in ihre richtige Stellung wieder eingesetzt. Aber der Entwurf selbst führt die Konsequenzen seiner Schöpfung, der bedeutungslosen Gerichtsakten, auf diejenige Spitze, wo sie aufhört, erträglich zu sein.

Der Entwurf hat nämlich ferner den dem Prinzipe der Mündlichkeit widersprechenden Grundsatz beibehalten, daß der indefenaus die ihm mitgetheilten Anführungen seines Gegners anerkennen muß. Nun hat man es wohl in Prozeßordnungen erlebt, daß dies Zugeständniß, so ungerecht und so unvernünftig das in Fällen sein mag, dennoch in dem Falle fingirt wird, daß der Abwesende wirklich noch nicht widersprochen hatte. Aber der Entwurf macht hier einen bedenklichen Fortschritt. Wenn der Prozeß in den Gerichtsakten vollständig instruirt vorliegt, wenn der Beklagte die Lügenhaftigkeit der klägerischen Anführungen, vielleicht gar durch öffentliche Urkunden, dargethan hat, demnächst aber, etwa aus Zufall, den Termin zur mündlichen Verhandlung versäumt, so existiren zwar die Schriftsätze des Klägers, welche dieser durch mündlichen Vortrag zur Geltung bringt, die Schriftsätze des Beklagten aber existiren nicht, weil derselbe als absens sie nicht mündlich vortragen kann. Der „nach freier Ueberzeugung“ urteilende Richter ist Angesichts der aktenmäßigen Widerlegung der klägerischen Behauptungen in der Lage, sein Urteil bewußter Weise auf Lügen zu gründen. Daraus folgt, daß entweder die Existenz bedeutungsloser Gerichtsakten, oder das vom Entwurfe gebilligte Kontumazialprinzip, oder Beides falsch ist. Ich glaube: Beides.

Die Bedeutungslosigkeit der Gerichtsakten ist auf zwei Arten abzuschaffen. Nämlich entweder dadurch, daß man die Bedeutungslosigkeit oder dadurch, daß man die Gerichtsakten abschafft. Nach dem Sinne des Entwurfes, welcher die mündliche Verhandlung in den Vordergrund stellen will, müssen die Gerichtsakten fallen. Werden die Gerichtsakten mit ihrer bisherigen, die Mündlichkeit vernichtenden Bedeutung eingeführt, so sinkt die mündliche Verhandlung zu der Bedeutungslosigkeit herab, welche diesen Akt im gegenwärtigen Preußischen Verfahren fast ausnahmslos auszeichnet. Aber selbst wenn die Gerichtsakten bedeutungslos für die Entscheidung sind, so genügt doch ihre Existenz bereits, um der Mündlichkeit alle Vorteile zu rauben. Es ist der eigentliche Kernpunkt und ein überaus großer Vorzug des französischen Verfahrens, daß dem in keiner Weise präoccupirten Richter durch den mündlichen Vortrag die erste und eine lebendige Anschauung der Streitsache vorgeführt wird. Ist das Gericht bereits aus Akten informirt, so muß der Anwalt die Wirkung der mündlichen Verhandlung so sehr bezweifeln, daß er regelmäßig den Vortrag für eine verlorene Mühe ansieht, wie der Richter ihn für eine überflüssige Belästigung ansehen wird. Der Vorsitzende wird sich der allseitigen Zustimmung zu erfreuen haben, wenn er recht bald, von dem ihm im §. 291 ertheilten Rechte Gebrauch machend, die Sache für vollständig erörtert erklärt. Die Konzession des Entwurfes an die Schriftlichkeit wirkt also wenigstens so viel, daß sie die Vortheile der mündlichen Form im Wesentlichen begräbt. Also müssen die Gerichtsakten überhaupt abgeschafft werden.

Gewiß wird der Richter, welcher an die aktenmäßigen Referate gewöhnt ist, nicht mit Unrecht das Urteil ein gründliches nennen, welches aus gründlicher Erwägung der klar und präzise abgefaßten Parteischriften hervorgegangen ist. Diese Prüfung dem Richter zu verweigern, wo er derselben bedarf, bin ich auch weit entfernt. Die Manualakten des Anwalts mag der Richter nach der mündlichen Verhandlung einfordern [1]) und dieselben als einen Leitfaden benutzen, der ihm den Eindruck der Verhandlung gegenwärtig hält.

Das Kontumazialprinzip des Entwurfes ist, selbst abgesehen von der oben erwähnten Unzuträglichkeit, gewiß überhaupt dahin zu mildern, daß dem Richter erlaubt wird, das Unwahrscheinliche oder gar notorisch Unwahre nicht zu glauben. Der Richter braucht nach dem Entwurfe über das Notorische keinen Beweis zu fordern, und muß dennoch in contumaciam das notorisch Unwahre als wahr annehmen. Diese Rache gegen den indefensus geht zu weit. Der rheinische Prozeß, in welchem in der Regel bei Kontumazien gegen die Partei das Resultat dasselbe ist wie im Preußischen Prozesse, giebt dem Richter doch das Recht, unerhörte Zumuthungen von der Hand zu weisen; und wo ein Anwalt bestellt ist, erkennt der Richter aus den Anwaltsakten die Individualität des Falles, der er nicht selten so weit Rechnung trägt, daß er in contumaciam auf Beweis erkennt.

Wenn wir nun gefunden haben, daß die bloße Existenz der Gerichtsakten mit dem Prinzipe, welches der Entwurf bekennt, im Widerspruche steht, so möchte man meinen, daß der Prozeß vor den Handels- und Amtsgerichten, welcher die Akten nicht in gleichem Umfange kennt, den Vorzug verdiene. In dieser Prozeßart sind nämlich vorbereitende Schriftsätze verboten, also werden die Gerichtsakten, welche bei der ersten mündlichen Verhandlung vorliegen, ledig-

[1]) Die Manualakten, welche der rheinische Anwalt vorlegt, enthalten lediglich die Parteischriften und die Zustellungen, das Materielle und das Formelle des Streites. Sie enthalten aber nicht selten mehr eingehende Deduktionen als die Preußischen Gerichtsakten.

lich aus der Klage bestehen. Freilich, bis zur mündlichen Verhandlung, also bis zum Anfange des Prozesses, mag dieses Verfahren besser sein. Der Prozeß entwickelt sich aber demnächst in einer mündlichen Verhandlung, in welcher die Verhandelnden rechtsunverständige Personen sind und in welcher der Richter als Instruent des Prozesses, mit der Protokollirungsgewalt ausgestattet, die Gerichtsakten macht. Diese Erfindung führt auf das Gegentheil, des Prinzipes der Mündlichkeit, sie ist vielmehr eine Vergewaltigung. Der Richter bestimmt, was in die Akten geschrieben werden und was aus denselben entfernt bleiben soll. Wenn die Partei nicht einmal durch Ueberreichung schriftlicher Anträge eine von der Ansicht des Richters abweichende faktische Begründung ihres Anspruches urkundlich geltend machen darf, so ist von einer Garantie der Parteien nicht mehr die Rede. Der Grund dieses Uebels ist die Ausweisung der Anwälte aus diesem Prozesse, welche doch billigerweise auf Aufhebung des Anwaltszwanges zu restringiren wäre; und das Resultat dieser Ausweisung ist, daß dieser s. g. Prozeß überhaupt gar kein Prozeß ist. Uebrigens kann die Gestaltung der Berufungsinstanz möglicher Weise neue Garantieen geben.

Meines Erachtens ist der ganze Ausnahmeprozeß einfach aufzuheben. Dasjenige, was man von dieser Prozeßform erwartet, ist die Erhöhung des Einflusses des Richters. Der Einfluß des Richters ist auch für den Anwaltsprozeß keineswegs ausgeschlossen. Der richterliche Einfluß wird sich überall da erhöhen, wo er ein heilbringender ist; von der Art der Wirksamkeit des Richters mag der Grad seines Einflusses abhangen. Der Einfluß kann aber ebenso gut ein verderblicher sein, und für diesen Fall ist es nicht zweckmäßig, ihn zu steigern und gar die Partei ohne Schutz zu lassen, ihr die Hülfe eines Anwaltes, als solchen, zu verweigern. Die Vorschrift, daß der Richter unter allen Umständen einflußreich sein soll, geht über das Ziel hinaus, entfernt sich also vom Ziele.

Die Abkürzung der Sachen, welche nicht einmal durch die Ausnahmebestimmungen erzielt wird, kann durch Abkürzung der Minimalfristen erreicht werden. Es kommt nicht darauf an, daß jeder Prozeß in bestimmter Zeit beendigt wird, sondern darauf, daß die betreibende Partei in der schleunigen Betreibung des Prozesses nicht unnöthig gehindert wird.

Die Eventualmaxime, welche dem Prinzipe der Mündlichkeit sehr entschieden widerspricht, hat einen so großen Ruf der Unentbehrlichkeit, daß der Entwurf nicht gewagt hat, dieselbe zu verwerfen. Aber er hat dieselbe doch mit solchen Ausnahmen umgeben, daß eine wohlwollende Praxis sie leicht vollständig beseitigen kann.

Die zerstörliche Wirkung der Fristen hat der Entwurf im Widerspruche mit dem Prinzipe der Mündlichkeit gleichfalls anerkannt; aber ihre verderbliche Kraft ist doch in der Hauptsache dadurch gebrochen, daß sie im Vorverfahren nicht existirt, weil die vorbereitenden Schriftsätze in der mündlichen Verhandlung ergänzt werden dürfen.

Die Beweisantizipation, welche der Entwurf vorschreibt, bringt freilich manche praktische Vortheile mit sich. Das s. g. Hauptverfahren mag durch die Einfügung des Inhaltes der Beweismittel, namentlich der Urkunden, in Fällen zu größerer Spezialisirung des Fakti und darum zu besserem Verständnisse führen; in anderen Fällen mag dagegen leicht die Wirkung eine entgegengesetzte sein. Auch die Rücksicht auf Zeitersparniß mag die Beweisantizipation in Fällen rechtfertigen. Insofern ist also diese Frage eine Zweckmäßigkeitsfrage. Aber es giebt einen Punkt, bei welchem die Vorschrift der Beweisantizipation beginnt dem Prinzipe der Mündlichkeit zu widersprechen und zu einer rechtswidrigen Beschränkung der Parteien auszuarten. Und diese Grenze wird vom Entwurfe überschritten. Der Ausschluß derjenigen Beweismittel, welche die Partei anzuführen entweder nach voller Ueberzeugung keine Veranlassung hatte, oder welche die Partei nicht Zeit hatte zu erkundigen, ist eine ungerechte Beschränkung der Partei. Die Ausnahmen, welche der Entwurf statuirt, genügen nicht, um diese ungerechte Beschränkung der Partei abzuwehren. Die Ausschließung des übereinstimmenden Willens beider Parteien von dieser, die Parteien allein berührenden Frage kann gleichfalls nur als eine Vergewaltigung bezeichnet werden. Der Richter aber, welchem durch die Beimischung der Beweisverhandlung das Verständniß der Sache in volles Dunkel zu treten droht, wird sich durch Trennung aller irgend trennbaren Punkte zu retten suchen, und ein Vortheil dieser Behandlung der Streitsache gegen den Willen des Richters ist nicht mehr erfindlich.

Der Beweisbescheid muß unter allen Umständen der Berufung unterliegen, wenn auch nicht der Suspension und ebensowenig der Rechtskraft. Andernfalls nimmt auch er den Charakter der Beschränkung der Partei an. Einem Beweisbescheide, den die Partei nicht entweder aus eigener Ueberzeugung anerkennt, oder durch maßgebendes Urteil des höheren Richters anzuerkennen veranlaßt ist, wird die Partei nur gezwungen folgen. Die Zumuthung, nach Schätzen zu graben, welche die Partei für unächt hält, und darüber die Zeit zu verlieren, soll aber billig keiner Partei gestellt werden.

Ich unterlasse es, spezielle Verbesserungsvorschläge zu machen, weil ich der Meinung bin, daß die Ausführung dieses Aufsatzes das Material zu Verbesserungen hinreichend enthält, und daß es zuvörderst nur darauf ankommt, daß eine Aenderung im Sinne dieses Aufsatzes überhaupt als eine Verbesserung anerkannt wird.

Druck von J. Draeger's Buchdruckerei (C. Feicht) in Berlin Adlerstr. 9.

Beurtheilung einiger Abschnitte

des

Entwurfes

einer

Norddeutschen Prozessordnung

von

J. v. Mittelstaedt,
Justizrath, Rechtsanwalt und Notar zu Neuwied.

II.

Berlin.
Verlag von J. Guttentag.
1870.

Der zweite Theil dieses Aufsatzes legt den inzwischen veröffentlichten „vervollständigten Entwurf" zu Grunde. Derselbe beschäftigt sich mit einigen Abschnitten aus der Beweisinstanz. Einsicht der Motive ist dem Verfasser nicht geworden.

Siebentes Kapitel.

Das Geständniß.

§§. 433 bis 436, 538, 539.

Ist das Geständniß eine Willens-Erklärung, welche den faktischen Streit ausschließt, oder ist es ein Beweismittel? Wenn dasselbe den faktischen Streit ausschließt, so hebt es die Möglichkeit jedes Beweises auf; als Beweismittel setzt dasselbe die Existenz eines faktischen Streites voraus. Theoretisch ist der Unterschied ein großer. Die praktische Bedeutung dieser Unterscheidung wird durch den Grundsatz der strikten Beweistheorie „daß das Geständniß vollen Beweis macht" eingeschränkt. Denn eine vollbewiesene Thatsache sieht ebenso aus wie eine durch verpflichtende Willens-Erklärung als wahr acceptirte. Eine erhöhte Bedeutung erlangt aber diese Unterscheidung durch den Grundsatz der freien richterlichen Beweiswürdigung, welchen dieser Aufsatz und welchen als Regel auch der Entwurf bekennt. (§. 430[1]).

Das Geständniß ist seinem Wesen nach der Ausdruck des animus confitendi. Dasselbe reicht also soweit und nicht weiter, als der animus confitendi reicht. Ob und wie weit dieser animus vorhanden sei, ist eine vom Richter zu entscheidende quaestio facti. Nicht jede in der Form eines ausgedrückten animus confitendi auftretende Erklärung ist ein wirkliches Ge-

---

[1]) §. 430. „Das Gericht hat unter Berücksichtigung des gesammten Inhalts „der Verhandlungen und unter sorgfältiger Prüfung des Ergebnisses einer etwaigen „Beweisaufnahme nach freier Ueberzeugung zu entscheiden, ob eine thatsächliche Behauptung für wahr oder für nicht wahr zu erachten sei. In dem Urtheile sind die „Gründe anzugeben, welche für die richterliche Ueberzeugung leitend gewesen sind."

„An gesetzliche Beweisregeln ist das Gericht nur in den durch dieses Gesetzbuch „bezeichneten Fällen gebunden."

ständniß. Der Inhalt der Erklärung selbst kann den animus confitendi ausschließen.

Der Kläger trägt vor: „Ich habe von dem Beklagten dasjenige Zweigespann Schimmel für 1000 Thlr. per Stück gekauft, welches ich gegenwärtig besitze, und habe den Kaufpreis bezahlt. Zwei Stallhalftern, welche als Zubehör der Pferde versprochen waren, hat der Beklagte nicht geliefert. Ich beantrage, ihn zur Lieferung der Halftern zu verurtheilen." Der Anspruch ist nun richtig, das Faktum aber insofern unrichtig, als nicht 2000 Thlr. vom Kläger bezahlt sind, sondern der Kaufpreis der Pferde, die nur 100 Thlr. per Stück werth sind, durch Ausquittirung einer Forderung des Klägers an den vollständig insolventen Bruder des Beklagten ad 2000 Thlr. vergleichsweise berichtigt ist. Der Beklagte antwortet deshalb: „Das Faktum ist zwar nicht richtig, doch berührt das den Inhalt der Klage nicht, weshalb ich diese zugebe." Demnächst krepirt das eine Pferd in Folge eines älteren Fehlers, und der Kläger fordert auf Grund des s. g. Geständnisses des Beklagten von diesem Rückzahlung der 1000 Thlr. und bietet dagegen die Haut des Pferdes an. Hier liegt gar kein Geständniß vor, denn der Inhalt des angeblichen Geständnisses selbst zeigt, daß der animus confitendi sich ausdrücklich nur auf die Halftern beziehen im Uebrigen ausgeschlossen sein sollte.

Der Inhalt der Erklärung kann wenigstens einen Zweifel über die Existenz des animus confitendi bestehen lassen.

A. schreibt an B.: „Seit einem Monat schuldest Du den Preis für 100 Malter Korn. Mein Verwalter klagt über diese Unpünktlichkeit. Ich verlange sofortige Zahlung." B. antwortet: „Den Vorwurf der Unpünktlichkeit macht mir Dein Verwalter wider besseres Wissen. Ich habe allein im Laufe des vorigen Jahres 5000 Malter Korn von ihm erhalten und stets die Zahlung vor dem Fälligkeitstage geleistet. Ich denke, Du kannst unter solchen Umständen diesmal noch zwei Monate Geduld haben." Es fragt sich, ob wegen des Empfanges der 5000 Malter ein Geständniß vorliegt? Die auf Eingeständniß gerichtete Absicht ist wenigstens nicht ausgedrückt; es mag ebensowohl eine Lüge vorliegen, auf Grund deren der Ausstand verlangt wird. Es ist also zweifelhaft, ob ein Geständniß vorliegt.

Selbst wenn nach den Worten der Erklärung die Absicht des Eingeständnisses vorzuliegen scheint, kann die Existenz des animus confitendi durch die Vertheidigung dennoch zweifelhaft werden.

A. schreibt an B.: „Der durch Untergang unseres Schiffes verursachte Schaden ist nach Abzug aller Deckungsmittel auf 200 Thlr.

festgestellt. Du bist mit 1/2 betheiligt. Ich bitte um Zahlung von 100 Thlr." B. antwortet: „Ich sende 100 Thlr. als meinen halben Antheil an dem Verluste, und bin froh, daß es Dir gelungen ist, uns so aus der Sache zu ziehen. Ich war auf eine viel höhere Summe gefaßt." Die Versicherungs-Gesellschaft weigert nun die Zahlung der Versicherungssumme ad 12000 Thlr. und setzt die Weigerung im Prozesse durch. A. hat die Auslage geleistet und fordert klagend von B. auf Grund des Geständnisses seiner Betheiligung zur Hälfte den Betrag ad 6000 Thlr. Der Verklagte B. erwidert: „Meine Betheiligung beträgt 1/4, aber mein Bruder ist gleichfalls Socius zu 1/4. Zwar habe ich die frühere Zahlung der 100 Thlr. stillschweigend halb für ihn geleistet, weil er damals bei mir und ich in seiner Schuld war. Jetzt aber ist er nach voller Abrechnung in Unfrieden von mir gegangen. Das Verhältniß in dem Briefe, der nur für den Kläger bestimmt war, aufzuklären, war überflüssig, weil es ihm wie mir klar und bekannt war." Hier ist die Existenz des Geständnisses gleichfalls trotz der an sich klaren Worte höchst zweifelhaft.

Die Existenz des animus confitendi kann durch andere Beweise ausgeschlossen sein.

A. hat dem B. ein Bekenntniß ausgestellt, daß er demselben verschiedene Gegenstände käuflich übertragen und den Preis empfangen habe. Ein Gläubiger des A. pfändet die Sachen, weist dem B. gegenüber die Simulation des Kaufes nach und verkauft die Pfänder. B. will nun gegen A. Regreß nehmen. Hier ist der scheinbare animus confitendi vielmehr ein animus fraudandi.

Nun setzen wir aber die Erledigung dieser Vorfrage voraus; der animus confitendi soll nicht allein scheinbar, sondern er soll de facto wirklich vorliegen. In diesem Falle fragt es sich ferner, ob der animus confitendi lediglich aus dem Glauben des Gestehenden an die Wahrheit des Fakti hervorgegangen ist, nur diese Ueberzeugung bekundet, also in der That nichts ist als ein Zeugniß des Gestehenden gegen sich selbst? oder aber ob derselbe, auch abgesehen von solcher Ueberzeugung, vielleicht gar trotz der Ueberzeugung vom Gegentheile, aus dem Willen hervorgegangen ist, die zweifelhafte Thatsache als wahr gelten zu lassen?

In diesem letzten Falle ist das Geständniß der Ausdruck eines animus obligandi; und zwar ist es dabei gleichgültig, ob die Absicht einer Schenkung zu Grunde liegt oder nur die unbestimmte Absicht, den Streit zu vermeiden. Der Erfolg ist Ausschließung des Streites, folgeweise Ausschließung der richterlichen Beurteilung.

Im andern Falle, wenn nur der Glaube der Partei in die Wahrheit der zugestandenen Thatsache der Grund des Geständnisses war, kann keine obligatio sondern nur ein Beweismittel vorliegen. Der Glaube der Partei macht die Thatsache nicht mehr und nicht weniger wahr, als sie ohnedem ist; aber der Ausdruck dieses Glaubens ist ein Zeugniß der Partei gegen sich selbst und giebt als solches der richterlichen Ueberzeugung eine bedeutende Stütze.

Je nachdem die eine oder die andere Qualität des Geständnisses vorliegt, ist die Wirksamkeit desselben dem Prinzipe gemäß nothwendig verschieden.

Ein Geständniß, welches lediglich den Glauben der Partei an die Wahrheit der Thatsache bekundet, muß, weil es Beweismittel ist, wie jedes andere Beweismittel durch Gegenbeweis entkräftet werden. Ein Geständniß dagegen, welches die verpflichtende Erklärung enthält, die Thatsache als wahr gelten zu lassen, kann durch Gegenbeweis der Unwahrheit der Thatsache nicht hinfällig werden; denn der animus obligandi kann trotz der Unwahrheit der Thatsache wohl bestehen; auch die Unwahrheit kann zugestanden werden. Solches Geständniß ist also unwiderruflich, so lange seine Qualität als verpflichtende Willenserklärung besteht. Diese Qualität wird aber dem Geständnisse durch Nachweis eines Irrthums genommen. Durch den Nachweis des Irrthums ist die Annahme begründet, daß der irrthümliche Glaube des Gestehenden an die Wahrheit der Thatsache der eigentliche Grund des Geständnisses war, daß also das Geständniß, mag es auch in der Form einer verpflichtenden Willenserklärung auftreten, dennoch nur ein von der Partei selbst in diese Form gekleidetes Beweismittel und durch den Gegenbeweis entkräftet ist.

Der Grundsatz der freien richterlichen Beweiswürdigung übergiebt der freien Beurtheilung des Richters nicht allein die Frage, ob de facto ein Geständniß vorliegt, sondern auch die Frage, welche Qualität das Geständniß habe, ob die einer verpflichtenden Willenserklärung oder die eines Beweismittels? — und im letzten Falle auch die Frage, welche Kraft dieses Beweismittel habe? Dem Richter gebührt also die freie Entscheidunng über Existenz, Qualität und Wirksamkeit des Geständnisses.

Die Frage nach der Qualität und Wirksamkeit des Geständnisses (die Existenz haben wir nämlich vorausgesetzt) ist wirklich eine quaestio facti in allen Fällen bis auf den einen Fall des gerichtlichen Geständnisses. Das gerichtliche Geständniß ist nämlich seinem

Wesen nach die Erklärung der Partei, welche beabsichtigt, die Grenze des streitigen und unstreitigen Fakti in einem bestimmten Prozesse festzustellen. Dies Geständniß ist darum stets eine obligirende Willenserklärung, schließt stets die richterliche Kognition aus, ist stets unwiderruflich, mit Ausnahme des Nachweises eines Irrthumes. Die Auszeichnung des gerichtlichen Geständnisses durch den Gemeinen Prozeß wie auch durch den Entwurf ist also vollkommen gerecht.

Der Entwurf zeichnet ferner das in Urkunden enthaltene Geständniß aus, indem er dasselbe dem gerichtlichen Geständnisse gleichstellt. Es ist aber klar, daß der animus durch Beurkundung keinen andern Charakter annimmt. Auch das beurkundete Geständniß kann ebensowohl ein Zeugniß des Ausstellers gegen sich selbst wie eine verpflichtende Erklärung desselben sein.

§. 433.

»Die von einer Partei behaupteten Thatsachen bedürfen insoweit keines Beweises, als sie von der Gegenpartei bei einer mündlichen Verhandlung oder zum Protokolle eines beauftragten oder ersuchten Richters zugestanden sind, (gerichtliches Geständniss).«

»Zur Wirksamkeit des gerichtlichen Geständnisses ist die Anwesenheit der anderen Partei und die Annahme von Seiten derselben nicht erforderlich.«

§. 436.

»Welches Gewicht einem aussergerichtlichen Geständnisse, insbesondere demjenigen beizulegen sei, welches in einem Schriftsatze enthalten oder welches in einem anderen Prozesse abgelegt ist, hat das Gericht nach freier Ueberzeugung zu entscheiden.«

§. 538, Abs. 1.

»Hat die in einer öffentlichen oder Privaturkunde enthaltene Willenserklärung (§§. 535, 537) das Geständniss einer Thatsache zum Gegenstande, so begründet dieses Geständniss zu Gunsten desjenigen, welchem die Urkunde ausgestellt worden ist, gegen den Aussteller und dessen Rechtsnachfolger auch vollen Beweis dieser Thatsache.«

§. 435.

»Der Widerruf hat auf die Wirksamkeit des gerichtlichen Geständnisses keinen Einfluss. Wenn jedoch die widerrufende Partei beweist, dass das Geständniss der Wahrheit nicht entspreche und durch einen Irrthum veranlasst sei, so verliert das Geständniss seine Wirksamkeit.«

§. 539, Abs. 1.

»Der Beweis, dass das in einer Urkunde enthaltene Geständniss nicht der Wahrheit entspreche, findet nur insoweit statt, als zugleich bewiesen wird, dass das Geständniss durch einen Irrthum veranlasst sei.«

Die §§. 433, 436 und 538 stellen drei Kategorien von Geständnissen auf: gerichtliche, außergerichtliche und unter den letzteren wieder als eine Unterart: Geständnisse, welche in Urkunden enthalten sind. Nach §. 433 ist ein gerichtliches Geständniß dasjenige, welches auf die Behauptung der Gegenpartei in einer mündlichen Verhandlung oder zu Protokoll des beauftragten oder ersuchten Richters in dem vorliegenden Prozesse abgegeben ist. Eine Definition des außergerichtlichen Geständnisses fehlt, sie ergiebt sich aber von selbst dahin, daß jedes andere Geständniß ein außergerichtliches ist.

Der §. 436 hebt zwei Arten der außergerichtlichen Geständnisse hervor:

Zuerst ist das Geständniß, welches in einem Schriftsatze desselben Prozesses enthalten ist, ein außergerichtliches. Der Grund ist die von dem Entwurfe statuirte Bedeutungslosigkeit der Schriftsätze. Die Schriftsätze unterliegen der Abänderung in der mündlichen Verhandlung und erlangen erst durch ihre Wiederholung coram judice eine Geltung im Prozesse. Diese Bedeutungslosigkeit der Schriftsätze wird vor der Praxis schwerlich eine Begnadigung finden. Der §. 294, Abs. 3 überläßt es der Beurteilung des Gerichtes, „ob eine in der mündlichen Verhandlung nicht ausdrücklich bestrittene Thatsache für zugestanden oder für bestritten zu erachten sei." Das Gericht hat es also in der Hand, jedes in den Schriftsätzen enthaltene Geständniß, sofern es nicht ausdrücklich widerrufen ist, zu einem gerichtlichen Geständnisse umzustempeln, und wird nicht ermangeln, von dieser Befugniß Gebrauch zu machen.

Zweitens ist außergerichtlich dasjenige Geständniß, welches als gerichtliches Geständniß in einem anderen, wenn auch zwischen denselben Parteien schwebenden Prozesse abgegeben ist. Das ist unzweifelhaft richtig.

Eine dritte Unterart des außergerichtlichen Geständnisses hebt der §. 538 hervor, nämlich das in einer Urkunde abgegebene Geständniß. Man kann sich nicht verhehlen, daß der Schriftsatz und das richterliche Protokoll auch Urkunden sind, daß also die im §. 436 besonders hervorgehobenen, in Schriftsätzen oder in den Protokollen eines anderen Prozesses abgelegten Geständnisse auch urkundliche Geständnisse sind."

Zwischen diesen drei Arten des Geständnisses bestehen nach dem Entwurfe folgende Unterschiede:

Der §. 433 sagt: „daß das gerichtliche Geständniß zu seiner „Wirksamkeil keiner Annahme Seitens des Prozeßgegners bedürfe." Der Ausdruck „Wirksamkeit" soll heißen: „Existenz." Freilich ist das Geständniß, welches nicht existirt, auch nicht wirksam. Einer Annahme des gerichtlichen Geständnisses als einer obligirenden Erklärung des Gegners bedarf es dennoch, aber die Annahme kann stillschweigend geschehen. Gemeint ist also, daß in der Aufstellung der demnächst zugestandenen Behauptung die Acceptation des Geständnisses bereits im Voraus abgegeben erscheine. Ueber das außergerichtliche Geständniß schweigt der Entwurf. Daraus folgt nicht, daß dieses Geständniß der Acceptation bedürfe. Als Beweismittel kann dasselbe auch ohne Acceptation Werth haben. Wohl bedarf es der Berufung auf dasselbe, weil es ohne solche Berufung nicht Prozeßmaterial wird.

Der §. 433 sagt ferner: „Die gerichtlich zugestandenen Thatsachen bedürfen keines Beweises." Gemeint ist, daß der Beweis durch das Geständniß, welches den Streit selbst aufhebt, unmöglich gemacht sei. Diese Auszeichnung des gerichtlichen Geständnisses ist richtig, sofern man unter einem gerichtlichen Geständnisse ein solches versteht, welches beabsichtigt, die Grenze des streitigen und unstreitigen Fakti in einem bestimmten Prozesse festzustellen.

In Bezug auf das außergerichtliche Geständniß bestimmt dagegen der §. 436: „Welches Gewicht einem außergerichtlichen Geständnisse „beizulegen sei, hat der Richter nach freier Ueberzeugung zu entscheiden." Der Entwurf nennt also das außergerichtliche Geständniß weder eine obligirende Erklärung noch ein Beweismittel. Das Gewicht des Geständnisses ist grade davon abhängig, ob es eine dem gerichtlichen Geständnisse an Gewicht gleichstehende verpflichtende Erklärung, oder ob es ein dem richterlichen Ermessen unterliegendes Beweismittel ist. Also — so muß die interpretatio benigna lauten — hat das Gericht auch über die Qualität des Geständnisses zu entscheiden. Die Auffassung des Entwurfes ist also hier mit der des gegenwärtigen Aufsatzes konform.

Der §. 538 theilt dem in einer Urkunde abgegebenen Geständnisse volle Beweiskraft zu. Zunächst setzt sich dieser Paragraph mit dem §. 436 in Widerspruch. Da nämlich die Schriftsätze und gerichtlichen Protokolle unzweifelhaft Urkunden sind, so sind die im §. 436 speziell hervorgehobenen „Geständnisse in Schriftsätzen und gerichtliche Geständnisse in einem anderen Prozesse" unzweifelhaft Geständnisse, welche in Urkunden abgegeben sind. Diese in Urkunden abgegebenen Geständnisse sollen nach ausdrücklicher Bestimmung des §. 436 der freien richterlichen Beurtheilung unterliegen. Nach dem §. 538 ist die freie richterliche Beurtheilung für die urkundlichen Geständnisse ausgeschlossen. Außerdem aber giebt die Beurkundung des Geständnisses dem animus confitendi gar keinen Charakter. Der §. 436 entfernt sich vollständig von der Auffassung des gegenwärtigen Aufsatzes[1]).

Nach §. 435 wird die Wirksamkeit des gerichtlichen Geständnisses nicht durch bloßen Beweis der Unwahrheit seines Inhaltes, sondern erst durch Beweis des Irrthums des Gestehenden aufgehoben. Das entspricht der Auffassung dieses Aufsatzes, denn das gerichtliche Geständniß ist stets eine verpflichtende Erklärung. Daß das außergerichtliche Geständniß dagegen durch den bloßen Beweis der Unwahrheit seines Inhaltes hinfällig werde, sagt der Entwurf nicht. Die Frage, ob der Beweis des Irrthums nothwendig oder ob der Beweis der Unwahrheit genüge? hängt davon ab, ob das Geständniß eine obligirende Erklärung oder ein Zeugniß der Partei sei. Diese Frage hat nach §. 436 der Richter zu entscheiden; folglich hat der Richter auch darüber zu entscheiden, ob der Nachweis des Irrthums zur Entkräftung des Geständnisses erfordert werde oder nicht? Der Entwurf steht auch hier auf dem Standpunkte des gegenwärtigen Aufsatzes.

Der §. 539 stellt das in einer Urkunde abgegebene Geständniß dem gerichtlichen Geständnisse gleich, indem er zur Gültigkeit des Widerrufes neben dem Beweise der Unwahrheit noch den des Irrthums verlangt. Daß diese Bestimmung der Auffassung dieses Aufsatzes widerspricht, ist oben ausgeführt

§. 538, Abs. 2.

»Die Bestimmungen des §. 537, Absatz 3 finden auch auf die ein Geständniss enthaltenden Privaturkunden Anwendung.«

---

1) Vergl. Kapitel 9 zu §. 535, 537, 538, 543 und 544.

Der angezogene §. 537, Abs. 3 bestimmt nämlich: „Ort und „Zeit der Ausstellung einer Privaturkunde wird durch diese nur dem „Aussteller und dessen Universal-Successoren gegenüber bewiesen.“ Diese Bestimmung also soll auch auf Geständnisse, welche in einer Privaturkunde enthalten sind, Anwendung finden. Für die in einer Urkunde abgelegten Geständnisse bestimmt nämlich der Abs. 1 des §. 538, daß dieselben gegenüber dem Aussteller und dessen Rechtsnachfolger beweisend seien. Der Absatz 2 beschränkt also die Beweiskraft des in einer Privaturkunde enthaltenen Geständnisses in Beziehung auf Ort und Zeit desselben nur dahin, daß diese Beweiskraft nicht jedem Rechtsnachfolger, sondern nur dem Universal-Successor gegenüber volle Wirkung habe. Diese Unterscheidung scheint minutiöse.

§. 539, Abs. 2.

»Durch diese Bestimmung wird nicht ausgeschlossen, dass dem Aussteller eines Schuldscheins, in welchem statt des ursprünglichen Grundes der Verpflichtung ein anderer angegeben ist, die Befugniss zusteht, aus dem ursprünglichen Schuldverhältnisse Einreden herzuleiten, sofern die Vorschriften des bürgerlichen Rechts dies gestatten.«

Der erste Absatz des Paragraph gesteht nämlich dem Beweise der Unwahrheit des urkundlichen Geständnisses nur insofern Wirkung zu, als zugleich der Irrthum des Gestehenden nachgewiesen wird. Der zweite Absatz modifizirt diese Beschränkung in Beziehung auf den in einer Urkunde zugestandenen Schuldgrund dahin, daß der Nachweis, daß ohne Irrthum ein anderer Schuldgrund statt des ursprünglichen angegeben sei, gestattet bleibt. In Schuldscheinen wird nämlich häufig anstatt des ursprünglichen Grundes der Verpflichtung ein anderer Grund anerkannt; und zwar nicht aus Irrthum, sondern bewußter Weise, doch ohne animus novandi; entweder aus einer bestimmten Ursache oder ohne eine solche.

A. hat der B. die Ehe versprochen und sich von diesem Eheversprechen durch Ausstellung eines Schuldscheines losgekauft, in welchem als causa ein Darlehn angegeben ist. Später entdeckt A., daß die B. damals bereits verheirathet gewesen ist. Im Prozesse ist ihm nun gestattet, den wahren Schuldgrund zu erweisen und dessen Unverbindlichkeit darzuthun.

Dieser Aufsatz erkennt überhaupt die Regel nicht an, daß Geständnisse durch schriftliche Abfassung eine erhöhte Beweiskraft und den

Charakter der Unwiderruflichkeit erhalten, also kann er auch die Ausnahme nicht anerkennen.

Vorausgesetzt ist, daß die Absicht der Parteien nicht auf Novation gerichtet war. Es liegt also in den hier bezeichneten Fällen die absichtliche Angabe einer unwahren causa debendi vor, also überhaupt kein animus confitendi, kein Geständniß, sondern eine Simulation.

§. 434.

»Die Wirksamkeit des gerichtlichen Geständnisses wird dadurch nicht beeinträchtigt, dass demselben eine Behauptung hinzugefügt wird, welche ein selbstständiges Angriffs- oder Vertheidigungsmittel enthält.«

»Inwiefern eine vor Gericht erfolgte einräumende Erklärung ungeachtet anderer zusätzlicher oder einschränkender Behauptungen als ein Geständniss anzusehen sei, bestimmt sich nach der Beschaffenheit des einzelnen Falls.«

Es fällt zunächst auf, daß der Absatz 1 dieses Paragraphen von der „Wirksamkeit" der Absatz 2 von dem „Vorhandensein" des Geständnisses handelt. Diese Redaktion beweist keine besondere Klarheit.

Anzuerkennen ist, daß dieser Paragraph den Art. 1356 des Französischen Gesetzbuches »L'aveu judiciaire ne peut être divisé contre celui, qui l'a fait« nebst vielen sich daran knüpfenden Kontroversen aufhebt. Uebrigens sind wir mitten in dem Netze der gemeinrechtlichen Kontroversen über die Trennbarkeit des Geständnisses, über die capita connexa und separata geblieben. Der Absatz 1, welcher die dem Geständnisse beigefügten selbstständigen Angriffs- und Vertheidigungsmittel von dem Geständnisse trennt, beschränkt die Kontroverse nur in unbestimmter Weise, weil er verschweigt, was „selbstständige Angriffs- und Vertheidigungsmittel" sind. Wenn nämlich der §. 301 „Einreden und Repliken" selbstständige Vertheidigungsmittel nennt, so ist damit nichts gesagt; denn nicht Alles, was in der Form einer exceptio auftritt, ist eine exceptio. Der §. 434 lehnt also jede Entscheidung ab und überläßt der Praxis, den Weg zu finden[1]).

Der Paragraph spricht nur von gerichtlichen Geständnissen. Es kann aber ebensogut auch außergerichtliche qualifizirte Geständnisse geben.

---

[1]) Den richtigen Weg zeigt: v. Bayer, Vorträge, Aufl. X. S. 735. seq.

Diese fallen unter §. 436 und zwar stehen sie dem gerichtlichen Geständnisse insofern gleich, als in Betreff ihres Daseins und ihres Umfanges gleichfalls die freie richterliche Beurtheilung entscheidend sein soll.

Achtes Kapitel.

Der Parteieneid.

§§. 584 bis 588. 449, Abs. 1. 589, 591 bis 599, Abs. 1. 601 bis 606, 608, 610, 611.

Dies Kapitel soll den zugeschobenen und den richterlichen Eid behandeln. Zunächst betrachten wir den zugeschobenen Eid.

Der Entwurf nennt die Eideszuschiebung ein Beweismittel, und zwar ein voll wirkendes Beweismittel. Da die voll bewiesene Thatsache ebenso für wahr gilt als die vertragsmäßig festgestellte, so scheint die Frage, ob die Eideszuschiebung Vertrag oder Beweismittel sei? eine müßige zu sein. Dennoch ist ihre Lösung nothwendig, um den Standpunkt für die Kritik zu gewinnen.

Wenn wir von dem Grundsatze ausgehen, daß der Begriff des Beweises darin liege, daß dem Richter die Ueberzeugung von der Wahrheit einer Thatsache verschafft werde, so müßte die Eideszuschiebung, um ein Beweismittel zu sein, diese Ueberzeugung herstellen. Das ist nun zwar nicht der Fall, aber eine leere Formalität, an welche die Parteien gewisse Folgen vertragsmäßig knüpfen, ist der Eid bei uns ebensowenig. Sein Inhalt ist etwas Wesentliches; derselbe muß nämlich das zu beweisende Thema decken. Insofern also ist die Eideszuschiebung ihrem Begriffe nach ein Beweismittel, als dieselbe den Zweck hat, eine bestimmte Thatsache, den Inhalt des Eides, entweder als bewiesen oder als unbewiesen festzustellen. Aber dieses Beweismittel ist insofern dem Grundsatze der freien Beweiswürdigung nicht analog, als die richterliche Ueberzeugung nicht allein maßgebend ist, sondern der prozessualische Vorgang der Eidesleistung oder der Eidesweigerung ein den Richter bindendes Resultat erzeugen soll. Der wirklich abgeleistete Eid kann freilich unter Umständen für die Ueberzeugung des Richters erheblich sein; die Weigerung des Eides ergiebt aber überhaupt kein positives Resultat, sondern nur in dem Falle, daß die Weigerung ungerecht ist, eine Vermuthung gegen den Weigernden.

Man kann deshalb diesem Beweismittel eine positiv beweisende Kraft nur ausnahmsweise zusprechen. In der Regel wird darum die beweisende Kraft der Eidesleistung oder Eidesweigerung aus einem Vertrage hergeleitet. Das Wesentliche eines Vertrages ist die Uebereinstimmung der Parteien. Die ganze Eidestheorie wird daher vollkommen klar und zweifellos, sofern man diese Uebereinstimmung der Parteien für ein nothwendiges Requisit erklärt. Aber gerade die Nothwendigkeit dieses consensus hat man geleugnet. Die gemeine Eidestheorie gestattet nämlich die Eideszuschiebung mit der Wirkung, daß der Delat bei Vermeidung der Annahme des Zugeständnisses den Eid annehmen oder zurückschieben muß.

Wir wollen die Berechtigung dieses Grundsatzes und dessen Einfluß auf den Charakter der Eidesdelation prüfen.

Unbestreitbar ist, daß es keiner Partei im Prozesse gestattet sein darf, sich einfach frei zu lügen. Ist aber die Partei berechtigt, die Aufrichtigkeit des Gegners zu fordern, so muß sie auch die Aufrichtigkeit erzwingen können. Die mildeste Form dieses Zwanges ist die Zuschiebung des Eides an den Gegner. Denn derselbe wird in die günstigste prozessualische Lage versetzt, nämlich in die Lage, selbst gewissenhaft über die Wahrheit der streitigen Thatsache zu entscheiden. Wer sich weigert, selbst dieses Urtheil zu sprechen, und ebensowenig der Gewissenhaftigkeit des Gegners den Spruch anvertrauen will, erweckt regelmäßig den Argwohn, daß der Grund solcher Weigerung das Bewußtsein des eigenen Unrechtes sei. Zu dieser ganz unbestreitbaren Erwägung trat nun der Ausspruch des römischen Rechtsgelehrten Paulus hinzu: „manifestae turpitudinis et confessionis est, nolle nec jurare nec jusjurandum referre.“ Mit gewohnheitsmäßiger Gedankenlosigkeit wurde dieser Ausspruch, welcher seine Rechtfertigung aus wesentlich anderen Verhältnissen herleiten mag, in unseren Prozeß aufgenommen; und der Eideszwang erschien theoretisch und positiv gesetzlich gerechtfertigt. Gegen diese Theorie läßt sich auch gar nichts einwenden, wenn es keine Fälle geben kann, in denen der Delat sich gerechterweise gegen die Zumuthung, einen Eid zu schwören oder sein Recht zu verlieren, weigern darf. Da es aber solche Fälle giebt, so ist die Theorie grundfalsch.

Welche Natur hat nun unter Voraussetzung dieser Theorie die Eideszuschiebung?

Wenn dieselbe das Vergleichsangebot ist, den Eid oder die Eidesweigerung als volles Beweismittel gelten zu lassen, so setzt das voraus, daß der Delat das Vergleichsangebot auch ablehnen kann. Darf er das nicht, so ist der s. g. Vergleich höchstens ein erzwungener. Falls der Delat de facto den erzwungenen Eid wirklich leistet, so darf er dafür freilich auch begehren, daß der Eid die Wirkung habe, welche ihm beizulegen der Deferent sich verpflichtet hatte. Insofern liegt eine vertragsmäßig festgestellte Wirkung des Eides vor. Falls dagegen der Delat sich de facto weigert, auf den Zwangseid einzugehen, so läßt sich darin nicht die Spur eines Vergleiches entdecken.

Wenn die Eideszuschiebung aber ein Beweismittel ist, dessen Kraft nicht durch einen Vertrag hergestellt wird, sondern welches ganz abgesehen von der Willensübereinstimmung der Parteien wirken soll, so kann das Beweismittel, bei Annahme des Grundsatzes freier richterlicher Beweiswürdigung, nur der freien richterlichen Ueberzeugung seine Kraft verdanken. Da aber die richterliche Ueberzeugung ausgeschlossen sein soll, da allein der prozessualische Vorgang der Eidesleistung oder Weigerung, selbst gegen die Ueberzeugung des Richters, einen bestimmten Effekt haben soll, so ist der Charakter des Beweismittels spurlos verschwunden.

Wir verlassen nun diese gemeine Theorie und gestatten der Partei dem gegen sie durch Eideszuschiebung ausgeübten Zwange Widerspruch entgegenzusetzen.

Wie wir gleich im Anfange dieser Ausführung zugegeben haben, steht das Recht der Partei auf Aufrichtigkeit des Gegners und damit auch der Regel nach das Recht auf die Eideszuschiebung fest. Die Weigerung des Delaten muß also dahin motivirt sein, daß dieses Recht der Partei auf die Eideszuschiebung im vorliegenden Falle ausnahmsweise nicht begründet sei. Ueber die Gerechtigkeit des Weigerungsgrundes hat, wie über jeden Streit der Parteien, der Richter zu entscheiden. Setzen wir nun an die Stelle des ausnahmslosen Zwanges die Freiwilligkeit, eventuell den Richterspruch, so ist die Ableistung des Eides ein Beweismittel, welches entweder aus dem Vergleiche oder aus dem durch Richterspruch ergänzten Vertrage der Parteien seine volle Kraft herleitet; und die Weigerung des Eides leitet ihre beweisende Kraft gleichfalls entweder aus dem Vergleiche oder aus dem Richterspruche oder aus der unabweisbaren Präsumtion der Unredlichkeit des Delaten her. Es sind nur folgende Fälle möglich:

Entweder der Delat nimmt den Eid freiwillig an oder schiebt ihn freiwillig zurück, was sobald der Zwang abgeschafft wird durchaus erkennbar ist, — alsdann ist über die Wirkung der Eidesleistung oder der Weigerung desselben ein Vergleich abgeschlossen, das Beweismittel wird dem Richter als voll wirksames übergeben, und ist seiner Prüfung entzogen. Auch die Ueberzeugung des Richters wird nicht geradezu mit Arrest belegt, denn er erkennt die Freiwilligkeit der Parteien, also die Gerechtigkeit des Vorganges.

Oder zweitens der Delat nimmt den Eid bedingungsweise an, respektive schiebt ihn bedingungsweise zurück, nämlich unter der Bedingung, daß der Richter den Weigerungsgrund verwerfen werde. Oder drittens, der Delat weigert sich definitiv, den Eid anzunehmen oder zurückzuschieben. Beide Fälle sind insofern gleichmäßig zu behandeln, als der Richter über die Rechtmäßigkeit der Weigerung zu urteilen hat.

Die Weigerungsgründe zerfallen in zwei Kategorien: Nämlich, entweder erklärt der Delat die Eideszuschiebung für eine gegen ihn verübte Ungerechtigkeit, oder er hält dieselbe für eine überflüssige Eideskumulation. Beide Kategorien wollen wir prüfen und untersuchen, ob wir eine »manifesta turpitudo« oder eine »confessio« in der Weigerung entdecken?

Der Hauptfall der ersten Kategorie ist die Behauptung einer in der Eideszuschiebung liegenden ungerechten Gewissenstortur. Der Inhalt des Eides kann eine eigene Handlung oder Wahrnehmung des Delaten sein, welche dieser dennoch wegen der Länge der Zeit, wegen der geschäftsmäßigen Vornahme vieler Handlungen derselben Art, wegen einer inzwischen überstandenen schweren Krankheit, wegen eines bedeutenden Affektes zur Zeit der Handlung &c. nicht mit derjenigen Sicherheit beherrscht, welche seinem Gewissen für die Eidesleistung eine Nothwendigkeit ist. Je sicherer aber die Ueberzeugung ist, desto weniger gerechtfertigt ist die Zurückschiebung des Eides, welche dem vielleicht weniger skrupulösen Gegner die Versuchung einer bedenklichen Eidesleistung nahe bringt. In solchem Falle ist die Eidesweigerung keine confessio, und namentlich auch die Weigerung der Zurückschiebung das Gegentheil einer turpitudo.

Der Inhalt des Eides kann auch, wenn gleich die Norm auf ein einfaches Faktum gerichtet ist, erst als Resultat aus einer Menge von

Thatsachen die Ueberzeugung des Delaten ergeben. Der Delat mag manche mehr oder weniger erhebliche Erinnerung in seinem Gedächtnisse aufbewahrt haben. Andere unzweifelhaft feststehende Thatsachen mögen sich diesen Erinnerungen anschließen und eine bestimmte Ueberzeugung rechtfertigen, welche nach der Theorie der Römer zum Eide ausreicht. Aber ein gewissenhafter Mann trägt Bedenken, das Resultat seiner Schlußfolgerungen in Form einer erlebten Thatsache auf sein Gewissen zu nehmen, oder dem Gegner zu gestatten, diesen Beweisen gegenüber das Gegentheil zu beschwören. Und die Partei, welche das nach eigner Logik gefertigte Resultat der Thatsachen als Wahrheit beschwört, greift sogar in die Funktionen des Richters ein, dem allein die Befugniß zusteht, die Schlüsse zu ziehen, dessen Logik vielleicht einen ganz anderen Weg geht[1]).

Man denke nur an den täglich vorkommenden Fall, daß ein Krämer über eine durch Jahre hindurch laufende Rechnung von minutiösen Kaufpreisen den referirten Wahrheitseid schwört. Der Richter glaubt sicherlich nicht, daß dem Manne eine andre Wissenschaft beiwohnt, als das Bewußtsein, selbst pünktlich Buch geführt zu haben, und das Vertrauen in die Pünktlichkeit seiner Geschäftsgehülfen. Dennoch wird der Eid „über die kaufweise Lieferung" sämmtlicher Posten zurückgeschoben und — abgeleistet; und der Richter sagt: Das mag die Partei mit ihrem Gewissen abmachen, als ob die Logik das Gewissen wäre! *Auch in diesem Falle bezeugt also die Ablehnung des Eidesantrages weder einen animus confitendi noch eine turpitudo.*

Der Inhalt des Eides kann auch wirklich einen Schluß bedingen. Dies ist regelmäßig der Fall bei dem *Ignoranzeide*, sofern derselbe mehr besagen soll, als das positive Faktum, daß der Schwörende etwas nicht gethan oder nicht erlebt habe. Ferner ist dies regelmäßig der Fall bei dem *Glaubenseide*, der den Schwörenden zwingt, sich eine

---

1) Einen auffallenden Fall falscher Parteilogik habe ich an einem anderen Orte bereits angeführt: Der Kläger behauptet, dem Beklagten 200 Thlr. gegeben zu haben; der Beklagte will nur 100 Thlr. empfangen haben. Der Kläger will zum Beweise sich der Eideszuschiebung bedienen. Sein Anwalt befragt ihn, ob er im Falle der Zurückschiebung den Eid auch selbst zu leisten bereit sei? Der Kläger antwortet: „Bei meiner außerordentlichen Gewissenhaftigkeit habe ich mich aus den Büchern meines Banquiers nochmals überzeugt, daß ich 200 Thlr. von ihm empfangen, und ich weiß zuverlässig, daß ich das Geld in demselben verschlossenen Umschlage dem Beklagten überbracht habe." Der gewissenhafte Kläger war sehr überrascht, als ihm darauf erwidert wurde, daß er unter solchen Umständen, wenn er den Umschlag selbst nicht geöffnet habe, nur die Bücher des Banquier beschwören würde.

Ueberzeugung über ein Faktum zu bilden, während ihm vielleicht die nöthigen Unterlagen sowohl für das Glauben wie für das Nichtglauben fehlen. Ein gewissenhafter Mensch scheut in vielen Fällen jede Entscheidung, ein gewissenloser Mensch glaubt Alles, was ihm Vortheil bringt. Auch in diesem Falle bezeugt die Ablehnung des Eidesantrages weder confessio noch turpitudo.

Verwirft der Richter nun den Weigerungsgrund, so ist, sofern der Delat sich bedingungsweise auf die Eideszuschiebung erklärt hatte, diese Erklärung purifizirt, sofern er die Erklärung verweigert hat, ist diese Weigerung eine ungerechte, welche das Bewußtsein des eigenen Unrechtes zu präsumiren erlaubt. Im ersten Falle ist das in der Eideszuschiebung gelegene Vergleichsangebot angenommen; im zweiten Falle liegt in der Weigerung des Delaten ein entscheidendes Beweismittel.

Nimmt dagegen der Richter den Weigerungsgrund als begründet an, so verwirft er die Eidesdelation entweder überhaupt oder schränkt dieselbe auf die Wissenschaft des Delaten ein und zieht aus dieser Wissenschaft seine Schlüsse. Dies letzte ist der einzige Fall, in welchem die von mehreren Seiten befürwortete Zeugenvernehmung der Partei gerechtfertigt ist[1]).

Denn wie eine verloren gegangene oder nie existent gewesene Urkunde nicht als Beweismittel vorgelegt werden kann, so kann auch der Delat eine verloren gegangene Erinnerung, oder ein Urtheil, das ihm nicht innewohnt, nicht ediren. Es genügt, daß er sein ganzes Wissen wie eine Urkunde offen legt und dem Richter überläßt, die Schlüsse aus demjenigen zu ziehen, was in dieser Urkunde geschrieben steht. Und das ist in der That das allein Vernünftige. Was die Partei für Schlüsse ziehen will, geht den Richter nichts an; der Richter folgt seinen eigenen Schlüssen. Was die Partei glaubt, geht den Richter nichts an, es kommt darauf an, was der Richter glaubt. Die Pr. Gerichtsordnung hat in solchem Falle mit richtigem Takte die Wahrheit in der Formel gefunden, welche eine vorherige Zeugenvernehmung voraussetzt: Ich schwöre, daß ich außer den zu den Akten angezeigten oder in denselben ermittelten Thatsachen nichts erfahren habe, was meine Behauptung widerlegt, welche dahin geht, daß 2c.

Die zweite Kategorie der Weigerungsgründe ist der Fall der Konkurrenz der Eideszuschiebung mit anderen Beweismitteln. Der Delat glaubt, daß andere Beweismittel entweder des Deferenten oder seine eigenen (Gewissensvertretung) den Eid,

---

[1]) Verhandlungen des achten Deutschen Juristentages, Band II. S. 265 seq.

der seinem Wesen nach nur ein subsidiäres Mittel zur Erforschung der Wahrheit ist, überflüssig machen. Die Ableistung des zugeschobenen Eides ist regelmäßig ein bedenklicher Akt. Der Eid und das eigne Interesse stehen in gefährlicher Nähe; der Gegner des Delaten glaubt regelmäßig an einen Meineid. Schon deshalb scheut sich manche Partei gerechter Weise, den Eid zu leisten. Aber selbst abgesehen davon ist die Einschränkung der Eidesleistung aus mehr als einem Grunde geboten. Nicht allein die christliche Lehre und die Moral sondern auch das Interesse der staatlichen Ordnung verbieten geradezu den leichtsinnigen, handwerksmäßigen Gebrauch der Eidesdelation, welcher heute „der Kürze halber" sehr beliebt ist. Der gewissenhafte Mensch, dem der Eid eine heilige Handlung ist, welche er durch unnöthigen Gebrauch zu profaniren Bedenken trägt, bezeugt dadurch weder einen animus confitendi noch eine turpitudo[1]).

Bei diesem Weigerungsgrunde muß der Richter prüfen, ob ihm die vorliegenden Beweise genügen, oder soweit genügen, daß er zu seiner Ueberzeugung eines nothwendigen Parteieides und des Eides, welcher Partei bedarf, — oder aber ob seine Ueberzeugung durch die Beweise nicht berührt wird? Im letzten Falle wird der Weigerungsgrund verworfen. Sofern die Erklärung des Delaten bedingt erfolgt ist, ist dieselbe nun purifizirt, also der Vergleich geschlossen; sofern die Erklärung des Delaten verweigert war, liegt in der ungerechten Weigerung ein entscheidendes Beweismittel.

Ergeben dagegen die Beweise eine Ueberzeugung für den Richter, so ist jeder Eid überflüssig; ergeben sie nur eine Vermuthung, so hängt es von der Stärke der Vermuthung ab, ob und wessen Eid der Richter als ein subsidiäres Beweismittel zur Erfüllung oder Widerlegung des angefangenen Beweises verlangt.

Wenn man sagt, auch der Deferent, könnte sich in einer gleichen Lage befinden, den Eid nicht zu wollen, auch ihm gegenüber könnte die Eideszuschiebung eine Zwangslage erzeugen, so ist das für die erste Kategorie der Weigerungsgründe unwahr. Der Deferent befindet sich freilich in einer Zwangslage, wenn ihm nur die Eidesdelation übrig bleibt; aber in diese Zwangslage setzt ihn nicht der Gegner, sondern

[1]) Cap. 2 X. de probat. (2. 19.) Sane quoniam apud vos consuetum esse didicimus, ut cum aliquis intentionem suam fundaverit instrumentis et testibus, ei sacramentum nihilominus deferatur, nos, cum tum demum ad hujusmodi suffragium sit recurrendum, cum aliae legitimae probationes deesse noscantur, talem consuetudinem reprobamus.

setzen ihn die Umstände. Für die zweite Kategorie der Weigerungsgründe ist das richtig. Der Fall steht auf derselben Stufe mit dem Falle der Weigerung des Delaten. Nicht allein der Delat, sondern ebenso der Deferent kann zweifeln, ob die Eidesdelation den Beweismitteln gegenüber eine Nothwendigkeit sei? Und zwar ebensowohl deshalb, weil die Beweismittel noch nicht erhoben sind, als auch deshalb, weil er, namentlich bei dem Grundsatze freier richterlicher Beweiswürdigung, nicht in der Lage ist, die Wirkung der erhobenen Beweismittel auf die richterliche Ueberzeugung zu berechnen. Der Deferent muß deshalb gleichfalls die Eidesdelation auf den Fall beschränken dürfen, daß andere prinzipale Beweise die Wahrheit der zu erweisenden Thatsache nicht einmal bis zur Auflegung eines richterlichen Eides ergeben. Dies ist der Fall der eventuellen Eidesdelation.

Von diesen Resultaten unserer Untersuchung entfernt sich der Entwurf in wesentlichen Punkten.

§. 595.

»Die Antretung des Beweises mittelst Eideszuschiebung erfolgt durch die Erklärung, dass der Gegenpartei über die bestimmt zu bezeichnende Thatsache der Eid zugeschoben werde«.

§. 596 Abs. 1 bis 3.

„Die Partei, welcher der Eid zugeschoben ist, hat sich zu erklären, ob sie den Eid annehme oder zurückschiebe«.

»Giebt die Partei keine Erklärung ab, oder schiebt sie in einem Falle, in welchem die Zurückschiebung unzulässig ist, den Eid zurück, ohne denselben bedingt anzunehmen, so wird der Eid als verweigert angesehen«.

»Auf die über die Eideszuschiebung abgegebene Erklärung finden die Bestimmungen des §. 294 Abs. 2 und 3 entsprechende Anwendung« [1]).

---

[1]) §. 294. Abs. 2 u. 3. „Jede Partei hat sich, außer dem Falle eines allgemeinen Zugeständnisses, über die von der Gegenpartei behaupteten erheblichen Thatsachen so bestimmt zu erklären, daß nicht zweifelhaft bleibt, was zugestanden und was bestritten ist."

„Ob eine nicht ausdrücklich bestrittene Thatsache für zugestanden oder bestritten zu erachten sei, hat das Gericht nach den Umständen zu beurtheilen. Eine Thatsache, welche nicht eine eigene Handlung oder der Gegenstand einer eigenen Wahrnehmung der Partei ist, gilt jedoch als bestritten, wenn die Partei erklärt, daß ihr dieselbe unbekannt sei."

Nach §. 763. kann übrigens eine Erklärung auf den Eid noch in II. Instanz nachgeholt werden.

§. 593. Abs. 2.

»Die Verweigerung der Eidesleistung hat zur Folge, dass das Gegentheil der zu beschwörenden Thatsachen als voll bewiesen gilt«.

Diese §§. bekennen das Prinzip des Zwanges des Delaten zur Annahme oder Zurückschiebung des Eides. Der Delat, welcher weder das Eine noch das Andere thut, gilt als eidesweigernd, d. h. der durch die Eideszuschiebung zu erbringende Beweis gilt als erbracht. Dieser Zwang nimmt der Eideszuschiebung im Allgemeinen den Charakter eines Vergleichsangebotes, was übrigens nicht hindert, daß de facto doch ein Vergleich vorliegen kann. Die Ausschließung der richterlichen Ueberzeugung nimmt der Eidesdelation im Allgemeinen den Charakter eines Beweismittels, was übrigens nicht hindert, daß dieselbe de facto doch ein Beweismittel sein kann. Der Entwurf nennt aber die Eidesleistung oder Weigerung unbedingt „Beweismittel". Inwieweit dieselben Beweismittel sind, wird sogleich untersucht werden.

§. 597.

»Die Bestimmungen des §. 596 finden auch dann Anwendung, wenn die Partei Einwendungen in Beziehung auf die Eideszuschiebung vorbringt, oder wenn die letztere eine bedingte ist«.

§. 602.

»Der Schwurpflichtige, welcher frühere Behauptungen zurücknimmt oder früher bestrittene Thatsachen zugesteht, kann sich zur Leistung eines beschränkteren Eides erbieten, selbst wenn der Eid durch bedingtes Endurtheil auferlegt ist«.

Der §. 597, welcher verordnet, daß die Erklärung auf den Eid selbst dann erfolgen müsse, wenn die Partei Einwendungen in Beziehung auf die Eidesdelation vorbringt, scheint die Zulässigkeit von Einwendungen im Allgemeinen zu gestatten, also die Theorie des Zwanges zu durchbrechen. Näher spricht sich der Paragraph aber nicht aus. Es bleibt hiernach ungewiß, ob der Eid in Fällen als Gewissenstortur oder als überflüssige Eideshäufung abgelehnt werden darf. Aber grade diese beiden Fälle scheinen dem Entwurfe unbekannt zu sein, weil nach §. 591, Abs. 1 der Eid dahin zu leisten ist, „daß die Thatsache wahr oder daß sie nicht wahr sei," und weil der subsidiäre Charakter der Eidesdelation nach den unten zu behandelnden §§. 587, 588, Abs. 1 und 596, Abs. 4 überhaupt geläugnet wird[1]).

---

[1]) Die Paragraphen lauten: §. 591. Abs. 1. „Der zugeschobene oder zurück-

Nach Inhalt dieser Paragraphen ist vielmehr **der Eid unter den Beweismitteln dasselbe, was der Trumpf im Kartenspiele ist.** Sobald eine Eideszuschiebung erfolgt, sei es von Seiten des Beweisführers oder gar von Seiten Desjenigen, welcher gar keinen Beweis zu führen hat, so schweigen alle übrigen Beweismittel, (cfr. unten bei §§. 587, 588, 449, Abs. 1 und 596, Abs. 4).

Der §. 602 ist positiver Natur. Er gestattet dem Schwurpflichtigen, die ihn beschwerende Norm des Eides auf die Thatsachen zu beschränken, welche ihm bewußt sind, und dem Richter die Schlußfolge aus dem Eide zu überlassen. Habe ich diesen Paragraphen richtig interpretirt, so tritt derselbe dem Standpunkte dieses Aufsatzes nahe und mildert die Zwangstheorie in einem wesentlichen Punkte.

Dennoch dürfte derselbe leicht seinen Zweck verfehlen. Wenn es sich beispielsweise weniger um das Faktum selbst, als um die Folgerungen handelt, welche das Faktum rechtlich charakterisiren, so wird es sich fragen, ob die Beschränkung des Eides auf das nakte Faktum durch „eine Zurücknahme von Behauptungen“ oder „Zugeständniß früher bestrittener Thatsachen“ motivirt worden ist. Der Kläger fordert 30 Thlr. Reisekosten von dem Beklagten, seinem ehemaligen Prinzipale, unter der Behauptung, daß dieser es seiner Diskretion überlassen habe, zu bestimmen, ob ihm die Kosten der zum Zwecke des Antritts des Engagements gemachten Reise erstatten werden sollten. Der Eid über diese bestrittene Behauptung wird referirt. Der Kläger ist aber zweifelhaft, ob der Brief des Beklagten, den er besitzt und welcher also lautet: „Was die Reisekosten angeht, so wird es von Ihnen abhangen, ob ich Ihnen dieselben zahle“ — dahin zu verstehen sei, daß er, Kläger, dies zu bestimmen habe, oder ob der Brief vielmehr besage, daß die Entscheidung von der Zufriedenheit des Beklagten mit ihm, also von dem Willen des Beklagten, abhange. Wenn nun der Kläger den Wortlaut des Briefs zum Inhalte des Eides machen will, so ist das gerecht, und dem §. 602 entsprechend. Dennoch kann man nicht sagen, daß der Beklagte „Behauptungen zurückgenommen“ oder „früher bestrittene

---

geschobene Eid ist dahin zu leisten, daß die streitige Thatsache wahr oder daß sie nicht wahr sei.“

§. 587. „Der Partei, welche den ihr obliegenden Beweis einer Thatsache durch andere Beweismittel als durch Eideszuschiebung angetreten hat, kann von der Gegenpartei der Eid über die Unwahrheit dieser Thatsache zugeschoben werden. In diesem Falle findet die beantragte anderweite Beweisaufnahme nicht statt.“

§. 588. Abs. 1. Die Zuschiebung des Eides neben der Angabe anderer Beweismittel oder für den Fall, daß die Aufnahme eines anderen Beweises kein oder kein genügendes Ergebniß haben sollte, ist unzulässig.

§. 596. Abs. 4. „Die Gewissensvertretung findet nicht statt.“

Thatsachen zugestanden" habe, daß also der Fall des §. 602 überhaupt vorliege. Der Paragraph bedarf also einer erweiterten Fassung.

§. 592, Abs. 1.

»Durch Leistung des Eides wird voller Beweis der beschworenen Thatsachen begründet.«

§. 563, Abs. 1.

»Die Erlassung des Eides von Seiten der Gegenpartei hat in Ansehung des Beweises dieselbe Wirkung wie die Leistung des Eides.«

§. 611.

»Die Bestimmungen der Landesgesetze, welche den wegen gewisser strafbarer Handlungen verurtheilten Personen die Fähigkeit entziehen, Eide zu leisten, treten in Ansehung der Parteieneide ausser Kraft.«

Wie der §. 593, Abs. 2 die Eidesweigerung so erklärt der §. 592 Abs. 1 die Eidesleistung und der §. 593, Abs. 1 den Erlaß des Eides für „Beweismittel." Aus diesem Namen soll nichts gefolgert werden; namentlich soll nicht daraus hergeleitet werden, daß der Entwurf die Vertragsnatur des Eides läugne. Wohl aber muß daraus, daß nach dem Entwurfe die Eidesleistung des Delaten mehr beweist, als für den Prozeß nöthig ist, daß sie nicht nur die Beweislosigkeit der Behauptung des Deferenten darthut, sondern sogar den Gegenbeweis erbringt, die Folgerung gezogen werden, daß der Entwurf, ganz abgesehen von einem Vertrage der Parteien, an eine dem Eide inwohnende positiv beweisende Kraft glaubt. Der Vertrag der Parteien kann nämlich über den in casu vorliegenden Streit der Parteien unmöglich hinausgehen. Der Deferent, welcher sagt: „ich beweise durch Eideszuschiebung," erklärt damit: „Wenn Du den Eid nicht schwörst, habe ich bewiesen, was ich beweisen muß; wenn Du aber schwörst, habe ich nicht bewiesen." Das genügt auch für die vorliegende Frage, denn actore non probante reus absolvitur. Weiter kann also der Vertrag nicht gehen. Wenn nun aber die Eidesleistung dennoch ein weiteres Resultat haben soll, nämlich das Resultat, daß auch die Wahrheit dessen, was beschworen ist, als vollbewiesen erscheint, daß also der Gegenbeweis geführt ist, so kann dieses Resultat nicht Gegenstand des Vertrages gewesen sein, sondern ist nur als eine Folge des Schwures selbst zu erklären. Also hat der Entwurf eine dem Eide inwohnende positiv beweisende Kraft anerkannt[1]).

[1]) Da nach §. 587, welcher in der vorigen Anmerkung abgedruckt ist, auch Der-

Wir betrachten nunmehr einzeln die **Fälle der Ableistung, des Erlasses und der Weigerung des Eides**:

Der abgeleistete Eid ist ein testimonium unicum und zwar ein Zeugniß der Partei selbst, welche wegen ihres Interesses zum Zeugnisse vollständig untauglich ist. (§. 473, Nr. 2)[2]).

Dieses Zeugniß darf also als solches für die Ueberzeugung des Richters nicht von Erheblichkeit sein. Es soll nicht in Abrede gestellt werden, daß der wirklich abgeleistete Eid dennoch dem Richter alsdann die Ueberzeugung von der Wahrheit der beschworenen Thatsache verschaffen kann, wenn der Richter seine Ueberzeugung auf den Glauben des allein interessirten Deferenten zu stützen in der Lage ist. Der Deferent schiebt aber den Eid regelmäßig nicht deshalb zu, damit derselbe abgeleistet werde, sondern im Gegentheile damit er verweigert werde. **Wird der Eid dennoch geleistet, so glaubt der Deferent in der Regel nicht, daß das Faktum wahr sei, sondern er glaubt, daß der Delat einen Meineid geleistet habe. Und dieser Glaube des allein interessirten Deferenten bildet doch keinenfalls für den Richter eine Unterlage, auf welche er seine Ueberzeugung von der Wahrheit der beschworenen Thatsache gründen kann.** Nach §. 611 soll selbst

---

jenige, welcher keinen Beweis zu führen hat, dem Beweisführer selbst den Eid zuschieben darf, so kann auch der Fall eintreten, daß die positive Beweiskraft des Eides des Delaten nothwendig ist. Denn in solchem Falle würde die Wirkung: „daß der durch die Eideszuschiebung versuchte Gegenbeweis verfehlt sei," gar nichts besagen, weil der Nichtbeweis des Gegentheils dessen, was bewiesen werden muß, nicht entscheidend ist. Das beweist aber nicht, daß die Ansicht des Entwurfes von der positiv beweisenden Kraft des Eides richtig, sondern daß der §. 587 falsch ist.

Wenn der Beweis dem zum Beweise nicht Verpflichteten aufgelegt war, demgemäß der Beweispflichtige selbst den ihm über das Gegentheil des Beweissatzes angetragenen Eid ausgeschworen hat, demnächst der Richter die Unrichtigkeit der Beweisauflage erkennt, so ist derselbe Richter nicht in der Lage, den Schaden zu repariren; denn, die Folge der Eidesleistung ist nach dem Entwurfe nicht die, daß der Beweis des Deferenten nicht geführt ist, was demselben nicht schaden würde, sofern er nicht zum Beweise verpflichtet ist; sondern die Folge der Eidesleistung ist die, daß der Inhalt des Eides voll erwiesen ist. Der Richter nimmt Beispielsweise an, der Beklagte müsse beweisen, daß ihm längeres Ziel als 3 Monat bewilligt sei, und nimmt den für den Fall seiner Beweispflicht vom Beklagten deferirten Eid des Klägers ab, der jedes längere Ziel verneint. Jetzt überzeugt sich der Richter, daß Kläger zu beweisen habe. Was hilft nun dem Beklagten die Anerkennung seines Rechtes, den Beweis zu fordern, wenn die Thatsache feststeht?

[2]) §. 473. Nr. 2. „Als unzulässige Zeugen sind auf Antrag oder von Amtswegen zu verwerfen: — 2. Der Prozeßgegner des Beweisführers."

die Bestrafung des Schwörenden wegen Meineides, also ein Faktum, welches den Glauben an die Wahrhaftigkeit des Schwörenden zur evidenten Unmöglichkeit macht, auf die Beweisfähigkeit des Eides keinen Einfluß üben. Das Gesetz ertheilt also dem durch das eigene Interesse diktirten Eide des Meineidigen, überhaupt jedes verurtheilten Verbrechers, welchen die Gegenpartei selbstverständlich für einen falschen Eid erklärt, an welchem auch der Richter vielleicht nur die Frechheit des Schwörenden bewundert, volle positive Beweiskraft. Das Gesetz statuirt nicht einen durch die Umstände gebotenen unvortheilhaften Vertrag, und in Folge dessen einen den Deferenten unglücklicher Weise treffenden Beweismangel, sondern das Gesetz octroyirt dem Richter, einen allen Möglichkeiten widersprechenden, also fingirten, vollen positiven Beweis[1]).

Also hat die Eidesleistung nach den Vorschriften des Entwurfes regelmäßig nicht diejenige Natur eines Beweismittels, welche der Entwurf ihr beilegen will.

Der Erlaß des Eides, also das nicht erhobene Zeugniß der Partei, ergiebt freilich nicht die Spur eines positiven Beweises. Wenn durch den Erlaß des Eides der Glaube des Deferenten an die Wahrhaftigkeit des Gegners ausgesprochen ist, so kann zwar nicht der Erlaß des Eides aber es kann dieser Glaube des Deferenten die Ueberzeugung des Richters unterstützen, denn „der Gerechte ist an sich vereidet." Aber wenn der Erlaß, wie ebenso häufig vorkommt, auf dem entgegengesetzten Motive beruht, nämlich darauf, daß der Deferent einen ihm unzweifelhaft erscheinenden Meineid des Gegners nicht verschulden will[2]), so fehlt dem Richter jede Stütze seiner Ueberzeugung[3]).

---

[1]) Der gemeine Prozeß soll den deferirten Eid des durch Urtheil für unfähig zur Eidesleistung erklärten Meineidigen nach der Meinung vieler Rechtsgelehrten nicht kennen; auch fehlt es nicht an Vertheidigern des Satzes, daß der Meineidige selbst des Beweismittels der Eidesdelation verlustig gehe. Aus dem Gesichtspunkte des Vertrages läßt sich übrigens der §. 611 wohl rechtfertigen.

[2]) Augustinus sagt, daß derjenige, welcher den Gegner in die Lage versetzt, einen Eid zu schwören, von dessen Unrichtigkeit er selbst überzeugt ist, schlimmer sei als ein Mörder, denn er verderbe nicht den Körper, sondern die Seele, und nicht eine Seele, sondern deren zwei, nämlich die des Schwörenden und die eigene.

[3]) Der gewöhnlichste Fall, des Erlasses, welcher nach dem Entwurfe nicht mehr vorkommt, ist folgender: Der Vormund der minderjährigen Kläger sollte schwören, daß er nicht wisse, daß der vor 10 Jahren verstorbene Vater seiner Curanden, welchen er gar nicht gekannt hatte, aus der mit dem Erblasser der Beklagten vor 20 Jahren gemeinschaftlich betriebenen Brennerei, zwei Ohmfässer, eine Bütte, einen Messingkrahnen, 1 Ctr. Kartoffeln 2c. 2c. verkauft und den Kaufpreis in Rechnung zu bringen unterlassen habe. Der Vormund der verklagten Kinder, der in

Es kann sich sogar der Fall dahin gestalten, daß der Richter aus dem Erlasse des Eides die Ueberzeugung gewinnt, daß das zu beschwörende Faktum die Unwahrheit war [1]).

Und dennoch soll nach dem Entwurfe der Erlaß des Eides nicht ein Beweis des Fakti sein, daß der Deferent die Behauptung fallen lassen oder die Behauptung des Gegners, einerlei aus welchem Grunde, als wahr gegen sich gelten lassen wolle; sondern es soll durch den Erlaß des Eides die Wahrheit dessen, was nicht beschworen ist, bewiesen sein. Der Erlaß des Eides an sich kann also die Natur eines positiven Beweismittels gleichfalls nicht annehmen.

Die Weigerung des Eides oder die Weigerung der Erklärung des Delaten auf die Eideszuschiebung kann dem Richter den positiven Inhalt des Beweismittels überhaupt nicht geben. Wenn nämlich der Eid ein Beweismittel ist, so ist der nicht erhobene Eid ein nicht erhobenes Beweismittel. Aber diese Weigerung erzeugt vernünftiger Weise in dem Falle, das sie ungerecht ist, eine

---

demselben Verhältnisse war wie der klägerische Vormund, hatte einen gleichen Eid zu leisten. In diesem Falle erklärten beide Vormünder, daß sie sich die Eide erlassen wollten.

[1]) Ich erwähne eines Beispiels, das ich an einem anderen Orte bereits vorgetragen habe: Ein Handwerksgeselle hatte die Tochter eines süddeutschen Meisters, bei dem er auf der Wanderschaft in Arbeit stand, geschwängert. Fünfundzwanzig Jahre waren vergangen, als die Mutter den Vater ihres Kindes als Meister in einer norddeutschen Stadt ausfindig macht und denselben nicht etwa um Alimente, sondern nur um Anerkennung des Kindes bittet. Da aber der uneheliche Vater eine Frau hat, welche es als eine absolute Unmöglichkeit festhält, daß ihr Mann sich früher einmal vergangen haben könnte, so ist derselbe in der Lage, die Mutter seines Kindes nicht zu kennen. Es kam zum Prozesse, in welchem die Klägerin keine pekuniären Vortheile, sondern nur die Anerkennung der Vaterschaft des Verklagten beanspruchte. Die Klägerin wies nach, daß sie den Verklagten nur auf Grund seines Namens, seines Handwerkes und seiner Erzählungen von der Heimath nach langen, fruchtlosen Bemühungen aufgefunden hatte; sie hatte auch keinen Grund, für ihren Sohn einen beliebigen Vater einzufangen; die Aehnlichkeit des Vaters und des erwachsenen Sohnes war überraschend; das Benehmen der Klägerin, die ohne jede auf pekuniäre Vortheile gerichtete Absicht mehrmals die weite Reise machte, die den Verklagten an alle Einzelheiten ihres Umganges erinnerte, wirkte überzeugend; und am überzeugendsten wirkte der Erlaß des dem Verklagten in Ermangelung jedes Beweismittels zugeschobenen Eides, zu dessen Ableistung sich dieser anschickte, und das Motiv der Klägerin zu diesem Erlasse, „den Vater ihres Kindes nicht meineidig wissen zu wollen." Welche Ueberzeugung hatte der Richter aus der ganzen Sachlage und gerade aus dem Erlasse, also aus der Nichtableistung des Eides gewonnen? Gewiß nicht eine Ueberzeugung, welche das prozessualisch gebotene abweisende Urtheil rechtfertigen konnte.

sehr dringende Präsumtion für das dem Delaten inwohnende Bewußtsein des Unrechtes, welche die Annahme rechtfertigt, daß die Behauptung des Deferenten Wahrheit sei. Ist aber die Weigerung gerecht — und daß das sehr wohl möglich ist, haben wir oben gefunden —, so ergiebt die Weigerung nicht einen Beweis, sondern die Fiktion der Wahrheit ist in diesem Falle eine einfache Vergewaltigung[1]).

Da nun bei der Herrschaft des Grundsatzes, daß der Delat sich unbedingt auf die Eideszuschiebung erklären muß, die Gerechtigkeit oder Ungerechtigkeit der Weigernng nicht untersucht wird, so bleibt es dem Richter verborgen, ob das Beweismittel, welches gleichwohl seine Ueberzeugung binden soll, einen Schluß auf die Ungerechtigkeit des eidesweigernden Theiles zuläßt, oder ob eine einfache Vergewaltigung vorliegt.

Der Entwurf sagt nun freilich nicht, daß in der Eidesweigerung ein positives Beweismittel gelegen sei. Er scheint vielmehr die beweisende Kraft der Eidesweigerung aus der Vertragsnatur der Eidesdelation herzuleiten. Das ist auch richtig, wenn ein consensus vorlag. Andernfalls kann nur die Präsumtion der Ungerechtigkeit des Weigernden die Annahme eines geführten Beweises begründen. Der Entwurf entfernt sich von dem Standpunkte dieses Aufsatzes darin, daß er dem Richter nicht die Prüfung eines Weigerungsgrundes des Delaten überläßt.

---

1) Ein Fall, in welchem selbst die Weigerung des bereits angenommenen Eides gerecht war, der aber deshalb gegen den Delaten entschieden wurde, weil die Annahme des Eides erklärt war: Der Beklagte setzte der Klage auf Rückzahlung eines Darlehns den Einwand entgegen, daß die Kündigung zurückgenommen sei. Der hierüber dem Kläger zugeschobene Eid wird von diesem acceptirt. Im Termine zur Normirung des Eides produzirte der Beklagte dem Anwalte des Klägers eine Stelle aus einem Briefe des Klägers: „bin ich damit einverstanden, die Rückzahlung des Geldes in zwei Terminen Martini dieses Jahres und des nächsten Jahres zu gestatten.“ Im Uebrigen weigerte sich der Beklagte den Brief zu zeigen. Der Anwalt des Klägers erhielt von diesem auf Mittheilung des Fakti die Antwort: Der Beklagte habe ihm vorgeschwindelt, daß er die verhypothezirten Güter zu hohem Preise und unter der Bedingung der Zahlung in zwei Terminen verkauft habe, daß der Käufer aber die Einwilligung der Hypothekengläubiger verlange, um vor einem vorzeitigen Zwangsverkaufe sicher zu sein. Darauf habe er, der Kläger, dem Beklagten geschrieben, daß er die Termine bewillige. Er erinnere sich nicht, ob er hinzugefügt habe „unter der Voraussetzung, daß sich die Sache so verhalte, wie Beklagter angebe,“ oder ob er diese Clausel, welche selbstverständlich sei, weggelassen habe. Da ihm aber aus der Vorenthaltung des Briefes der intriguante Charakter des Beklagten klar geworden sei, so werde er den Eid, um Verläumdungen und Ungelegenheiten zu entgehen, nicht leisten.“

Resultat ist: Die Ableistung oder der Erlaß des Eides bilden nur dann eine Stütze der richterlichen Ueberzeugung, wenn sich dieselbe auf die Ueberzeugung des Deferenten stützen kann. Alsdann mag der Richter ebenfalls seinen Glauben nicht versagen. Ist das aber nicht der Fall, so liegt doch in der wirklichen Eidesleistung oder dem Erlasse des Eides regelmäßig ein Vertrag, welcher die Beurtheilung des Richters in Betreff der Kraft dieses Beweismittels ausschließt. Denn der Deferent hat die bestimmte Wirkung der Eidesleistung im Voraus gebilligt und der Delat, mag er freiwillig oder unfreiwillig geschworen haben oder mag ihm der Eid erlassen sein, kann nun auch die angebotene Wirkung der Eidesleistung beanspruchen. Die Weigerung des Eides ergiebt nur in dem Falle eine Präsumtion für den Richter, wenn derselbe ihre Ungerechtigkeit erkennt. An die Stelle des ausnahmslosen Eideszwanges muß also die richterliche Beurtheilung der Gerechtigkeit oder Ungerechtigkeit der Weigerung treten, welche dem Richter erst die Gewißheit darüber ergiebt, ob die Eidesweigerung ihm in casu ein Beweismittel ist oder nicht?

§. 586, Abs. 1.

»Die Eideszuschiebung über eine Thatsache, deren Gegentheil das Gericht für erwiesen erachtet, ist unzulässig.«

Die Vorschrift, daß die Eideszuschiebung über eine bereits durch Beweis widerlegte Thatsache unzulässig sei, wird in der Regel als ein Zeichen wirklicher Beweisnatur der Eidesdelation angeführt. Allerdings darf man sagen: dieser Vorschrift liegt die Idee zu Grunde, daß die Eidesdelation nicht zulässig sei, wo sie für die Ueberzeugung des Richters nichts mehr beitragen kann. Wenn aber das wirklich die dieser Vorschrift zu Grunde liegende Idee ist, so erscheint es doch wunderbar, daß, während zwar die Eideszuschiebung über ein bewiesenermaßen unwahres Faktum verboten ist, dieselbe über ein bewiesenermaßen wahres Faktum nicht gleichfalls verboten sein soll. Denn beide Fälle stehen in so fern gleich, als in beiden Fällen die Eideszuschiebung für die Ueberzeugung des Richters nichts beitragen kann und als dennoch bei Zulassung der Eidesdelation das erwiesenermaßen unwahre Faktum nicht mehr in Gefahr stände, durch Eidesleistung wahr zu werden, als das erwiesenermaßen wahre Faktum, in Gefahr steht, durch Eidesweigerung unwahr zu werden. Eine solche offene Nichtachtung der Ueberzeugung des Richters dürfte also in dem Falle, daß der Beweis der zu beschwörenden Thatsache bereits geführt ist, ebensowenig zugelassen werden, als im Falle des bereits geführten Gegenbeweises. Dennoch gestattet der Entwurf in dem oben bereits in einer Anmerkung und weiter unten im Texte citirten §. 587 gegenüber einer vollbeweisenden Urkunde den Eid zu deferiren. Wird der Eid geweigert, oder auch nur der Eidesleistungstermin versäumt[1]), so ist die Wahrheit durch eine ganz einfache Prozedur in Unwahrheit umgewandelt. Wenn nämlich in den Schriftsätzen bereits eine vollbeweisende Urkunde vorgelegt ist, und es sich in der mündlichen Verhandlung darum handelt, ob der Beweis durch Produktion dieser Urkunde oder durch Eid, welchen der Produkt dem Produzenten zuschiebt, geführt werden soll, so hat nach §. 587 der Eid den Vorzug. Wenn nun für den Richter die Wahrheit der zu beweisenden Thatsache auf Grund der ihm bekannten Urkunde bereits feststeht, so kann sich diese Wahrheit durch eine einfache Prozedur, nämlich durch die Nichtableistung des Eides des Produzenten, in Unwahrheit verwandeln[2]). Nicht einmal die Zurückschiebung des Eides ist dem Produzenten gestattet, denn der zurückgeschobene Eid müßte über eine Thatsache geleistet werden, deren Gegentheil das Gericht für erwiesen erachtet.

Ferner verordnet der §. 596, Abs. 4 „die Gewissensvertretung findet nicht statt". Diese Vorschrift kann zu demselben Resultate führen. Es kann bereits in den Schriftsätzen eine Urkunde vorliegen, welche das zu beweisende Thema vollständig widerlegt, also den Inhalt des zugeschobenen Eides vollkommen deckt. Dennoch darf der Richter auf diese Urkunde, welche seine Ueberzeugung erfüllt, keine Rücksicht nehmen, sondern er muß sich die bereits bewiesene Thatsache durch den Eid nochmals beweisen lassen, oder zusehen, wie sich durch eine einfache Prozedur, durch Nichtableistung des zugeschobenen Eides, die Wahrheit in Unwahrheit umwandelt. Hieraus folgt, daß der Grund der Vorschrift des §. 586, Abs. 1 nicht die Achtung vor der richterlichen Ueberzeugung, nicht die Anerkennung der reinen Beweisnatur des Eides ist, aber daß der Grund in dem richtigen Gefühl zu suchen ist, daß die Zuschiebung eines offenen Meineides eine flagrante Un-

---

[1]) §. 601 pr.: „Wenn der Schwurpflichtige in dem zur Eidesleistung bestimmten Termine nicht erscheint, so ist der Eid als verweigert anzusehen."

[2]) Der Fall der Eideszuschiebung über einen der Urkunde entgegengestellten Einwand, beispielsweise über den Einwand der Simulation, ist natürlich etwas ganz anderes.

möglichkeit sei. Es folgt aber ferner hieraus, daß nothwendig die Eideszuschiebung über eine de facto bereits bewiesene Thatsache gleichfalls unzulässig sein muß.

§. 592, Abs. 2.

»Der Beweis des Gegentheils findet nur unter denselben Voraussetzungen statt, unter welchen ein rechtskräftiges Urtheil wegen Meineides angefochten werden kann«.

Die Vorschrift, daß der erwiesene Meineid des Delaten keine Beweiskraft haben soll, wird gleichfalls als ein Zeichen wirklicher Beweisnatur des abgeleisteten Parteieides angesehen. Nach römischem Rechte wirkte die Vergleichsnatur des Eides dahin, daß selbst der spätere Erweis des Meineides auf die Feststellung der Thatsache keinen abändernden Einfluß hatte. Si postea perjurium fuerit adprobatum, Pomponius ait: per jusjurandum transactum videri, quam sententiam et Marcellus probat, stari enim religioni debet. (Fr. 21. de dolo malo 4. 3.[1]).

Es ist zwar diese Entscheidung der Römischen Juristen ein entschiedener Beweis der Vergleichsnatur des Römischen Parteieides, aber darum ist die entgegengesetzte Vorschrift noch nicht das entschiedene Zeichen der Beweisnatur. Der Eid wird selbstverständlich nur unter der Bedingung zugeschoben, daß die Unrichtigkeit desselben nicht erwiesen werde. Nicht selten sagt der Deferent dem Delaten ins Gesicht, „wenn Du schwörst, so weise ich Dir den Meineid nach". Also kann der Vertrag der Parteien, den Beweis der Thatsache von einem Eide abhängig zu machen, auch bei dieser Vorschrift wohl bestehen.

Der Entwurf schränkt übrigens die Beweislosigkeit des Meineides ein, und mag dazu gerechte Gründe haben. Er sagt, daß der Beweis des Gegentheils des beschworenen Fakti nur unter folgenden Voraussetzungen der Wiederaufnahmeklage stattfinde:

---

[1]) Zu vergleichen: fr. 28, i. f., 31, i. f. de jurej. 12. 2. In der const. 1. de reb. cred. sagt dagegen Antoninus: „causa jurejurando ex consensu utriusque partis decisa nec perjurii praetextu retractari potest; nisi specialiter hoc lege excipiatur." Und eine solche Ausnahme, welche die ganze Regel umzuwerfen scheint, findet sich in der const. 13. eod.; in welcher Justinian verordnet, daß derjenige, welcher fälschlich geschworen hat, daß ihm ein Legat ausgesetzt worden sei, keinen Vortheil des Eides haben solle „ne cui ex delicto impium sibi lucrum afferre nostris legibus concedatur". In Deutschland hat die Theorie der alten römischen Juristen keinen Eingang gefunden. Die Const. crim. Carol. sagt im Art. 107: „fälschlich abgeschworenes Gut" soll restituirt werden.

1) Daß eine Verurteilung wegen des begangenen Meineides erfolgt ist (§. 830, Nr. 1 u. i. fin.) und der Beweis des Meineides durch Vorlegung des Strafurteils geführt wird. (§. 832 [1]).

Ist der Meineidige also inzwischen gestorben, so ist der Gegenbeweis nicht zulässig.

2) Daß die Partei im Laufe des Hauptverfahrens den Meineid durch Vorlegung des Strafurtheils zu beweisen ohne ihr Verschulden außer Stande war. (§. 831 [2]).

3) Daß die Frist von 3 Wochen seit dem Tage der Kenntniß der Partei von der strafrechtlichen Verurteilung des Meineidigen, beziehungsweise seit dem Tage der Verkündigung oder Zustellung des Urteils in der Civilsache gewahrt, auch die Verjährung von 10 Jahren nicht abgelaufen ist. (§§. 836, 837, 838, 839 [3]).

---

[1]) §. 830: „Gegen Endurteile der ersten Instanz oder der Berufungsinstanz' welche weder dem Einspruche noch der Berufung unterliegen oder durch diese Rechtsmittel nicht mehr anfechtbar sind, findet das Rechtsmittel der Wiederaufnahmeklage in folgenden Fällen statt:"

1) „wenn die Gegenpartei durch Ableistung eines Parteieneides, auf welche das angefochtene Urtheil gegründet ist, sich des Meineides schuldig gemacht hat;" 2c.

„In den Fällen der Ziff. 1. bis 5. findet die Wiederaufnahmeklage nur statt wenn wegen der strafbaren Handlung eine rechtskräftige Verurtheilung auf Grund eines Schuldbekenntnisses oder einer Beweisaufnahme erfolgt ist."

§. 832: „In den Fällen des §. 830. Ziff. 1. bis 6. muß das strafgerichtliche Urtheil, in den Fällen der Ziff. 7. das Urtheil oder die andere neue Urkunde beigebracht werden."

„Durch Geständniß des Wiederaufnahmebeklagten wird dieses Erforderniß nicht ersetzt."

[2]) §. 831: „Die Wiederaufnahmeklage ist nur dann zuläsfig, wenn die Partei ohne ihr Verschulden außer Stande war, den Wiederaufnahmegrund in dem früheren Verfahren, insbesondere durch Einspruch oder Berufung geltend zu machen."

[3]) §. 836: „Die Frist zur Erhebung der Wiederaufnahmeklage beträgt drei Wochen."

§. 837: „Die Frist zur Erhebung der Wiederaufnahmeklage beginnt mit dem Tage, an welchem die Partei von dem Wiederaufnahmegrunde Kenntniß erhalten hat."

„Hat die Partei die Kenntniß vor Erlassung des angefochtenen Urtheils, jedoch so spät erhalten, daß sie den Wiederaufnahmegrund in dem früheren Verfahren nicht mehr geltend machen konnte, hat sie insbesondere erst nach dem Schlusse der mündlichen Verhandlung, auf welche das Urtheil erlassen ist die Kenntniß erlangt so beginnt die Frist mit der Verkündigung oder, wenn eine der Parteien in dem, Termine zu jener Verhandlung nicht erschienen war, mit der Zustellung des Urtheils."

§. 604.

»Kann im Falle einer Streitgenossenschaft das streitige Rechtsverhältniss nach den Vorschriften des bürgerlichen Rechts allen Streitgenossen gegenüber nur einheitlich festgestellt werden, so kann der Eid über eine Thatsache, welche für die Rechte aller Streitgenossen von Einfluss ist, nur von allen Streitgenossen und nur allen Streitgenossen zugeschoben oder zurückgeschoben werden«.

»Die Zuschiebung oder Zurückschiebung an einen Theil der Streitgenossen ist jedoch gestattet, wenn sie in Ansehung der übrigen Streitgenossen nach den Bestimmungen der §§. 584, 585 und 589 ausgeschlossen ist. Auch in diesem Falle bedarf es zur Zurückschiebung der übereinstimmenden Erklärung aller Streitgenossen. Ueber die Annahme des Eides haben sich nur diejenigen Streitgenossen zu erklären, welchen der Eid zugeschoben ist[1]).«

§. 605.

»Ist der von allen oder von einem Theile der Streitgenossen zu leistende Eid von einem oder von mehreren derselben, oder ist der von einem Theile der Streitgenossen zu leistende Eid von allen Schwurpflichtigen verweigert oder als verweigert anzusehen, so hat das Gericht nach freier Ueberzeugung zu entscheiden, ob die thatsächliche Behauptung, für welche der Beweis mittelst Eideszuschiebung angetreten ist, für wahr zu erachten sei (§. 430.«)

»Erklären einzelne Streitgenossen, dass sie den Eid nicht

---

§. 838: „Nach Ablauf von zehn Jahren von dem Tage der Verkündigung, oder, wenn das Urtheil auf eine mündliche Verhandlung erlassen ist, zu welcher eine Partei nicht erschienen war, von dem Tage der Zustellung des Urtheils angerechnet, ist die Wiederaufnahme unstatthaft."

§. 839: „Die Thatsachen, welche ergeben, daß die Wiederaufnahmeklage innerhalb der Nothfrist erhoben ist, sind von dem Wiederaufnahmekläger zu beweisen."

[1]) §. 584: „Die Eideszuschiebung ist nur über Thatsachen zulässig, welche in eigenen Handlungen des Gegners bestehen oder Gegenstand eigener Wahrnehmung desselben gewesen sind."

§. 585: „Zum Beweise der Echtheit einer Privaturkunde kann der Eid auch darüber zugeschoben werden, daß die Urkunde von dem Rechtsvorgänger oder dem Vertreter des Gegners ausgestellt sei."

§. 589: „Die Zurückschiebung des Eides ist nur insofern zulässig, als nach den Bestimmungen des §. 584. die Zuschiebung desselben zulässig sein würde."

„Die Zurückschiebung eines über die Echtheit einer Privaturkunde zugeschobenen Eides findet nicht statt."

leisten werden, so ist in Ansehung der übrigen Streitgenossen die Leistung des Eides nicht anzuordnen oder derselbe nicht abzunehmen, sofern das Gericht diesen Eid in Gemässheit der Bestimmungen des vorhergehenden Absatzes für unerheblich erachtet.«

§. 606.

»Ist eine Partei nicht prozessfähig, gehört sie insbesondere zu den Gemeinden oder Korporationen oder zu den im §. 39 bezeichneten Gesellschaften, Genossenschaften oder anderen Personenvereinen, Stiftungen, Anstalten oder Vermögensmassen, so ist die Zuschiebung oder Zurückschiebung des Eides nur an ihre gesetzlichen Vertreter und nur insoweit zulässig, als dieselbe zulässig sein würde, wenn der Vertreter selbst Partei wäre«. (§§. 584, 585, 589).

»Sind mehrere gesetzliche Vertreter vorhanden, so finden in Ansehung der Zuschiebung, Zurückschiebung und Ableistung des Eides die für den Fall einer Streitgenossenschaft in den §§. 604 und 605 enthaltenen Vorschriften entsprechende Anwendung.«

»In Ermangelung besonderer gesetzlicher Vertreter eines Personenvereins werden alle Mitglieder des letzteren als gesetzliche Vertreter angesehen.«

»Ist eine kollegialische Behörde zur Vertretung berufen, so gelten die Mitglieder als mehrere gesetzliche Vertreter.«

Diese §§., welche die gemeinrechtlich unlösbare Kontroverse über den Parteieid der Litiskonsorten, der Korporationen und Gesellschaften in einer höchst einfachen Weise beseitigen, indem sie die Entscheidung dem Richter überlassen, bezeugen zugleich für diesen Fall eine durchaus abweichende Theorie über die Beweisfähigkeit der Eidesleistung, des Eideserlasses und der Eidesweigerung. Nicht eine Spur von der Theorie der vorstehend behandelten §§. bleibt bestehen. Das Gericht hat nach freier Ueberzeugung zu entscheiden, ob troz der Eidesleistung die Thatsache unwahr, ob troz der Eidesweigerung die Thatsache wahr sei. Das Gericht hat unter Umständen das Gewicht des Eides auf seine Ueberzeugung schon vorher zu prüfen, und zu bestimmen, ob nach dem Resultate dieser Prüfung die Abnahme des Eides anzuordnen sei oder nicht. Der Eid ist hier lediglich Beweismittel im vollsten Sinne des Wortes. Und dieses Resultat scheint das Bestehen zweier widerstrebender Grundansichten im Schooße der Kommission zu beweisen, von denen je nach dem zufälligen Resultate der Abstimmung oder nach ebenso willkührlichen Kompromissen bald die eine bald die andere oben schwimmt.

Die Freiheit, welche einem Litiskonsorten eröffnet ist, die Eideszuschiebung oder Zurückschiebung durch sein liberum veto zu vereiteln, dürfte doch wohl der richterlichen Moderation unterliegen müssen.

§. 584.

»Die Eideszuschiebung ist nur über Thatsachen zulässig, welche in eigenen Handlungen des Gegners bestehen oder Gegenstand eigener Wahrnehmung desselben gewesen sind.«

§. 589, Abs. 1.

»Die Zurückschiebung des Eides ist nur insofern zulässig, als nach den Bestimmungen des §. 584 die Zuschiebung desselben zulässig sein würde.«

§. 591, Abs. 1.

»Der zugeschobene oder zurückgeschobene Eid ist dahin zu leisten, dass die streitige Thatsache wahr oder dass sie nicht wahr sei.»

Der Eid darf nur über Thatsachen zugeschoben oder zurückgeschoben werden. Was Thatsachen sind, ist nicht gesagt. Das dürfte indessen nicht tadelnswerth sein. Die Thatsachen müssen entweder eigne Handlungen oder eigne Wahrnehmungen des Schwörenden sein. Also ist der Ignoranzeid abgeschafft. Der Abschaffung des zugeschobenen Ignoranzeides stimmt der Beschluß des achten deutschen Juristentages bei[1]).

Dieser Beschluß nimmt sachgemäß das jusjurandum voluntarium aus. Den freiwilligen Eid kennt aber der Entwurf überhaupt nicht, wenigstens läßt sich bei der Theorie des Eideszwanges der freiwillige Eid von dem erzwungenen Eide nicht erkennbar unterscheiden. Ferner nimmt dieser Beschluß denjenigen s. g. Ignoranzeid aus, welcher den Zweck hat, zu ermitteln, was dem Schwörenden von dem Sachverhalte bekannt sei, welcher nach der Bairischen Prozeßordnung Art. 456 dahin zu leisten ist, „daß dem Schwörenden nichts oder nur das Angegebene von den Thatsachen, welche Gegenstand der Eidesleistung sind, bekannt sei." Das ist gleichfalls richtig; dieser Eid hat positiven Inhalt. Es ist dies ein Fall der Zeugenvernehmung der Partei. Der Entwurf stimmt dieser Ausnahme nur bedingungsweise bei. (§. 602 cfr. S. 23). Endlich wird, wenn das Glauben oder Nichtwissen der schwörenden Partei grade der Gegenstand des Beweisthemas ist, der

[1]) Verh. des achten Deutschen Juristentages Bd. II. S. 255. seq.

Eid de facto ein Wahrheitseid sein. Diesen Fall des Ignoranzeides wird also der Entwurf wohl anerkennen.

Die Beweisführung für die Unzulässigkeit des Ignoranzeides ist einfach: Wenn der Schwörende das Faktum weder selbst gethan noch selbst erlebt hat, so ist ein Eid darüber, daß er aus eigner Wissenschaft nichts davon weiß, ein reiner Unfug. Soll der Eid aber mehr besagen, nämlich soll er besagen, daß der Schwörende die Ueberzeugung von der Wahrheit oder Unwahrheit einer Thatsache nicht erlangt habe, so ist derselbe nicht allein in der Regel unerheblich, weil es nicht darauf ankommt, was die Partei sondern was der Richter glaubt; sondern er ist sogar schädlich und ungerecht, weil er je nach der Individualität des Schwörenden zu einer leichtfertigen Behandlung des Eides oder zu einer Gewissenstortur führt.

Nun wollen wir sehen, ob der Entwurf wirklich den Ignoranzeid abgeschafft hat? Wenn es nicht von selbst klar ist, daß die Handlung durch die schwörende Partei vorgenommen ist, oder daß dieselbe der Handlung beigewohnt hat, so wird die Partei, in Voraussicht einer nicht gewünschten Eideszuschiebung, ihre persönliche Befassung mit der Sache bestreiten. Der Beweispflichtige, welchem kein anderes Beweismittel außer der Eidesdelation über die streitige Thatsache zu Gebote steht, kann auch die persönliche Kenntniß des Schwurpflichtigen von dieser Thatsache nicht anders als durch Eidesdelation beweisen. Es ist also zur Präparation der Frage, ob der Eid über „Wahr" oder „Nichtwahr" zulässig sei, zuerst der abgeschaffte Ignoranzeid dahin zu leisten: „daß wirklich der Schwurpflichtige aus eigner Wahrnehmung von der Sache nichts erfahren habe." Also ist der Ignoranzeid in der That nicht abgeschafft.

Der Eid soll lauten: „daß die Thatsache wahr oder daß sie nicht wahr sei." Wie häufig sind die Zeugen, welche bei dem streitigen Falle entweder selbst thätig oder doch wahrnehmend waren, dennoch nescientes, und grade gewissenhafte Zeugen treten mit Behauptungen recht bescheiden auf. Wie häufig widersprechen sich die Aussagen zweier ganz gleich in der Sache thätig gewesener Zeugen in vollem Maße. Und die Partei soll entweder ganz anders geartet sein, oder ihr Recht verlieren! Diese Formel des Eides führt also entweder zu einer leichtfertigen Behandlung des Eides oder zu einer Gewissenstortur. Es giebt gerechte Gründe, welche es der Partei unmöglich machen, sich mit derjenigen Sicherheit des Fakti zu erinnern, deren ein gewissenhafter Mann zur Eidesleistung über „Wahr oder Nichtwahr" bedarf. Schmidt sagt in seinem Handbuche §. 163 (auctore Gensler) „daß jede

Partei besondere Sorgfalt auf das Erinnern zu verwenden verpflichtet sei, daß das willkührliche Privilegium der Vergessenheit so gewiß gesetzlos wie für die Rechtsverfolgung zwecklos und gefährlich sei. Wer seine eigenen auf Rechtsverhältnisse Bezug habenden Handlungen vergesse, habe die Schuld selbst zu tragen; quia factum cuique suum, non adversario nocere debet. (Fr. 155 de reg. jur.)« Also Jedermann ist verpflichtet, für den eventuellen Fall eines Prozesses ein Beweisrepertorium zum Gebrauche seines Prozeßgegners in seinem Kopfe zu etabliren, und seine Erinnerungen unter hermetischem Verschlusse zu halten, wenn er nicht die Kunst versteht, die verloren gegangenen Erinnerungen ad libitum wieder einzufangen.

Der Entwurf steht nicht ganz auf diesem Standpunkte, denn der oben bereits citirte §. 602[1]) erlaubt dem Schwurpflichtigen, wenigstens wenn ihm ein Theil seiner Erinnerungen geblieben ist, seinen Eid auf dieses Wissen zu beschränken, und sofern der Richter aus den durch den Eid gewonnenen Thatsachen den Schluß auf die Wahrheit des Beweisthemas zieht, so ist das genügend. Gründlich ist dieser Widerspruch gegen die Schmidt-Genslersche Gewissenstorquirungsmaxime freilich nicht.

Es ist nothwendig, daß dem Richter die Prüfung der Gerechtigkeit des Weigerungsgrundes überlassen bleibt.

§. 585.

»Zum Beweise der Echtheit einer Privaturkunde kann der Eid auch darüber zugeschoben werden, dass die Urkunde von dem Rechtsvorgänger oder dem Vertreter des Gegners ausgestellt sei.«

§. 589, Abs. 2.

»Die Zurückschiebung eines über die Echtheit einer Privaturkunde zugeschobenen Eides findet nicht statt.«

§. 591, Abs. 2.

»Im Falle des §. 585 wird der Eid dahin geleistet:

dass der Schwurpflichtige ungeachtet gewissenhafter Prüfung und Erkundigung die Ueberzeugung nicht erlangt habe, dass u. s. w.«

Der Diffessionseid entspringt aus dem alt-deutschen Reinigungseide und ist aus dem sächsischen Prozesse durch den Gerichtsgebrauch in den gemeinen Prozeß übergegangen. Es kleben diesem auf positivem

[1]) §. 602: „Der Schwurpflichtige, welcher frühere Behauptungen zurücknimmt oder früher bestrittene Thatsachen zugesteht, kann sich zur Leistung eines beschränkten Eides erbieten, selbst wenn der Eid durch bedingtes Endurtheil auferlegt ist.“

Boden beruhenden Eide Eigenthümlichkeiten an, welche ihn vom deferirten Eide unterscheiden. Nämlich die Eigenthümlichkeiten, daß der Eid ohne Antrag des Produzenten erhoben wird, daß der Kalummineid des Produzenten unstatthaft ist, daß die Zurückschiebung verboten ist, daß die Gewissensvertretung (wenigstens nach der gemeinen Meinung) nicht gestattet wird. Uebrigens sind die Meinungen der Rechtsgelehrten über die Natur dieses Eides getheilt, und es fehlt auch nicht die Vertheidigung der Auffassung des Entwurfes, daß der Diffessionseid ein angetragener Eid sei. Diese Ansicht wird namentlich auf nov. 18 cap. 8 gestützt, in welcher Justinian eines über die Aechtheit einer Urkunde zugeschobenen Eides erwähnt. Der Entwurf nennt den Diffessionseid einen zugeschobenen Eid, nimmt aber demselben insofern den Charakter eines zuschobenen Eides, als er die Zurückschiebung desselben verbietet. Der Grund hierfür scheint das Festhalten an einem Theile des Hergebrachten zu sein.

Abweichend von dem zugeschobenen Eide soll dieser Eid in Fällen auch ein Glaubenseid sein. Die Qualität der Fälle, in denen dieser Glaubenseid zugelassen wird „wenn die Urkunde von dem Rechtsvorgänger oder dem Vertreter des Schwörenden ausgestellt ist" genügt zur Rechtfertigung dieser Ausnahme nicht. Mit demselben Rechte könnte man den Glaubenseid über jede andere Handlung des Rechtsvorgängers oder Vertreters des Delaten anordnen. In allen Fällen ist dieser Glaubenseid insofern überflüssig, als das Glauben der Partei im Beweisthema nicht enthalten ist, und als es jedenfalls mehr auf die Ueberzeugung des Richters als der Partei ankommt. Die Fälle, in denen die Ueberzeugung des Richters des gewissenhaften Glaubens der Partei als einer Stütze bedarf, sind vereinzelt. Häufig liegen dem Richter viel entschiedenere Anzeichen der Aechtheit oder Unächtheit einer Urkunde vor, als ein Glaubenseid der Partei oder dessen Weigerung ergeben kann. Man denke sich, daß der Richter die Handschrift sehr wohl kennt, und daß ein Bauer, der nicht einmal an seine eigne Handschrift glaubt, der überhaupt an Nichts glaubt, was ihm nachtheilig ist, die Ueberzeugung des Richters durch seine selbstverständliche Rustizität korrigiren soll. Ein gebildeter und gewissenhafter Mann wird dagegen durch die Zumuthung solcher Eidesleistung in einen nicht zu rechtfertigenden Gewissenszwang versetzt. (Cfr. v. Savigny System Bd. VII. S. 75[1]).

[1]) Die ewig für die Zulässigkeit des Glaubenseides angeführte Stelle Lib. II. feud. tit. 58. §. 4 ist eine ganz vereinzelte Bestimmung, welcher das römische Recht durchaus widerspricht, wie sehr sich auch Gensler bemüht hat, das römische Recht ur Uebereinstimmung zu zwingen."

§. 587.

»Der Partei, welche den ihr obliegenden Beweis einer Thatsache durch andere Beweismittel als durch Eideszuschiebung angetreten hat, kann von der Gegenpartei der Eid über die Unwahrheit dieser Thatsache zugeschoben werden. In diesem Falle findet die beantragte anderweite Beweisaufnahme nicht statt.«

§. 588.

»Die Zuschiebung des Eides neben der Angabe anderer Beweismittel oder für den Fall, dass die Aufnahme eines anderen Beweises kein oder kein genügendes Ergebniss haben sollte, ist unzulässig.«.

»Eine Partei kann jedoch die Eideszuschiebung davon abhängig machen, dass ihr die Beweislast obliege, oder dass andere von ihr bezeichnete Beweismittel als unzulässig angesehen werden.«

§. 449, Abs. 1.

»Nach dem Schlusse der Hauptverhandlung kann eine Partei in der Instanz sich eines neuen Beweismittels nur insofern bedienen, als sie glaubhaft macht, dass sie ohne ihr Verschulden ausser Stande gewesen sei, das Beweismittel schon bei der Hauptverhandlung anzugeben, oder dass ein rechtzeitig angegebenes Beweismittel, an dessen Stelle das neue treten soll, ohne ihr Verschulden verloren gegangen sei. Die Eideszuschiebung ist jedoch als neues Beweismittel nicht zulässig, wenn die früher beantragte Beweisaufnahme bereits begonnen hatte.«

§. 596, Abs. 4.

»Die Gewissensvertretung findet nicht statt.«

Diese §§. werden sich vielleicht eines ziemlich ausnahmslosen Widerspruches zu versehen haben. Der zugeschobene Eid erlangt eine außerordentliche Anwendung im Prozesse; er behält das Feld fast allein. Die Vertretung des Gewissens durch Beweis zur Abwendung eines überflüssigen Eides ist ebenso verboten, wie die Benutzung anderer Beweismittel zur Verhütung des Meineides. Der Gebrauch anderer Beweismittel wird ferner dadurch zurückgehalten, daß er mit Entziehung des Rechtes der Eidesdelation bestraft ist. Selbst der zum Beweise nicht verpflichteten Partei ist es gestattet, durch Eideszuschiebung die Beweisführung des Gegners einfach abzusetzen. Das System ist gut, wenn der Eid ein Akt ist, dem der handwerksmäßige Gebrauch nicht schadet, und wenn der Eid ein sicheres Beweismittel ist. Das System ist verwerflich, wenn die Heiligkeit des Eides seine Profanirung verbietet, und wenn der Eid ein so wenig sicheres Beweismittel ist, daß man sich zu ihm nur im äußersten Falle wenden will.

Man braucht keineswegs den Eid in der älteren kanonischen Weise als ein wirkliches Gottesurteil aufzufassen; jeder der dem christlichen Glauben nicht durchaus fern steht, und selbst die gebildeten Heiden verdammen die Vervielfältigung des Eides. Selbst Derjenige, welcher mit Protagoras bekennt: »de deo, neque ut sit neque ut non sit, habemus dicere«, wird wenigstens erkennen, daß die Wahrhaftigkeit das sittliche Band der menschlichen Gesellschaft ist; und schon aus diesem Grunde wird er die Heiligkeit des Eides anerkennen, und sich dem Verdammungsurteile anschließen [1]).

Nirgends aber ist die Gefahr des Meineides dringender als bei dem zugeschobenen Eide, welcher das eigene Interesse mit dem Gewissen in Konflikt setzt).

Wenn aber die Religion und der Staat für die Heilighaltung und Einschränkung der Eidesleistung interessirt sind, so begeht die Gesetzgebung, welche auf Vervielfältigung bedenklicher Eidesleistungen gerichtet ist, ein Unrecht gegen Religion und Staat.

Aber auch gegen die Partei begeht die Theorie des Entwurfes ein Unrecht. Die Partei muß nach dem Entwurfe von vorn herein wissen, welchen Inhalt ihre Beweismittel haben. Der Zeuge, welcher nach allen vorliegenden Umständen von der Sache

---

1) Einige Aussprüche aus dem Alterthume: Epiktet: „Weigere dich des Eides wo es sein kann.“ Simplizius kommentirt dazu: „denn der Eid beruft sich auf Gott als Zeugen, und nimmt ihn zum Mittler und Bürgen dessen, was man sagt. Wer aber Gott in kleine und schlechte Händel zieht, der verräth eine Geringachtung Gottes.“ Isokrates: „Für sich und in bloßen Geldsachen ziemt der Eid sich nicht.“

2) Plato: (von den Gesetzen) erwähnt des Rhadamantus, welcher viele Rechtsstreitigkeiten dadurch einfach erledigt habe, daß er einem der streitenden Theile einen Eid auferlegte. Das sei damals bei dem entschieden vorherrschenden Glauben an die Götter angänglich gewesen, aber für sein Zeitalter hält Plato diesen Eid für gefährlich. „Denn manche läugnen das Dasein Gottes; andere, daß er an den Angelegenheiten der Menschen Theil nehme; die meisten aber sind des verderblichen Aberglaubens, daß sie ihren gewinnsüchtigen Meineid durch Opfer und äußere Buße aussühnen könnten.“

genau unterrichtet sein muß, der selbst außereidlich wirklich Alles haarklein zu erzählen weiß, ist dennoch nicht selten vor Gericht im Wesentlichen nesciens; und das letzte Auskunftmittel der Eideszuschiebung ist nunmehr verschlossen. Die Partei muß auch wissen, welche Wirkung die Zeugenaussage auf die Ueberzeugung des Richters ausübt. Wenn dieselbe keine Wirkung ausübt, so ist der Rückgriff auf das letzte Auskunftmittel der Eideszuschiebung verschlossen. Um diesem zweifelhaften Ausgange zu entgehen, muß sich die Partei zur Eideszuschiebung von vornherein entschließen, und fällt nun in die Charibdis. Die Zeugen sagen vielleicht nach Ableistung des Schiedseides dem Sukkumbenten: „ich hätte dir das Gegentheil voll bezeugt.“ Die Partei muß auch jedenfalls eidesbereit sein. Wer in Eidesleistungen ängstlich ist, darf keinen Prozeß führen; denn, sei er zum Beweise verpflichtet oder nicht, mag er auch die besten Beweismittel in der Hand haben, nichts desto weniger kann ihn das Loos der Eidesleistung treffen, oft wird selbst die Zurückschiebung nicht zulässig sein. Wer grundsätzlicher Gegner des Parteieides ist, kann ziemlich sicher darauf rechnen, daß er auf den Eid getrieben wird, eventuell den Eid seines Gegners erdulden muß.

Die Theorie des Entwurfes erscheint nur von der einen Seite her verständlich, daß die Beschränkung des Zeugenbeweises, welcher freilich, namentlich bei der Herrschaft der strikten Beweisregeln, häufig zu haarsträubenden Resultaten führt, beabsichtigt worden ist. Aber diese Beschränkung des Zeugenbeweises, wenn sie überhaupt gerecht und zweckmäßig ist, läßt sich wohl anders herbeiführen, als durch die Erhebung des Eides zum ausschließlichen Universalbeweismittel. Während in Strafsachen, wo die materielle Wahrheit gesucht wird, der Parteieneid als ein für Schaffung der materiellen Wahrheit untaugliches Mittel anerkannt ist, wird er nach dem Entwurfe im Civilprozesse bevorzugt, und die richterliche Ueberzeugung, auf welche der Entwurf ein Hauptgewicht legt, in den Hintergrund gesetzt.

Es muß die subsidiäre Natur des Eides anerkannt und dem Richter die Prüfung der Nothwendigkeit, folgeweise Zulässigkeit des Eides überlassen werden.

§. 594.

»Wird die Zuschiebung des Eides nach erfolgter Annahme oder Zurückschiebung widerrufen, so kann der Beweisführer sich weder anderer Beweismittel noch von Neuem der Eideszuschiebung bedienen. Im Falle des §. 587 hat der Widerruf die Wirkung des Erlasses der Eidesleistung.«

»Wird die Annahme oder Zurückschiebung des Eides widerrufen, so ist der Eid als verweigert anzusehen.«

»Insoweit jedoch das nachträgliche Vorbringen neuer Beweismittel zulässig erscheint (§. 449), ist auch der Widerruf der Zuschiebung des Eides gestattet.«

Dieser §. setzt die Ungerechtigkeit gegen die Partei fort. Es gehört hierhin der §. 766. [1])

Nach diesen §§. ist die Zuschiebung, Annahme, Zurückschiebung des Eides unwiderruflich und behält auch für die II. Instanz ihre Wirkung; ebenso die Ableistung, die Weigerung und der Erlaß des Eides, sofern nicht das Berufungsgericht den Beweisbescheid verwirft. Wer also nicht ganz sicher weiß, daß der Berufungsrichter den Beweisbescheid verwerfen wird, und dazu wird eine große Divinationsgabe gehören, der ist in der Lage die zugeschobenen und zurückgeschobenen Eide bedingslos zuzulassen, respective auszuschwören und sich, nachdem die Eidesleistung ein fait accompli geworden ist, von dem Berufungsrichter entweder sagen zu lassen, daß es der eigenen Eidesleistung nicht bedurft habe, oder daß der Eidesleistung des Gegners, etwa wegen falscher Beweisauflage, ihre Wirkung zu versagen sei.

Der preußische Entwurf mildert den Zwang in außerordentlich weiser Art durch den §. 529, Abs. 2, welcher lautet: „Findet sich derjenige, welcher den Eid zugeschoben hat, durch die zu seinem Nachtheil ergangene Entscheidung veranlaßt, die Eideszuschiebung zu widerrufen, oder findet sich derjenige, welchem der Eid zugeschoben ist, durch die zu seinem Nachtheil ergangene Entscheidung veranlaßt, die Erklärung über die Annahme oder Zurückschiebung zurückzunehmen, oder die Erklärung hierüber, oder die Ableistung des Eides zu verweigern, so ist der Widerruf oder die Weigerung nur für den ersten Rechtszug wirksam, so daß in dem Rechtszuge der Berufung davon zurückgetreten werden kann".

Die Ausnahme des §. 449 (bereits oben Seite 40 angeführt) besagt: Es bedarf für die nachträgliche Zulassung anderer Beweismittel der Glaubhaftmachung, daß die Partei ohne ihr Verschulden außer Stande gewesen ist, das Beweismittel vor Zuschiebung des Eides anzu-

---

[1]) §. 766: „Die in der ersten Instanz erfolgte Zuschiebung, Annahme oder Zurückschiebung eines Eides behält ihre Wirksamkeit auch für die Berufungsinstanz."

„Dasselbe gilt von der Ableistung, von der ausdrücklichen Verweigerung der Ableistung und von der Erlassung eines Eides, wenn die Entscheidung, durch welche die Leistung des Eides angeordnet ist, von dem Berufungsgerichte für gerechtfertigt erachtet wird."

geben, daß sie also von seiner Existenz ununterrichtet war. Ein Zurückgehen auf die Eidesdelation, im Falle das zugelassene Beweismittel nichts ergiebt, ist nach den Grundsätzen des Entwurfes nicht zulässig.

§. 603, Abs. 1 und 2.

»Wenn der Schwurpflichtige stirbt, wenn er zur Leistung des Eides unfähig wird, oder wenn er aufhört, gesetzlicher Vertreter zu sein, so sind beide Parteien in Ansehung der betreffenden Beweisführung zur Ausübung aller Rechte befugt, welche ihnen vor der Zuschiebung des Eides zustanden.«

»Dasselbe gilt, wenn der Schwurpflichtige wegen wissentlichen Meineides rechtskräftig verurtheilt wird und die Gegenpartei die Zuschiebung oder Zurückschiebung des Eides widerruft.«

Ein zweiter Ausnahmefall, in welchem der Partei der Widerruf der Eidesdelation gestattet ist. Richtig ist namentlich auch die Bezeichnung des Falles, wenn der gesetzliche Vertreter der Partei, welcher den Eid zu leisten hat, wechselt. In der Regel wird dadurch ein neuer Zeuge disponibel, wenn sich aber die Lage der Partei de facto nicht geändert hat, wenn der Nachfolger des abgegangenen Vertreters gleich zuverlässig und gleich unterrichtet ist, so steht die erneuerte Eideszuschiebung der Partei zu Gebote.

§. 599, Abs. 1.

»Die Leistung des Eides ist nach richterlichem Ermessen entweder durch Beweisbescheid oder durch bedingtes Endurtheil anzuordnen.«

Es ist also an den Fall gedacht, daß der Richter selbst zweifelhaft ist, ob der Eid von Erheblichkeit sei. Wenn der Richter diesen Zweifel hegt, so darf er die Entscheidung dem zweiten Richter überlassen. Das ist offenbar richtiger, als die Ansicht, daß der Richter verpflichtet sei einen deferirten Eid, wenn die Parteien über dessen Erheblichkeit einig sind, in der Instanz zu erheben.[1])

[1]) Ein Fall, welcher die Nothwendigkeit der richterlichen Freiheit, den zugeschobenen Eid, selbst wenn er unangegriffen ist, durch bedingtes Urteil aufzulegen, eklatant beweist: In einem Alimentenprozesse hatte die Klägerin einen ihr zugeschobenen Eid dahin ausgeschworen, daß sie sich außer mit dem Beklagten mit keinem Manne innerhalb der Konzeptionszeit fleischlich vermischt habe. Der erste Richter erkannte auf Verurteilung des Beklagten nach Ableistung eines Notheides der Klägerin über das Fundament der Klage. In zweiter Instanz wurden die Zeugen der ersten Instanz so bedeutend und erfolgreich angegriffen, daß der Klägerin nichts übrig blieb, als dem Beklagten über das Klagefundament den Eid zuzuschieben, den derselbe dahin ableistete: daß auch er sich innerhalb der Frist nicht mit der

Es kann nun aber auch vorkommen, daß die Partei die Erheblichkeit des Eides bezweifelt, oder sogar sicher glaubt, daß der Eid nicht abgeleistet werden dürfe, daß die Partei deshalb beantragt, den Eid zum Urteile zu stellen. Ist der Richter nun anderer Meinung so ist die Partei ungeschützt. Der §. 448 [1]) verbietet sogar den Antrag auf eine Aenderung des Beweisbescheides, so lange der Beweis nicht erhoben, also so lange der Eid nicht geleistet oder verweigert ist. Eine spätere Aenderung kann aber nicht mehr von Nutzen sein. Hält die Partei den Eid für unerheblich, so muß sie sich dennoch zur Leistung eines unerheblichen Eides bequemen, um sich nicht der Gefahr auszusetzen, ihr Recht zu verlieren. Es kann aber auch vorkommen, daß die Partei nur für den Fall, daß ihr der Beweis aufliege, den Eid deferirt hat, daß sie aber entschieden dagegen protestirt, daß sie zum Beweise verpflichtet sei. Der Richter hält aber irrthümlicher Weise dieselbe dennoch zum Beweise für verpflichtet. Ein Widerspruch gegen den Beweisbescheid ist vor Ableistung des Eides nicht zulässig. Nach Ableistung des Eides ändert nun der Richter seine Ansicht. Aber jetzt steht durch die Eidesleistung nicht etwa fest, daß der Beweis verfehlt sei, was der Partei, welche nichts zu beweisen hat, gleichgültig sein könnte, sondern es steht nach §. 592, Abs. 1. [2]) die Wahrheit der beschworenen Thatsache fest, also ist das Recht des Deferenten, den Beweis zu fordern, weil es erst ex post anerkannt worden, ein unausführbares geworden.

Daraus folgt, daß der Partei gleichfalls das Recht gegeben werden muß, die streitige Frage über Erheblichkeit einer Eidesleistung dem Urteile vorzubehalten. Wenn auch die Zulassung der Berufung gegen den Beweisbescheid, unter Suspendirung der Eidesleistung, (cfr. Cap. VI. S. 90, 91, 97.) nicht gebilligt wird, so führt die Verpflichtung des Richters, auf motivirten Antrag der Parteien den Eid durch bedingtes Endurteil aufzulegen, zu gleichem Resultate. Eventuell müßte doch der Partei die Rücknahme der Eidesdelation, die Weigerung der Erklärung auf den Eid, die Weigerung der Eidesleistung für die spätere

---

Klägerin abgegeben habe. Das Kind war also de facto ohne Vater geboren. Der erste Richter hätte den Eid der Klägerin über die exceptio plurium constupratorum, obgleich derselbe ein zugeschobener und unwidersprochener war, nur durch bedingtes Endurteil auflegen dürfen, weil derselbe sich durch die, damals freilich noch nicht vorauszusehende, Ableistung des Haupteides des Beklagten als widersinnig darstellen mußte.

[1]) §. 448: „Keine Partei ist befugt, vor Erledigung des Beweisbescheides eine Aenderung desselben auf Grund der früheren Verhandlungen zu beantragen.“

[2]) §. 592: Abs. 1. „Durch Leistung des Eides wird voller Beweis der beschworenen Thatsachen begründet.“

Instanz unpräjudizirlich sein. Daß aber auf keinem dieser Wege der Schutz der Partei gegen unerhebliche Eidesleistungen, oder gegen Eidesleistungen, welche das Recht der Partei zerstören, zugelassen ist, kann nicht gebilligt werden.

§. 601.

»Wenn der Schwurpflichtige in dem zur Eidesleistung bestimmten Termine nicht erscheint, so ist der Eid als verweigert anzusehen. Es findet jedoch auf diesen Termin die Vorschrift des §. 459, Abs. 2 über eine nachträgliche Beweisaufnahme Anwendung«.

»War der Termin zugleich zur Schlussverhandlung bestimmt, so hat das Gericht auf Antrag des Anwalts des Schwurpflichtigen und, wenn auch der Anwalt nicht erschienen ist, von Amtswegen einen neuen Termin zur Eidesleistung und zur Schlussverhandlung zu bestimmen« [1]).

Die Kontumazialmaxime ist in Beziehung auf die Versäumniß des Eidesleistungstermins nicht aufgehoben aber insofern gemildert, als es der schwurpflichtigen Partei unter Glaubhaftmachung, daß sie ohne Verschulden verhindert worden sei, in dem Termine zu erscheinen, gestattet ist, das Versäumte nachzuholen. Wenn der Termin zugleich zur Schlußverhandlung anberaumt war, soll neuer Eidesleistungstermin anberaumt worden. Wenn der Termin nicht zugleich zur Schlußverhandlung anberaumt war, ist nach dem Wortlaute des §. nicht ohne Weiteres, sondern nur dann ein neuer Termin zur Eidesleistung anzuberaumen, wenn die ausgebliebene Partei ihre Schuldlosigkeit glaubhaft macht. In diesem Falle ist also die Milderung der rigorösen Kontumazialmaxime nicht weittragend, denn der Hauptfall, daß die Partei den Termin vergessen hat, wird regelmäßig wohl nicht als Schuldlosigkeit angesehen werden.

Die Nothwendigkeit dieser Bestimmungen fehlt ebenso wie die ratio derselben. *Es ist gar nicht abzusehen, wie aus dem Ereignisse des Nichterscheinens der Partei, welches tausend Ursachen haben mag, auf ihre Absicht, den Eid zu weigern, ein sicherer Schluß gezogen werden kann.* Es ist auch gar

[1]) §. 459 Abs. 2.: „So lange jedoch das Endurtheil nicht erlassen ist, kann die nicht erschienene Partei die nachträgliche Beweisaufnahme oder eine Vervollständigung der Beweisaufnahme beantragen, wenn sie glaubhaft macht, daß sie ohne ihr Verschulden außer Stande gewesen sei, in dem früheren Termine zu erscheinen, und im Falle des Antrags auf Vervollständigung, daß durch ihr Nichterscheinen eine wesentliche Unvollständigkeit der Beweisaufnahme veranlaßt sei.“

nicht nothwendig, die Partei von einer Eidesleistung auszuschließen, weil sie in einem bestimmten Termine nicht erschienen ist. Die Eidesleistung nach dem Termine ist um kein Haar breit weniger beweisend als die Eidesleistung in dem Termine. Nur freilich wird der Spruch des Urteils das Recht der Partei auf Zulassung zum Eide selbstredend aufheben. Deshalb ist die Anberaumung eines zweiten Termins vor dem Spruche, um der Partei nicht sofort die Thüre zu schließen, eine milde Maßregel und wäre alsdann auch eine weise Maßregel, wenn dem Richter die Anwendung derselben nicht unbedingt, also auch dann, wenn sie nur Begünstigung der Chikane ist, geboten wäre.

Wir wenden uns nunmehr zu dem richterlichen Eide.

Dieser Eid ist niemals etwas anderes gewesen als ein dem Richter zur Verfügung gestelltes Beweismittel. Die strikte Beweistheorie führte bestimmte Regeln mit sich, nach denen der Richter auf Erfüllungseid oder auf Reinigungseid zu erkennen hatte. Aus diesen Regeln ist ein vollständig undurchdringliches Netz von Kontroversen gesponnen[1]).

Die freie Beweistheorie klärt die Sache auf. Beweis und Gegenbeweis wirken auf die Ueberzeugung des Richters, welcher nach dem Resultate dieser Einwirkungen frei entscheidet, ob und wessen Eid er zur Erfüllung seiner Ueberzeugung verlangt. Diesem Grundsatze sind auch die Vorschriften des Entwurfes im Allgemeinen entsprechend.

§. 608.

»Hält das Gericht das Ergebniss der Verhandlungen und einer etwaigen Beweisaufnahme nicht für ausreichend, um die Ueberzeugung von der Wahrheit oder Unwahrheit der zu erweisenden Thatsache zu begründen, so kann es der einen oder der anderen Partei über die Wahrheit oder die Unwahrheit einer streitigen Thatsache einen Eid auferlegen (richterlicher Eid).«

§. 610.

Die Bestimmungen der §§. 590, 591, 592, 593 und 599 bis 603 finden auf den richterlichen Eid mit folgenden Abweichungen Anwendung:

1) »Der richterliche Eid kann über Thatsachen auferlegt werden, welche nicht in eigenen Handlungen des Schwur-

---

1) Cfr. Gutachten VI. zum achten deutschen Juristentage über die Frage: In wieweit soll eine eventuelle Eidesdelation gestattet werden? Verh. des 8. d. Juristentages Bd. I. S. 89.

pflichtigen bestehen oder nicht Gegenstand eigener Wahrnehmung desselben gewesen sind (§. 584).«

»Der Eid ist in solchen Fällen dahin zu leisten:

dass der Schwurpflichtige überzeugt sei, dass etc.

oder:

dass er nicht überzeugt sei, dass etc.«

2) Tritt vor der Eidesleistung in Ansehung der schwurpflichtigen Person eine der im §. 603 bezeichneten Veränderungen ein, so sind beide Parteien zu jedem Vorbringen befugt, welches ihnen gestattet gewesen wäre, wenn die Veränderung sich bereits vor Auferlegnng des Eides zugetragen hätte.«

3) Der richterliche Eid wird in der Regel durch bedingtes Endurtheil auferlegt.«

Zur Herstellung der vollständigen Beweisnatur des Eides fehlt freilich noch, daß dem Richter auch die Befugniß gegeben wird, die Wirkung der Leistung oder Weigerung des Eides ebenfalls nach freiem Ermessen zu bestimmen. In der durch Einführung der §§. 592 und 593 vorgeschriebenen Verpflichtung des Richters, je nach Ableistung oder Weigerung des Eides den Beweis oder den Gegenbeweis als geführt anzunehmen scheint ein Zwang gegen die richterliche Ueberzeugung zu liegen.

Es wird indessen die richterliche Ueberzeugung selbst mit diesem Grundsatze einverstanden sein; der Richter wird jedes Resultat bereits bei Auferlegung des Eides erwogen haben.

Ueber die Unzulässigkeit des Glaubenseides ist bereits gesprochen. Als richterlicher Eid ist übrigens derselbe nicht in gleichem Maaße verwerflich wie als zugeschobener Eid. Der Richter kann die Individualität des Falles berücksichtigen und offenbar unerhebliche oder beschwerende Eide vermeiden.

Neuntes Kapitel.

Die Beweistheorie des Entwurfes.

§§. 430, 431, 432, 437, 438, 439, Abs. 1, 513, 531, 535, 537, 538 543, 544.

§. 430, Abs. 1.

»Das Gericht hat unter Berücksichtigung des gesammten Inhalts der Verhandlungen und unter sorgfältiger Prüfung des Ergebnisses einer etwaigen Beweisaufnahme nach freier Ueberzeugung zu entscheiden, ob eine thatsächliche Behauptung für wahr oder für nicht wahr zu erachten sei. In dem Urtheile sind die Gründe anzugeben, welche für die richterliche Ueberzeugung leitend gewesen sind.»

Dieser §. scheint den Anhängern der freien richterlichen Beweiswürdigung mehr zu geben, als dieselben begehren. Die Ueberzeugung des Richters soll nur bis zu einem „Erachten" vordringen. Der Inhalt der Verhandlungen soll zwar berücksichtigt, das Ergebniß einer etwaigen Beweisaufnahme soll zwar sorgfältig geprüft werden, aber daß die Verhandlung und die Beweisaufnahme die einzigen Quellen für die richterliche Ueberzeugung sein sollen, ist nicht gesagt. Was außerdem die richterliche Ueberzeugung stützen soll, ist gleich wenig gesagt. Aus einigen Bestimmungen, beispielsweise aus §. 763,[1]) welcher dem Richter überläßt, seine Schlüsse aus dem Faktum zu ziehen, daß die Partei in I. Instanz die Erklärung weigerte, welche sie in II. Instanz abgegeben hat, folgt, daß der Richter auch die Art des Angriffes und der Vertheidigung auf seine Ueberzeugung wirken lassen soll. Aber

[1]) §. 763: „Bis zum Schlusse der Hauptverhandlung können auch die in der ersten Instanz unterbliebenen oder verweigerten Erklärungen über Thatsachen, über Urkunden oder über Eideszuschiebungen nachgeholt werden. Hierdurch wird die Befugniß des Berufungsgerichts nicht ausgeschlossen, nach freier Ueberzeugung zu ermessen, welche Wirkung der Thatsache beizulegen sei, daß eine solche Versäumung oder Weigerung stattgefunden hat. (§. 430)."

auch außerhalb der Grenzen der Verhandlung soll der Richter seine Erkenntnißquellen aufsuchen.

§. 438.

»Thatsachen, welche bei dem Gerichte offenkundig sind, bedürfen keines Beweises.«

§. 439.

»Das in einem anderen Staate geltende Recht bedarf des Beweises nur insofern, als es dem Gerichte unbekannt ist. Bei Ermittelung dieses Rechts ist das Gericht auf die von den Parteien beigebrachten Nachweise nicht beschränkt; es ist befugt, auch andere Erkenntnissquellen zu benutzen und zum Zwecke einer solchen Benutzung geeignetenfalls das Erforderliche von Amtswegen anzuordnen.«

»Die vorstehenden Bestimmungen finden auf den Beweis des Gewohnheitsrechts und des statutarischen Rechts desselben Staates entsprechende Anwendung.«

§. 513.

»Das Gericht ist befugt, die Aufnahme des Beweises durch Sachverständige abzulehnen, wenn es sich selbst die erforderliche Sachkunde beimisst.«

§. 531.

»Das Gericht hat das Ergebniss des Beweises durch Sachverständige nach freier Ueberzeugung zu würdigen; es ist selbst an das einstimmige Gutachten aller Sachverständigen nicht gebunden.«

Die Notorität einer Thatsache folgt sicherlich aus der Verhandlung ebensowenig als aus der nicht zugelassenen Beweiserhebung. Die Kenntniß des fremden Rechtes erlangt der Richter auch nicht aus den Verhandlungen, und die amtliche Beschaffung und Benutzung von Erkenntnißquellen, welche den Parteien fremd bleiben, ist keine Beweisaufnahme. Die technischen Kenntnisse des Richters, welche den Sachverständigenbeweis unnöthig machen oder reprobiren, sind gleichfalls weder aus den Verhandlungen noch aus den reprobirten Gutachten geschöpft. Aus diesen Beispielen geht soviel hervor, daß Alles die richterliche Ueberzeugung begründen darf, was entweder überhaupt dafür geeignet ist, oder was der Richter als dafür geeignet erachtet; ferner daß es gleichgültig ist, ob die Existenz der Fundamente der richterlichen

Ueberzeugung unzweifelhaft und unbezweifelt ist, oder ob dieselbe gar nur wie die technische Sachkunde des dilettirenden Richters auf selbst ausgestellten Attestaten beruht. Diese Theorie sieht freilich gefährlich genug aus.

Und dennoch ist diese Theorie ein Stück des allein richtigen Prinzipes, welches den Namen „Prinzip der Mündlichkeit" erhalten hat. Der Sieg der materiellen Wahrheit über die s. g. formelle Wahrheit, d. h. über eine nach festen Regeln formulirte Feststellung, welche ebenso gut Wahrheit wie Unwahrheit, eben so gut Recht wie Unrecht sein kann, bleibt ohne Befreiung des Richters unmöglich. Selbst die Vinkulirung des Richters durch Beschränkung seiner Erkenntnißquellen thut der richterlichen Ueberzeugung Gewalt an. Der Prozeß ist ein Stück Leben. Die Formel übt einen das Leben zerstörenden Zwang. Es ist ebenso unmöglich, daß eine Formel auf alle Fälle paßt, wie es unmöglich ist, daß sich die Fälle nach der Formel beugen lassen; wie die Formel in einem Falle zufällig Recht schafft, muß sie in dem andern Falle ebenso zufällig Unrecht schaffen. Es ist unmöglich, daß eine Formel die lebendige Thätigkeit des Richters ersetzt; der Richter, den die Formel bindet, spricht in dem einen Falle zufällig Recht, in dem andern Falle ebenso zufällig bewußtes Unrecht aus. Bekennt man sich also zu dem Grundsatze, daß im Prozesse das materielle Recht geschaffen werden soll; so darf man Denjenigen, dessen Amt die Findung des materiellen Rechtes ist, nicht fesseln; man darf ihm nicht diktiren, daß er unter bestimmten Voraussetzungen von der Wahrheit oder Unwahrheit einer Thatsache überzeugt sein müsse, unangesehen ob in vorliegendem Falle die Erfahrung, der gesunde Menschenverstand, ergo auch die richterliche Ueberzeugung selbst das Gegentheil bezeugen. Diese Thorheit ist sehr treffend durch das Diktum bezeichnet: „Mit demselben Rechte könnte eine Reihe von Voraussetzungen aufgestellt werden, bei deren Vorhandensein man einen Menschen unter allen Umständen lieben müsse."[1])

---

1) „Ein Beispiel zur Rechtfertigung der freien Beweiswürdigung: Der Kläger, ein Bauer, begehrt vom Beklagten, einem Geschäftsmanne untergeordneten Ranges, die Rückgabe eines Staatsschuldscheines über 100 Thlr. und ferner 100 Thlr. baares Geld mit der condictio causa data non secuta. Der Beklagte habe versprochen, den Staatsschuldschein zu einem nicht erhörten Kourse umzusetzen und für das erhaltene Geld und für die 100 Thlr. eine größere Anzahl Staatsschuldscheine zu beschaffen; sei aber mit dem Geld und mit dem Staatsschuldschein verschwunden. Das Ge-

Die Form des §. 430 ist dagegen nicht durchaus zu billigen. Das Wort „Erachten" wird einer sehr freien Auslegung Raum geben. Das Stillschweigen über die Grenzen der richterlichen Ueberzeugungsquellen kann leicht zu Mißverständniß führen. Es ist freilich die richterliche Ueberzeugung nicht auf die Fakta des Parteivortrages zu beschränken; seine Logik, seine Weltkenntniß, seine Erfahrung wird sich

---

schäft sei überhaupt unmöglich. Der Beklagte bestreitet den Empfang und bemerkt zugleich, er habe freilich einen Staatsschuldschein über 100 Thlr. an dem fraglichen Tage besessen und umzuwechseln versucht, könne aber dessen Erwerb nachweisen. Nachdem der Beweis der Klagebehauptungen dem Kläger aufgelegt war, wurde aus Vormundschaftsakten nachgewiesen, daß Kläger um die angegebene Zeit für sein Mündel einen preußischen Staatsschuldschein ad 100 Thlr. zur Umwechselung und Verwendung erhalten habe. Der einzige Zeuge des Klägers bekundete, daß er wenige Tage später auf Aufforderung des Klägers mit diesem und dem ihm bis dahin unbekannten Beklagten auf einer bestimmten Eisenbahnstation zusammengetroffen sei, um nach C. zu fahren. Der Kläger habe im Eisenbahnwagen, wo sie allein gewesen, dem Beklagten einen Staatsschuldschein über 100 Thlr. gegeben und habe dieser versprochen, durch ein ihm bekanntes Geschäftshaus in C. eine sehr viel höhere Summe für den Schein zu beschaffen. Der Beklagte habe ferner zum Zwecke des Geschäftes baares Geld verlangt und habe er, der Zeuge, nämlich ein ziemlich insolventer Bauer, in des Klägers Auftrage 100 Thlr. hergegeben. Sie seien zusammen in C. in eine Restauration gegangen, der Beklagte habe sich entfernt, um das Geschäft zu machen, und sei seitdem verschwunden. Die Aussage war höchst befremdend; der Zeuge war selbst von Gläubigern gedrängt, und sollte 100 Thlr. zu einer unnöthigen Reise mit sich führen, dieselben auch ohne Schuldschein herausgeben; und vor allen Dingen war der Zweck der Zahlung unerfindlich, weil der Beklagte ja durch Umwechselung des Scheines etwa 100 Thlr. Geld erhielt. Auf nochmalige Vernehmung erklärte der Zeuge, daß der Kläger ihn vorher schon aufgefordert habe, Geld zu einem vortheilhaften Geschäfte zu besorgen, daß er dies gethan, obgleich es ihm freilich schwer geworden. Von der Art des beabsichtigten Geschäftes wollte Zeuge nichts Genaueres wissen, nur daß ihm der Kläger einen Gewinn versprochen habe; auch gab er an, daß Beklagter gesagt habe, für das Geld müsse „ein Hunderthalerschein eingewechselt" werden, und für den Staatsschuldschein brächte er deren mehrere zurück. Zum Gegenbeweis des Beklagten bekundete ein vollständig einwandsfreier und als rechtlich bekannter Zeuge, ein armer Bergmann, daß er etwa um dieselbe Zeit in einer Eisenbahnwartestube der dritten Klasse einen wohlgekleideten Mann hereintreten gesehen habe, der sich beklagt habe, daß ihm an der Kasse ein Preußischer Staatsschuldschein ad 100 Thlr. nicht gewechselt sei; auch keiner der Passagiere der ersten und zweiten Klasse habe den Schein wechseln können und frage er deshalb hier an. Der Beklagte habe sich zum Wechseln bereit erklärt, habe Geld auf den Tisch gezahlt, nach seiner lauten Ueberzählung 100 Thlr., und habe ein Stück Papier, das er einen Preußischen Staatschuldschein genannt, dafür erhalten. Der Beklagte sagte nun, daß er freilich mit dem Kläger und dem klägerischen Zeugen nach C. gefahren, diesen den von dem Fremden erworbenen Staatsschuldschein gezeigt und gesagt, der Richter auch nicht von den Parteien erbitten. Aber nothwendig ist es, daß der Richter über alles Faktische, dessen Benutzung er beabsichtigt, die Parteien hört, und insofern, ohne selbst gebunden zu sein, nur auf Grund der Verhandlungen entscheidet. Häufig begegnet man dagegen in Urteilen einer falschen faktischen Unterstellung des Richters, welche die Partei zu widerlegen im Stande war, welche von ihr aber nicht geahnt und vom Richter unter dem Namen „Amtsgeheimniß"

---

habe, daß er denselben umwechseln wolle; er habe seine Begleiter auch in einer Restauration verlassen, und als er dahin zurückgekehrt, um mit ihnen heimzufahren, seien sie verschwunden gewesen. So kam die Sache zur Verhandlung. Der Beklagte, persönlich anwesend, zeigte die äußerste Entrüstung über die betrügerischen Bauern." Von Seiten eines Richters wurde er gefragt, wie viel er für den Staatsschuldschein bezahlt habe. Antwort: „100 Thlr." Wie hoch er ihn verwechselt habe? Antwort: „zu 100 Thlr." Ob er wisse, wie hoch der Schein im Kours gestanden habe, man könne das sofort constatiren. Antwort: Nein. Zu welchem Banquier er, nachdem er die Restauration verlassen, sich begeben habe, um den Staatsschuldschein zu wechseln? Antwort: „Den Namen habe ich vergessen." Was folgt nun aus diesem Faktum?

Die Einwechselung des Staatsschuldscheins von einem Fremden im Wartesaale dritter Klasse ist eine Komödie. Das Faktum ist richtig bezeugt; aber daß der Vorgang eine auf den Zeugen berechnete Komödie war, ergiebt sich daraus, daß ein Staatsschuldschein nicht wie ein Kassenschein zum Nennwerthe gewechselt wird, und daß der Beklagte, der den Kours gar nicht gekannt hat, dieses Geschäft mit einem Fremden im Wartesaale dritter Klasse in so einfacher Art geschlossen hat. Daraus folgt der raffinirte betrügerische Charakter des Beklagten, der sich das Beweismittel offenbar präparirt hat, um den Richter zu täuschen; zugleich die Frechheit des Beklagten, der den Richter mit einer so groben Komödie zu täuschen unternimmt; und endlich das Schuldbewußtsein des Beklagten, der zu solchen Mitteln seine Zuflucht nimmt. Der klägerische Zeuge ist unaufrichtig, aber was er sagt ist mehr als ein Zeugniß, ist nämlich ein Geständniß, welches ihm der Zeugeneid ausgepreßt hat; das Geständniß, daß er sich an der vom Beklagten in Vorschlag gebrachten Falschmünzerei zu betheiligen beabsichtigt hatte. Die Einwechselung des Hundertthalerscheines und die Vervielfältigung des Staatsschuldscheins lassen sich nicht anders erklären, als durch die Annahme einer beabsichtigten Falschmünzerei. Es ist auch keineswegs wunderbar, daß der Zeuge, der für seine Gläubiger kein Geld besitzt, doch für ein so vortheilhaftes Geschäft, wie das Nachmachen von Hundertthalerscheinen ist, noch Geld aufzutreiben gewußt hat; und es ist einleuchtend, daß der Kläger mit seinem Staatsschuldscheine dasselbe vortheilhafte Geschäft beabsichtigt hat. Die auf gegenseitiges Vertrauen gegründete Gesellschaft hat der Beklagte für sich zu einer societas leonina umgestempelt.

Wenn der Richter so urteilt, so hat er offenbar das Rechte getroffen. Die strikten Beweisregeln diktiren aber dem Richter, daß der Kläger nur einen höchst verdächtigen Zeugen für sich anführen kann, daß Beklagter dagegen den Besitz eines Staatsschuldscheins durch einen unverdächtigen Zeugen nachgewiesen hat, daß also die Klage nach Ableistung eines Reinigungseides des Beklagten abzuweisen ist.

sorgfältig in Verborgenheit gehalten ist. Und das ist nichts Geringeres als Verletzung des Grundsatzes: »audiatur et altera pars.«

Solche Vorschriften, wie sie die §§. 438, 513, 531 enthalten, werden besser verschwiegen. Die durch §. 430 vollzogene Befreiung des Richters genügt vollkommen. Heute wird es selbst unter der Herrschaft der strikten Beweisregeln kaum einen Richter geben, der über notorische Thatsachen, beispielsweise über geschichtliche Ereignisse, den Beweis fordert. Selbst der nach Durandi vorgeschriebene Beweis: »Carolum Francorum regem fuisse« war nichts als eine der Form zu Gefallen vorgeschriebene Albernheit, denn es genügte die Antwort der Zeugen: »nescio quia deus solus scit, sed credo.« Die Vorschrift des §. 438 dient aber dazu, den Begriff der Notorietät ungebührlich zu erweitern. Auch heute ergehen selbst unter dem Zwange der Beweisregeln Urteile, welche abwegigen Sachverständigengutachten den Glauben versagen. Die §§. 513 und 531 veranlassen aber den Richter zur Ueberschätzung seiner technischen Kenntnisse.

Freilich sind auch die Stimmen, welche behaupten, daß die Theorie des Entwurfes auf schiefer Ebene unaufhaltsam zur Richterwillkür und Rechtsunsicherheit fortschreite, keineswegs zu mißachten. Entweder muß man, das Prinzip des gemeinen Prozesses festhaltend, den Weg durch ein für allemal feststehende, für alle Fälle und für alle Parteien gleiche Formeln unabweislich vorzeichnen, oder man muß, mit diesem Prinzipe vollständig brechend, den Prozeß auf seine natürliche Grundlage stellen und der Thätigkeit der lebendigen Faktoren des Prozesses die freie Entwickelung gewähren. Den Richter allein befreien, ist ebenso gefährlich, wie die Parteien allein befreien, oder, wie im Preußischen Strafprozesse, den Richter und die eine Partei befreien, die andere Partei fesseln. *Die Befreiung der Parteien in der Verhandlung giebt das Korrektiv gegen die Gefahr, welche ohne dieselbe aus der Befreiung des Richters nothwendig folgt.*

Der Entwurf ist einer lebendigen Gestaltung des Prozesses keineswegs abgeneigt, aber die Durchführung dieses Prinzipes ist nicht vollkommen geschehen. Beispiele sind:

Im dritten Kapitel dieses Aufsatzes haben wir gefunden, daß der ordentliche Prozeß vor den Amts- und Handelsgerichten der nothwendigen Garantieen für die Parteien entbehrt, und die Richterwillkür begünstigt. Und dieser Prozeß vor den Amtsgerichten ist nach §. 3 des vervollständigten Entwurfes sogar auf alle Sachen bis zu 150 Thlr. Vermögenswerth ausgedehnt. [1])

Die §§. 291, 292 u. 313 [2]) übertragen dem Vorsitzenden die Beurteilung der Frage, ob die Verhandlung mit überflüssiger Weitläufigkeit ausgedehnt werde, und übertragen ihm die Macht, die Verhandlung unter der Behauptung, daß das Gericht informirt sei, zu schließen, der Partei das Wort zu entziehen, wenn, was regelmäßig der Fall ist, ihr die Fähigkeit zum geeigneten Vortrage mangelt, sogar unter gleichem Vorgeben dem Anwalte das Wort zu entziehen. Und die Partei, welcher das Wort entzogen ist, wird kontumazirt! Es ist zwar nicht zu verkennen, daß der Vorsitzende im geeigneten Falle derartige Befugnisse haben muß, aber der Vorsitzende wird sich auch ohne diese Vorschriften die ihm gebührenden Befugnisse sicherlich nicht nehmen lassen. Diese Vorschriften aber provoziren die Willkühr. Wenn auch die Anwälte, sofern ein kollegialisches Verhältniß unter ihnen herrscht, jede Ungerechtigkeit des Vorsitzenden durch einfache Mittel unschädlich machen werden, so ist doch die selbst auftretende Partei ungeschützt.

Der §. 444. Abs. 1. [3]) giebt dem Gerichte die Befugniß, Beweis-

---

[1]) „Die erste Lesung des Entwurfes stellte die Grenze auf 100 Thlr. Vermögenswerth fest."

[2]) §. 291: „Der Vorsitzende eröffnet und leitet die mündliche Verhandlung."

„Er ertheilt das Wort und kann dasselbe demjenigen entziehen, welcher seinen Anordnungen nicht Folge leistet. Er hat Sorge zu tragen, daß die Sache erschöpfende Erörterung finde, zugleich aber dahin zu wirken, daß die Verhandlung nicht durch überflüssige Weitläufigkeit oder durch unerhebliche oder unstatthafte Nebenverhandlungen ausgedehnt und daß sie, soweit thunlich, ohne Unterbrechung zu Ende geführt werde. Er schließt die Verhandlung, wenn nach Ansicht des Gerichts die Sache vollständig erörtert ist; er verkündigt die Urtheile und Beschlüsse des Gerichts. Erforderlichenfalls hat er die Sitzung zur weiteren Verhandlung sofort zu bestimmen."

§. 292: „Wenn einer Partei, einem Prozeßbevollmächtigten oder einem Beistande die Fähigkeit zum geeigneten Vortrage mangelt, so kann das Gericht denselben den weiteren Vortrag untersagen. Eine Anfechtung dieser Anordnung findet nicht statt."

§. 313: „Ist eine bei der Verhandlung betheiligte Person von dem Orte derselben entfernt worden (§§. 307 bis 312), so kann auf Antrag gegen sie in gleicher Weise verfahren werden, als wenn sie freiwillig sich entfernt hätte. Dasselbe gilt, wenn einer Partei oder einem Prozeßbevollmächtigten der weitere Vortrag untersagt wird (§. 292), oder wenn die Zurückweisung eines Prozeßbevollmächtigten auf Grund des §. 119 erfolgt, sofern die Untersagung oder Zurückweisung bereits bei einer früheren Verhandlung geschehen und die letztere deshalb vertagt war."

[3]) §. 444, Abs. 1: „Das Gericht kann ein Beweismittel, dessen Benutzung eine unverhältnißmäßige Verzögerung des Prozesses zur Folge haben würde, für unzulässig erklären."

mittel für unzulässig zu erklären. Diese Macht soll doch vielmehr dem Gerichte nur zur Abschneidung der Chikane zustehen.

Das wirksamste Heilmittel gegen fehlerhafte thatsächliche Feststellungen des Richters, die Berufung, ist, anstatt daß sie in Folge der freien richterlichen Beweiswürdigung möglichst auszudehnen wäre, in allen Sachen bis 50 Thlr. Vermögenswerth — also in den meisten Fällen — ausgeschlossen; (§. 742, Abs. 1.)[1]) in allen übrigen Prozessen ist wenigstens die dritte Instanz über die Thatfrage abgesetzt.

Diese Beispiele zeigen, daß die freie paritätische Vertheidigung den Parteien nicht voll gewährt ist. Die natürlichen Korrektive fehlen deshalb der Beweistheorie des Entwurfes; folgeweise ist die Gefahr dieser Theorie nicht zu verkennen. Die Vorschrift der Begründung der richterlichen Ueberzeugung ist nicht ausreichend, denn Gründe findet man für Alles. Die Oeffentlichkeit allein wird bei unseren Verhältnissen regelmäßig kein genügender Schutz sein.

§. 532.

»Ist unter den Parteien streitig, ob ein Schade entstanden sei, und wie hoch sich der Schade oder ein zu ersetzendes Interesse belaufe, so entscheidet hierüber das Gericht unter Würdigung aller Umstände nach freier Ueberzeugung. Ob und inwieweit eine beantragte Beweisaufnahme anzuordnen oder Sachverständige mit ihrem Gutachten zu hören seien, bleibt dem Ermessen des Gerichts überlassen. Das Gericht kann anordnen, dass der Beweisführer den Schaden oder das Interesse eidlich schätze. In diesem Falle hat es zugleich den Betrag zu bestimmen, welchen die eidliche Schätzung nicht übersteigen darf.«.

»Die Partei, welche einen Anspruch auf Ersatz eines Schadens oder Interesses geltend macht, ist nicht berechtigt, ohne Angabe des Betrags die Bestimmung der Höhe dem Gerichte zu überlassen; die Gegenpartei, welche bei feststehender Ersatzpflicht den von der anderen Partei geforderten Betrag bestreitet, hat den geringeren Betrag anzugeben, zu dessen Zahlung sie sich verpflichtet hält.«

„Steht der Aufnahme des Beweises ein Hinderniß von ungewisser Dauer entgegen, so hat das Gericht auf Antrag eine Frist zu bestimmen, nach deren fruchtlosem Ablaufe das Beweismittel nur insofern noch benutzt werden kann, als dadurch das Verfahren nicht verzögert wird."

[1]) §. 742, Abs. 1: „Die Berufung ist ausgeschlossen in Rechtsstreitigkeiten über vermögensrechtliche Ansprüche, deren Gegenstand an Geld oder Geldeswerth die Summe von fünfzig Thalern nicht übersteigt."

»Die Vorschriften der Landesgesetze über den Schätzungseid (juramentum in litem) werden aufgehoben.«

Dieser §. ist ganz zu billigen. Er entspricht dem Votum des sechsten deutschen Juristentages.[1]) In den meisten Fällen ist ohne die freie richterliche Würdigung des Schadens der Beschädigte faktisch rechtslos. Der Beschädiger entzieht dem Beschädigten regelmäßig in demselben Akte, durch welchen er den Schaden zufügt, den Beweis der Höhe des Schadens, also das Recht selbst. Die Existenz und die Höhe des Schadens sind in den meisten Fällen unzertrennlich verbunden.

Die gewöhnliche Kontraktsbestimmung: „Der Handlungsgehülfe verpflichtet sich, während eines Jahres nach Austritt aus dem Geschäfte in ein gleiches Geschäft nicht einzutreten", ist nur dazu angethan, beliebig übertreten zu werden. Denn der Prinzipal kann niemals nachweisen, daß und welchen Schaden ihm der vorzeitige Eintritt seines früheren Gehülfen in ein Konkurrenzgeschäft verursacht habe. Der Besitzer einer Flußmühle, welche durch den von den Dampfschiffen verursachten Wellenschlag allmählig gänzlich zertrümmert war, konnte den Schadensprozeß gegen die verschiedenen Dampfschiffsrhedereien nicht anstellen, weil er nicht nachweisen konnte, welches Dampfschiff ihm welchen Schaden zugefügt habe.

§. 430, Abs. 2.

»An gesetzliche Beweisregeln ist das Gericht nur in den durch dieses Gesetzbuch bezeichneten Fällen gebunden.«

Als Ausnahmen von dem Grundsatze der freien Beweiswürdigung bezeichne ich namentlich folgende:

1. Die Kontumazialmaxime der §§. 406 seq. ist bereits im vierten Kapitel verurteilt.[2]) Sie dringt bis auf eine selbst dem gemeinen Prozesse unbekannte Grenze vor. Der Richter wird zu Festsetzungen gezwungen, die seinem besseren Wissen und dem ihm bekannten Willen der Partei geradezu widersprechen. Eben dahin gehört auch der §. 297 (cfr. zweites Kapitel S. 39.)

2. Die Eventualmaxime ist bereits im zweiten Kapitel S. 48 behandelt. Sie beschränkt die Ueberzeugung des Richters durch Entziehung des thatsächlichen Materials, dessen der Richter bedarf. Dahin gehört auch der §. 449.

---

[1]) Verh. des sechsten D. Juristentages Bd. III. S. 7. folg. und 250 folg.

[2]) Auf S. 70 Z. 6 v. o. ist ein Druckfehler: statt „Versäumnißurteil" muß es heißen „Kontumazialverhandlung."

§. 449, Abs. 1.

»Nach dem Schlusse der Hauptverhandlung kann eine Partei in der Instanz sich eines neuen Beweismittels nur insofern bedienen, als sie glaubhaft macht, dass sie ohne ihr Verschulden ausser Stande gewesen sei, das Beweismittel schon bei der Hauptverhandlung anzugeben, oder dass ein rechtzeitig angegebenes Beweismittel, an dessen Stelle das neue treten soll, ohne ihr Verschulden verloren gegangen sei. Die Eideszuschiebung ist jedoch als ein neues Beweismittel nicht zulässig, wenn die früher beantragte Beweisaufnahme bereits begonnen hatte. Wird das neue Beweismittel zugelassen, so kann auch die andere Partei sich neuer Beweismittel bedienen.«

Dieser §. führt die Eventualmaxime in die Beweisinstanz ein. Er entzieht dem Richter Erkenntnißquellen, welche für seine Ueberzeugung unentbehrlich sind, sofern nicht die Partei ihre Schuldlosigkeit an der Versäumniß der Angabe glaubhaft macht. Der Grund der Versäumniß ist aber meistentheils nicht Schuldlosigkeit, sondern Vergessenheit oder leichtsinnige Zuversicht auf andere unzureichende Beweismittel.

3. Der Beweis durch Eidesantrag bindet regelmäßig die Ueberzeugung des Richters. Davon ist im achten Kapitel gehandelt.

4. Der Urkundenbeweis.

§. 535.

»Urkunden, welche von einer öffentlichen Behörde innerhalb der Grenzen der Amtsbefugnisse derselben oder von einer mit öffentlichem Glauben versehenen Person innerhalb des der letzteren zugewiesenen Geschäftskreises in der vorgeschriebenen Form aufgenommen sind (öffentliche Urkunden), begründen, wenn sie über eine vor der Behörde oder der Urkundsperson abgegebene Willenserklärung errichtet sind, vollen Beweis der beurkundeten Vorgänge, insbesondere der nach Inhalt der Urkunde abgegebenen Erklärungen und der aus diesen Erklärungen sich ergebenden Rechtsgeschäfte.«

§. 537, Abs. 1 und 2.

»Privaturkunden, welche über Willenserklärungen ausgestellt sind, begründen, sofern sie von den Ausstellern unterschrieben sind, vollen Beweis der nach ihrem Inhalte von den Ausstellern abgebenen Erklärungen und der aus diesen Erklärungen sich ergebenden Rechtsgeschäfte."

»Der Unterschrift steht die Unterzeichnung mittelst Handzeichens gleich, wenn dasselbe gerichtlich oder notariell beglaubigt ist.«

§. 538.

»Hat die in einer öffentlichen oder Privaturkunde enthaltene Willenserklärung (§§. 535, 537) das Geständniss einer Thatsache zum Gegenstande, so begründet dieses Geständniss zu Gunsten desjenigen, welchem die Urkunde ausgestellt worden ist, gegen den Aussteller und dessen Rechtsnachfolger auch vollen Beweis dieser Thatsache.«

§. 543.

»Die von einer Behörde ausgestellten, eine amtliche Anordnung, Verfügung oder Entscheidung enthaltenden öffentlichen Urkunden begründen vollen Beweis ihres Inhalts.«

§. 544.

»Oeffentliche Urkunden, welche einen anderen als den in den §§. 535 und 543 bezeichneten Inhalt haben, begründen vollen Beweis der darin bezeugten Thatsachen.«

Der Beweis der Unrichtigkeit der bezeugten Thatsache ist zulässig sofern nicht die Landesgesetze diesen Beweis ausschliessen oder beschränken.«

»Beruht das Zeugniss nicht auf eigener Wahrnehmung der Behörde oder der Urkundsperson, so findet die Vorschrift des ersten Absatzes dieses Paragraphen nur dann Anwendung, wenn sich aus den Landesgesetzen ergiebt, dass die Beweiskraft des Zeugnisses von der eigenen Wahrnehmung unabhängig ist.«

Der Entwurf unterscheidet zwischen Urkunden, welche eine Willenserklärung und solchen, welche eine andere Thatsache bezeugen. Die ersten Urkunden, öffentliche, so wie private, die Aechtheit der letztern vorausgesetzt, sollen den bezeugten Hergang, die Abgabe der Willenserklärung, und das daraus folgende Rechtsgeschäft vollkommen beweisen. Natürlich ist dieser Beweis nur gegen den Aussteller der Urkunde wirksam, und kann auch der Nachweis eines die Willensbestimmung aufhebenden Umstandes ebensowenig ausgeschlossen sein, als der Nachweis eines anderen Willens. (§. 542.)[1])

[1]) §. 542: „Die Vorschriften des bürgerlichen Rechts über die Anfechtung der Rechtsgeschäfte und über die Wirkung der Rechtsgeschäfte auf die Rechte Dritter werden durch die §§. 535 bis 541 nicht berührt."

Von den Urkunden, welche eine andere Thatsache bezeugen, begründen die öffentlichen bis zum Gegenbeweise (sofern nicht solcher durch die Landesgesetze ausgeschlossen ist) vollen Beweis der Wahrheit der bezeugten Thatsache. Die Privaturkunden sind als einfache Zeugnisse zu behandeln.

Außerdem sind hervorgehoben die Urkunden, welche ein Geständniß enthalten. Der Ausdruck des §. 538 „die in einer Urkunde enthaltene Willenserklärung, welche das Geständniß einer Thatsache zum Gegenstande hat" bedeutet: ein Geständniß, welches in einer solchen Urkunde abgegeben ist, welche nicht ein schriftliches Zeugniß sondern eine schriftliche Parteierklärung ist. Der §. 539 nennt dasselbe Geständniß nur „das in einer Urkunde enthaltene Geständniß." Das Geständniß, sei es in öffentlicher oder privater Urkunde enthalten, soll vollen Beweis der zugestandenen Thatsache herstellen.

Die Theorie ist großentheils unrichtig.

Eine öffentliche Urkunde über Willenserklärungen ist nach §. 535 diejenige, durch welche eine öffentliche Behörde oder Urkundsperson innerhalb ihres Geschäftskreises bezeugt, daß eine bestimmte Willenserklärung vor ihr abgegeben worden ist. Eine Privaturkunde ist nach §. 537 diejenige, durch welche der Erklärende selbst die Abgabe einer Willenserklärung bezeugt. Der Unterschied zwischen diesen beiden Arten von Urkunden ist nun folgender: Der von einer öffentlichen Behörde oder Urkundsperson bezeugte Hergang ist unter allen Umständen voll bewiesen; die von einer Privatperson bezeugte Abgabe einer Willenserklärung ist alsdann vollbewiesen, wenn die Willenserklärung gegen den Erklärenden spricht, dagegen nicht vollbewiesen, wenn dieselbe für den Erklärenden spricht (scriptura privata pro scribente non probat). Falls verschiedene in der Urkunde enthaltenen Erklärungen theils zu Gunsten theils zu Ungunsten des Erklärenden sprechen, so kommen die Grundsätze über das qualifizirte Geständniß zur Anwendung.

Ist nun das in der Urkunde bezeugte Faktum der Abgabe einer Willenserklärung vollbewiesen, so hat der Richter zu beurteilen, was aus dieser voll bewiesenen Erklärung folgt. Folgt daraus ein Rechtsgeschäft, so ist dasselbe erwiesen. Folgt daraus ein Geständniß, so ist das Faktum der Abgabe des Geständnisses erwiesen; und zwar ist dieses Geständniß ein außergerichtliches, von dem der §. 436 sagt: „Welches Gewicht demselben beizulegen sei, hat das Gericht nach freier Ueberzeugung zu beurteilen." Wenn nun aber der §. 538

bestimmt, daß nicht allein das Faktum des Geständnisses, sondern auch die Wahrheit der zugestandenen Thatsache bewiesen sein solle, so widerspricht diese Bestimmung nicht allein dem §. 436, sondern auch der Natur der Sache. Der modus, wie die Existenz des Geständnisses beweisen wird, kann auf das Gewicht des Geständnisses nimmermehr Einfluß üben. Wenn die Existenz des Geständnisses durch Zeugen oder Eid vollkommen erwiesen worden ist, so muß vernünftigerweise sein Gewicht dasselbe sein, als wenn die Existenz desselben durch Urkunden bewiesen ist.

Die im §. 543, Abs. 1 erwähnten öffentlichen Urkunden müssen selbstredend vollen Beweis liefern.

Die im §. 544 bezeichneten öffentlichen Urkunden sollen vollen Beweis der in der Urkunde bezeugten Thatsachen herstellen. Die urkundliche Form des Zeugnisses der Behörde kann unmöglich dem Zeugnisse selbst eine erhöhte Kraft beilegen. Wenn die Behörde selbst vor Gericht die Thatsache bestätigt, so kann das Zeugniß in dieser Form unmöglich geringere Gültigkeit haben. Also ist es unverständig, wenn der §. 544 mehr sagt, als daß Zeugnisse öffentlicher Behörden in Fragen ihres Geschäftskreises vollständigen Beweis liefern. Das ist aber ein Satz, der mit Urkunden gar nichts zu thun hat, und der übrigens entweder überflüssig oder gefährlich ist. Der Richter wird auch ohne diese Vorschrift, die amtlichen Bescheinigungen der Königlichen Regierung richtig würdigen, aber den amtlichen Bescheinigungen eines Nachtwächters vielleicht dennoch nicht vollen Glauben beimessen Am gefährlichsten ist aber, daß das schriftliche Zeugniß einer Behörde unter Umständen auch dann vollbeweisend ist, wenn die Behörde von den bezeugten Thatsachen überhaupt nichts weiß.

5. Der Beweis durch das Urteil eines Strafprozesses.

§. 437.

»Ist in einem gerichtlichen Strafverfahren der Angeklagte auf Grund eines Schuldbekenntnisses oder einer Beweiserhebung durch ein inländisches Gericht rechtskräftig verurtheilt, so sind für den Richter in dem bürgerlichen Rechtsstreite der Thatbestand und die Thäterschaft endgültig festgestellt. Diese Bestimmung findet auf die in Feld-, Forst- und Jagd-Rügesachen und auf die wegen Verletzung polizeilicher und finanzgesetzlicher Vorschriften erlassenen Strafurtheile keine Anwendung.«

»Ein freisprechendes Urtheil des Strafrichters ist für den Richter in dem bürgerlichen Rechtsstreite nicht bindend.«.

Es fällt auf, daß das Strafurteil die Schuld beweisen soll, nicht aber die Unschuld. Es ist jedoch nicht zu verkennen, daß der Kläger in dem Strafprozesse ganz von der Betreibung seines Rechtes entfernt war, daß aber, wenn einmal der Zutritt des Civilklägers zum Strafprozesse nicht gestattet ist, das ohne sein Zuthun ergangene Urteil seine Rechte nicht abschneiden darf. Ob die volle Beweiskraft des verurteilenden Strafurteils gerechtfertigt ist, wird von der Form des künftigen Strafprozesses abhängen.

§. 431.

»Die Vorschriften des bürgerlichen Rechts, nach welchen unter bestimmten Voraussetzungen eine Thatsache unter Ausschliessung des Gegenbeweises oder bis zum Beweise des Gegentheils als gewiss anzusehen ist, werden durch die Bestimmungen des §. 430 nicht berührt.«

»Dagegen treten die Vorschriften des bürgerlichen Rechts nach welchen unter bestimmten Voraussetzungen eine Thatsache als mehr oder minder wahrscheinlich anzunehmen ist, in Gemässheit des §. 430 ausser Kraft.«

Dieser §. ist wohl nur scheinbar eine Ausnahme von der Regel der freien richterlichen Beweiswürdigung. Nicht die abstrakten Beweisregeln sondern andere Gründe, die auch bei der freien Beweistheorie ihren Werth behalten, rechtfertigen beispielsweise die Aufstellung der Regel: pater est, quem nuptiae demonstrant. Der zweite Absatz des §. soll die strikte Beweistheorie abschaffen, welche bereits durch §. 430 abgeschafft ist.

Die Ausnahmen von dem Prinzipe der freien richterlichen Beweiswürdigung sind also weitgehend; vielleicht zu weitgehend für die Zustimmung des rheinischen Juristen, und doch nicht genügend, um die Gegner dieser Theorie zu gewinnen.

Zehntes Kapitel.

Das Beweisverfahren.

§§. 448, 451 bis 460, 462, 463, 474, 491, 502.

§. 451.

»Das zur Aufnahme des Beweises erforderliche Verfahren wird von Amtswegen eingeleitet und fortgeführt.«

Dieser §. beabsichtigt wohl zunächst, die in den Regierungsmotiven zum hannoverschen Prozeßgesetze hervorgehobene angebliche Emendirung des französischen Verfahrens uns anzueignen. Der Grundsatz des französischen Prozesses, daß das Urteil den Richter desaisire, daß der Richter nach Abgabe seines Spruches abzuwarten habe, bis die Parteien den Streit aufs Neue vor ihn bringen, wird nämlich als ein Stück Prozeßverschleppungsmaxime getadelt. Der Richter soll sofort nach Erlaß des Beweisbescheides das für Erhebung des Beweises Dienliche ex officio anordnen. Dagegen ließe sich auch insofern nichts einwenden, als nach §. 377[1]) den Parteien jederzeit freisteht, die Fortsetzung des Prozesses zu inhibiren, und als man annehmen darf, daß die Thätigkeit des Richters dem Willen der Parteien so lange nicht widerspreche, als diese Inhibition nicht erfolgt. Ob indessen der Betrieb des Prozesses in der Hand des Richters ein schnellerer ist und ob die Eile in jedem Falle im Interesse der Parteien liegt, ist eine andere Frage. Der Richter kennt regelmäßig weder die Gründe, welche für eine besondere Beschleunigung, noch die Gründe, welche für eine Mäßigung der Eile sprechen. Die Einführung einer gleich schleunigen und gleich langsamen Behandlung aller Sachen ist der Regel nach das Aeußerste, was dem Richter zugemuthet werden darf. Aber der §. ist doch vielleicht ein Schutz der Partei gegen die Saumseligkeit der Anwälte? Ob die Parteien durch diesen Schutz etwas gewinnen, ist fraglich. Jeder Anwalt, der die Praxis einigermaßen kennt, wird bezeugen, daß der gegen die Anwälte beabsichtigte Zwang regelmäßig ebenso wirkungslos wie rechtswidrig und unbillig ist.

---

[1]) §. 377: „Die Parteien können vereinbaren, daß das Verfahren ruhen solle. Die Vereinbarung hat auf den Lauf der Nothfristen keinen Einfluß.“

Aber wenn nun die Parteien gar nicht Willens sind, die Beweisinstanz überhaupt zu betreten? Wenn die Angabe der Beweismittel der richterlichen Beweisauflage nachfolgt, so kann die Partei die Beweisinstanz einfach dadurch beseitigen, daß sie den Beweis nicht antritt, und sich ihre Rechtszuständigkeiten für die Berufungsinstanz vorbehält. Nach §. 451 geht aber der Prozeß wider den Willen der Partei durch die Beweisinstauz durch. Nicht allein abwegige Zeugenvernehmungen, die zum mindesten Kosten und Zeitverlust verursachen, sondern sogar abwegige Eideserhebungen, die vielleicht in zweiter Instanz Eid gegen Eid zu stellen versprechen, muß die Partei sich gefallen lassen. Sie muß sich überhaupt Alles gefallen lassen, was der gegen ihre Ansicht und gegen ihre Absicht selbstständig vorgehende Richter verfügt, muß abwarten, was er ihr zu thun erlaubt, was er ihr auferlegt und mit welchen Geschenken er sie schließlich überrascht. Ein Prozeß zwischen Parteien, aus welchem die Parteien entfernt sind, ist eine contradictio in adjecto. Wie ernstlich das gemeint ist, zeigt zunächst der §. 448.

§. 448.

»Keine Partei ist befugt, vor Erledigung des Beweisbescheides eine Aenderung desselben auf Grund der früheren Verhandlungen zu beantragen.«

Der Zweck der Beweisinstanz ist die Information des Richters. Das s. g. Hauptverfahren hat denselben Zweck. Im Hauptverfahren ist nach dem Entwurfe der Richter so sehr an die Anführungen der Parteien gebunden, daß er selbst Versäumnisse der Parteien als faits accomplis, sogar bis zu dem Resultate der Beschädigung seiner Information, achten muß. Auch in der Beweisinstanz wiederholt sich derselbe Grundsatz (§. 449 auf Seite 58 im Texte angeführt). Und doch soll die Partei in der Frage, ob die Beweisinstanz eröffnet werden soll, welche Beweise erhoben werden sollen und wie die Erhebung geschehen soll? ungehört bleiben. Es ist bereits hervorgeben, daß das einzige Mittel gegen Rechtsverletzungen, die Berufung, am wenigsten gegen dasjenige Urteil (oder Bescheid) ausgeschlossen werden darf, welches den eigentlichen Mittelpunkt des Prozesses bildet. Es ist hervorgehoben, daß ein Verschleif der Sache nicht, wohl aber eine Förderung der Sache aus der Zulassung der Berufung hervorgehen kann.[1])

---

[1]) Ich gebe eine Ausführung aus dem Aufsatze in der Zeitschrift für Gesetz-

Aber nicht nur die Ausschließung der Berufung verordnet der

gebung und Rechtspflege in Preußen (1869). „Die Form der Mündlichkeit und Schriftlichkeit und das s. g. Prinzip der Mündlichkeit,“ weil der bezeichnete Aufsatz nicht Jedem zu Gebote steht: Worin besteht die böse Erfahrung, welche man mit dem gemeinrechtlichen Beweisurteil gemacht hat? ꝛc. 49. In der Verschleppung der Prozesse und in der Unabänderlichkeit des Beweisurteils. Haben diese beiden Ursachen mit der Berufung das Geringste zu thun? Nein. Die Verschleppung der Prozesse liegt vielmehr in der Suspension der Ausführung des Beweisurteils, die Unabänderlichkeit in der Rechtskraft desselben. Daß Suspensiveffekt und Rechtskraft aber nothwendige Folgen der Berufung seien, ist dadurch, daß sie in der Regel in Verbindung mit der Berufung abgehandelt werden, nicht bewiesen, und einen anderen Beweis dafür möchte es schwerlich geben.

Die Suspension wird stets gerechtfertigt sein, wenn sie eine Beweisführung trifft, deren Relevanz in der That zweifelhaft ist. Wenn dagegen die Berufung gar keinen Erfolg verspricht, vielleicht nur Chikane beabsichtigt, alsdann darf dieselbe die Wirkung der Suspension der Beweisinstanz nicht haben. Deshalb überlasse man es dem Richter, die inhibitoriales zu erlassen. Da der Richter voraussichtlich auf chikanöse Berufungen wohl keine inhibitoriales erlassen wird, so fällt aller Grund zur Einlegung von Berufungen, welche nur Verschleppung beabsichtigen, fort. Die Rechtskraft des Beweisurteils ist aber mehr, als die Partei verlangt, um die Ueberzeugung von der Nothwendigkeit der ihrer Ansicht nicht entsprechenden Beweisführung zu erhalten; für diese Ueberzeugung genügt es ihr schon, die Ansicht des höheren Richters zu erfahren, der schließlich ihre Sache entscheiden wird, und die Beweisaufnahme auf die Bahn gelenkt zu sehen, welche nach aller Voraussicht schließlich als die richtige erkannt werden wird.

Eine Verschleppung ist als Folge der Berufung nicht zu fürchten. Es sind nämlich nur folgende Fälle möglich: Das Beweisurteil wird reformirt: Alsdann ist die Zeit der Beweisführung über ein unerhebliches Beweisthema gewonnen. Das Beweisurteil wird bestätigt, ohne das der Richter inhibitoriales erlassen hatte: Alsdann ist während der Durchführung des Rechtsmittels der Beweis erhoben, und das Endurteil des Unterrichters unterlieg einer Berufung gegen die Richtigkeit des Beweisurteils vernünftiger Weise nicht mehr; die Zeit für die Durchführung der Berufung ist also sogar erspart. Oder der Richter hat inhibitoriales erlassen und die Bestätigung des Beweisurteils erfolgt: dann ist die Sache jedenfalls so zweifelhaft, daß die Berufung auch nach der Beweisaufnahme nicht ausgeblieben wäre, und ist es ziemlich gleichgültig, ob die Berufung vor der Beweisaufnahme oder nach derselben die für dieselbe nothwendige Zeit in Anspruch nimmt.

Hinreichend bekannt ist aber die oft jahrelange Verzögerung und nutzlose Verschwendung von Zeit und Kosten, welche das Experimentiren mit Beweisaufnahmen mit sich führt, für deren Erheblichkeit keine andere Garantie gegeben ist, als der der Reformation des Oberrichters unterliegende Beschluß eines Kollegii, dessen Minorität gegen die Beweisaufnahme, dessen Majorität zwar für dieselbe entschieden hat, aber vielleicht sogar ohne seiner Sache vollständig sicher zu sein.

Einen für die Nothwendigkeit der Berufung überzeugenden Eindruck muß es hervorbringen, wenn der untere Richter in einer Bergwerkssache einen offenen Durchschlag dekretirt, welcher beiläufig 10 Jahre Zeit und 30,000 Thaler Geld

Entwurf, (§. 739),[1]) sondern derselbe nimmt der Partei nach §. 448 auch jede Möglichkeit, einer abwegigen Beweisaufnahme auszuweichen, jede Möglichkeit, sogar irreparablen Beschädigungen, beispielsweise unerheblichen Eidesleistungen, zu entgehen.

§. 452.

»Die Beweisaufnahme erfolgt vor dem Prozessgerichte. Die Uebertragung auf ein Mitglied des Prozessgerichts oder auf ein Amtsgericht soll nur in den durch dieses Gesetzbuch bestimmten Fällen geschehen.«

»Eine Anfechtung des Beschlusses, durch welchen die eine oder die andere Art der Beweisaufnahme angeordnet wird, findet nicht statt.«.

Die Beweiserhebung vor dem Prozeßgerichte entspricht dem Grundsatze der Unmittelbarkeit der richterlichen Information und ist bei der Annahme des Grundsatzes der freien richterlichen Beweiswürdigung richtig. Die größte Bedeutung hat die Festhaltung dieses Modus der Beweiserhebung für den Zeugenbeweis, aber grade für den Zeugenbeweis stellen sich der Ausführung Schwierigkeiten entgegen. Der persönliche Eindruck des Zeugen kann für den Richter entscheidend, er kann auch gleichgültig sein. Ein Interesse, den Zeugen dem Richter zu präsentiren, hat vornehmlich die Partei. Also muß der Partei das Recht gegeben sein, die Zeugen, wenn auch auf eigne Kosten, dem Richter vorzuführen. Statt dessen schließt der §. die Partei von dieser Frage aus und ordnet dieselbe, wie es heißt, durch das Gesetz.

§. 474.

»Die Aufnahme des Zeugenbeweises kann in den folgenden Fällen einem Mitgliede des Prozessgerichts oder einem Amtsrichter übertragen werden:«

1) »wenn zur Ausmittelung der Wahrheit die Vernehmung des Zeugen an Ort und Stelle dienlich erscheint:«
2) »wenn die Beweisaufnahme vor dem Prozessgerichte voraussichtlich erheblichen Schwierigkeiten unterliegen oder sehr zeitraubend sein würde.«

---

kostet, und das alles lediglich zu dem Erfolge, um aus dritter Instanz zu vernehmen, daß es auf diese Beweisarbeit nicht ankomme.

[1]) §. 739: „Gegen die in erster Instanz erlassenen Endurtheile findet das Rechtsmittel der Berufung statt."

3) »wenn der Zeuge verhindert ist, vor dem Prozessgerichte zu erscheinen;«

4) »wenn der Zeuge in grosser Entfernung von dem Sitze des Prozessgerichts sich aufhält.«

Das Gesetz ist in diesem Falle keine Formel, sondern höchst dehnbar. Einen Grund kann der Richter immer für die Ablehnung der unmittelbaren Zeugenvernehmung angeben, unter Umständen auch vier Gründe. Schwierig und zeitraubend ist die Zeugenvernehmung coram collegio zwar nicht in dem Falle, in welchem sie gänzlich überflüssig ist, Beispielsweise wenn ein ganz unverdächtiger Zeuge erklärt, daß er absolut Nichts von dem ihm gänzlich fremden thema probandum wisse, wohl aber stets in den Fällen, in welchen sie von Erheblichkeit ist, beispielsweise wenn das Faktum komplizirt ist, wenn dasselbe in Gefahr steht, falscher Zeugenlogik zu unterliegen, wenn die Zeugen mehr oder weniger interessirt sind.

Uebrigens ist nicht allein die Uebertragung der Beweisaufnahme an einen anderen Richter, sondern auch das Ersuchen eines fremden Gerichts wohl gleichmäßig dem Ermessen des Richters freigegeben.

§. 454.

»Soll die Beweisaufnahme vor dem Prozessgerichte erfolgen, so ist in dem Beweisbescheide der Termin zur Beweisaufnahme und zur Schlussverhandlung zu bestimmen.«

»Die Mittheilung vorbereitender Schriftsätze ist nur dann erforderlich, wenn eine Partei in dem Termine neue Angriffs- oder Vertheidigungmittel geltend machen oder neue Anträge stellen will.«

§. 455.

»Wenn die Beweisaufnahme durch ein Mitglied des Prozessgerichts erfolgen soll, so wird in dem Beweisbescheide der beauftragte Richter bezeichnet und zugleich der Termin zur Beweisaufnahme bestimmt.«

»Ist die Terminsbestimmung unterblieben, so wird von dem beauftragten Richter der Termin nachträglich bestimmt; der letztere ist den Parteien bekannt zu machen.«

»Wird der beauftragte Richter verhindert, den Auftrag zu vollziehen, so ernennt der Vorsitzende an Stelle desselben ein anderes Mitglied; die Parteien sind hiervon in Kenntniss zu zu setzen.«

»Ergeben sich später Gründe, welche die Beweisaufnahme durch ein anderes Gericht sachgemäss erscheinen lassen, so ist der beauftragte Richter ermächtigt, dieses andere Gericht unter Benachrichtigung der Parteien um die Beweisaufnahme zu ersuchen.«

§. 456.

»Soll die Beweisaufnahme durch ein anderes Gericht erfolgen, so ist das Ersuchungsschreiben von dem Prozessgerichte zu erlassen und abzusenden. Von dem ersuchten Richter wird der Termin zur Beweisaufnahme bestimmt; der letztere ist den Parteien bekannt zu machen.«

§. 460.

»Wird ein neuer Termin zur Beweisaufnahme oder zur Fortsetzung derselben erforderlich, so ist dieser Termin von Amtswegen zu bestimmen, auch wenn der Beweisführer oder wenn beide Parteien in dem früheren Termine nicht erschienen waren.«

Daß der Richter den Termin bestimmt, ist nicht beschwerend für die Partei, zumal der Richter die Wünsche der Parteien, soviel mir bekannt ist, stets gern berücksichtigt.

Es wird selbstverständlich erscheinen, daß die Partei von dem Termine benachrichtigt werden muß. Aber in der besondern Aufzählung der Fälle, in welchen die Mittheilungen des Termins an die Partei erfolgen soll, scheint dennoch die absichtliche Ausschließung anderer Fälle zu liegen. *In Bezug auf die nach §. 454. Abs. 1 §. 455, Abs. 1 und §. 460 angesetzten Termine ist eine Mittheilung nicht verordnet.* Es genügt also die Verkündigung im Termine selbst, welche nach §. 327 in Abwesenheit der Parteien wirksam erfolgt; eine Ladung ist nach §. 199 in diesem Falle unnöthig.[1]) Also kann die Beweiserhebung gänzlich hinter dem Rücken der Partei geführt werden. *Möglich ist* sogar, wie ich bereits hervorgehoben habe, daß *die Beweiserhebung einen verglichenen Prozeß betrifft, dessen unbefugtes Fortleben sich erst später durch eine Kostenrechnung geltend macht.* (Kapitel VI. S. 88.)

---

[1]) §. 327: „Die Wirksamkeit der Verkündigung eines Urtheils oder eines Beschlusses des erkennenden Gerichts ist von der Anwesenheit der Parteien nicht abhängig. Die Verkündigung gilt auch derjenigen Partei gegenüber als bewirkt, welche den Termin versäumt hat."

§. 199: „Zu Terminen, welche in verkündigten Urtheilen, Beschlüssen und Verfügungen bestimmt sind, ist eine Ladung der Parteien nicht erforderlich."

Ebenso ist die Mittheilung des Ersuchungsschreibens an die Partei nicht verordnet, sie scheint also nicht gestattet zu sein. Man sollte glauben, daß eine Instruktion des Prozeßrichters an den ersuchten Richter ohne Mitwirkung der Parteien gar nicht zulässig sei; aber selbst die Mittheilung der Instruktion an die Partei soll nach dem Entwurfe, wie es scheint, nicht erfolgen. An Preußischen Gerichten ist es ein nicht selten hervortretender Uebelstand, daß der requirirte Richter sich an seine Instruktion hält, und die Absicht der Parteien illusorisch macht, weil er seiner Instruktion und nicht der Absicht der Parteien zu folgen habe.

§. 462.

»Wird eine ausländische Behörde ersucht, den Beweis aufzunehmen, so kann das Gericht anordnen, dass der Beweisführer das Requisitionsschreiben zu besorgen und die Erledigung der Requisition zu betreiben habe.«

»Das Gericht kann sich auch auf die Anordnung beschränken, dass der Beweisführer eine den Gesetzen des fremden Staates entsprechende öffentliche Urkunde über die Beweisaufnahme beizubringen habe.«

»In beiden Fällen ist in dem Beweisbescheide eine Frist zu bestimmen, binnen welcher von dem Beweisführer die Urkunde bei dem Gerichtsschreiber des Prozessgerichts einzureichen ist. Nach fruchtlosem Ablaufe dieser Frist kann die Urkunde nur benutzt werden, wenn dadurch das Verfahren nicht verzögert wird.«

§. 463.

»Der Beweisführer hat in den Fällen des §. 462 den Gegner, wenn möglich, von dem Orte und der Zeit der Beweisaufnahme so zeitig in Kenntniss zu setzen, dass derselbe seine Rechte in geeigneter Weise wahrzunehmen vermag. Ist die Benachrichtigung unterblieben, so hat das Gericht zu ermessen, ob und inwieweit der Beweisführer zur Benutzung der Beweisverhandlung berechtigt sei.«

Ausnahmsweise kann bei Requisitionen an eine ausländische Behörde das Gericht der Partei die Betreibung der Beweiserhebung überlassen. Die Frist, welche dem Beweisführer gesetzt wird, ist bedenklich, weil die Beschleunigung des Verfahrens der Regel nach nicht von dem Beweisführer abhängt.

Daß der Beweisführer die Beweisaufnahme nach §. 463 auch

hinter dem Rücken des Gegners bewirken darf, widerspricht dem Grundsatze der Gleichheit der Parteien. Die nach dem Ermessen des Gerichts zulässige Zurückweisung der Beweisverhandlung garantirt nicht unbedingt die Zuziehung des Produkten zum Beweistermine. Sie widerspricht aber dem Grundsatze der freien Beweiswürdigung, indem sie dem Richter zumuthet, seine Erkenntnißquellen zu beschränken.

§. 453.

»Den Parteien ist gestattet, der Beweisaufnahme in Person beizuwohnen.«

§. 457.

»Die Parteien sind befugt, bei der vor einem beauftragten oder ersuchten Richter stattfindenden Beweisaufnahme ihre Rechte in Person wahrzunehmen.«

»Findet die Beweisaufnahme vor einem ersuchten Richter statt, so können die Parteien sich auch durch Personen vertreten lassen, welche nicht Rechtsanwälte sind.«

§. 502.

»Die Parteien sind befugt, dem Zeugen diejenigen Fragen vorlegen zu lassen, welche sie zur Aufklärung der Sache oder der Verhältnisse des Zeugen für dienlich erachten.«

»Zweifel über die Zulässigkeit einer Frage entscheidet das Gericht.«

»Den Parteien kann von dem Vorsitzenden gestattet werden, an den Zeugen unmittelbar Fragen zu richten, diese Erlaubniss kann zu jeder Zeit zurückgenommen werden.«

Unter den Parteien sind wohl die Anwälte nicht zu verstehen; der Praxis ist also wohl erlaubt, in Bezug auf die Anwälte dasjenige zu finden, was angemessen ist. Angemessen dürfte es sein, dem Anwalte die Befugniß zu ertheilen, dem Beweistermine nicht allein beizuwohnen, sondern auch selbst Fragen an die Zeugen zu stellen, und im Falle einer Ablehnung der Frage, dieselbe in scriptis redigirt zu Protokoll zu überreichen.

Auffallend ist, daß die Partei nach §. 453 eine prekäre Erlaubniß im Falle des §. 457 die Befugniß hat, dem Termine beizuwohnen, und daß sie nach §. 457, Abs. 2 vor einem ersuchten Richter, nicht auch vor einem beauftragten Richter sich durch einen anderen Prozeßbevollmächtigten als einen Anwalt vertreten lassen „kann," soll wohl heißen: „darf."

§. 459.

»Wenn eine Partei oder beide Parteien in dem Termine zur Beweisaufnahme nicht erscheinen, so ist die Beweisaufnahme gleichwohl insoweit zu bewirken, als dies nach Lage der Sache geschehen kann.«

»So lange jedoch das Endurtheil nicht erlassen ist, kann die nicht erschienene Partei die nachträgliche Beweisaufnahme oder eine Vervollständigung der Beweisaufnahme beantragen, wenn sie glaubhaft macht, dass sie ohne ihr Verschulden ausser Stande gewesen sei, in dem früheren Termine zu erscheinen, und im Falle des Antrags auf Vervollständigung, dass durch ihr Nichterscheinen eine wesentliche Unvollständigkeit der Beweisaufnahme veranlasst sei.«

Daß das Nichterscheinen der Partei die Fortsetzung der Beweisaufnahme nicht inhibire, mag richtig sein; vorausgesetzt, daß die Partei geladen ist, was bei einem Termin zur Fortsetzung der Beweisaufnahme (§. 460) beispielsweise unter Umständen nicht der Fall, und vorausgesetzt, daß das Versäumte außer dem Falle der Chikane nachzuholen ist.

Die nachträgliche Wiederholung oder Vervollständigung der Beweiserhebung ist aber nach dem Entwurfe nur dann zulässig, wenn die Partei ihre Schuldlosigkeit an der Versäumniß des Termins glaubhaft macht und wenn dieselbe, sofern die Unvollständigkeit der Beweiserhebung nicht als Folge des Nichterscheinens der Partei klar vorliegt, zugleich glaubhaft macht, daß ihre Anwesenheit die Beweisaufnahme zu wesentlicher Vervollständigung geführt haben würde. Dieser letzte Nachweis wird häufig sehr schwer sein, wenn er voraussetzt, daß die Partei weiß, was regelmäßig Niemand weiß: was ein Zeuge gesagt haben würde, wenn ihm eine versäumte Frage vorgelegt worden wäre. Das Requisit der Glaubhaftmachung der Schuldlosigkeit widerspricht dem Prinzipe der freien Beweiswürdigung des Richters. Der Richter ist in Bezug auf seine Erkenntnißquellen möglichst unbeschränkt, und muß unbeschränt sein, um die Wahrheit finden zu können; und dennoch soll ihn ein zufälliger Umstand, die Säumniß einer Partei, die Erkenntniß der Wahrheit verschließen dürfen, oder ihn gar, wie beispielsweise bei versäumter Ableistung eine Diffessionseides, zu einer Feststellung zwingen, welche vielleicht dem klaren Augenscheine widerspricht.

§. 491.

»Ist der Beweisführer in dem Termine, in welchem von dem

vorgeladenen Zeugen ein Weigerungsgrund geltend gemacht wird, nicht erschienen, so unterbleibt die Vernehmung. In Ansehung der Zulässigkeit eines neuen Termins zur Vernehmung des Zeugen finden die Bestimmungen des §. 459. Abs. 2. Anwendung.«

Dieser §. giebt ein Beispiel, in welchem die vielleicht offenbar ungerechte Weigerung des Zeugen dem Richter die Kenntniß des Zeugnisses vorenthält, weil die Partei den Beweistermin versäumt hat.

§. 458.

»Erhebt sich bei der Beweisaufnahme vor einem beauftragten oder ersuchten Richter ein Streit, von dessen Erledigung die Fortsetzung der Beweisaufnahme abhängig und zu dessen Entscheidung der Richter nicht berechtigt ist, so erfolgt die Erledigung durch das Prozessgericht. In einem solchen Falle hat der beauftragte Richter nach Rücksprache mit dem Vorsitzenden den Termin zur mündlichen Verhandlung über den Zwischenstreit thunlichst sofort bei der Beweisaufnahme zu bestimmen und den Parteien bekannt zu machen.«

Die Vorschrift ist im Allgemeinen richtig. Es hätte indessen der Bezeichnung der Fälle bedurft, in welchen der ersuchte oder beauftragte Richter selbst zu entscheiden hat. Der ersuchte ausländische Richter wird übrigens dem Wortlaute seiner Instruktion genau folgen und sich darüber hinaus jeder Entscheidung enthalten. Die Rücksprache mit dem Vorsitzenden und die Ladung der Parteien zum Audienztermine paßt für den ausländischen Richter nicht.

Eine vollständige Darstellung des Beweisverfahrens liegt außer der Absicht dieses Aufsatzes. Die vorstehenden Bemerkungen genügen aber, um den Charakter des Beweisverfahrens zu zeigen.

Der gemeine Prozeß vindizirt das Faktum der Parteien. Alles was nicht behauptet ist, existirt nicht; Alles, was nicht zugestanden ist, bedarf des Beweises. Der Richter erkennt über die Erheblichkeit der aufgestellten Behauptungen und verordnet den Beweis derselben, soweit sie nicht zugestanden sind. Seine thatsächliche Ueberzeugung ist werthlos. In der Beweisinstanz wiederholt sich dieselbe Ausschließung des Richters von der Herrschaft über das Faktum. Die Urkunden, welche die Parteien produziren, die Eide, welche der Parteiwillkür überlassen sind, die Zeugen, welche auf die articuli pro- et reprobatoriales der Parteien mit „Ja“ und „Nein“ antworten, ergeben die Faktoren, aus denen nach bestimmten Regeln ein bestimmtes Beweisresultat folgt, welches der Richter ausspricht. Die Ueberzeugung des Richters ist werthlos. Das System ist konsequent, die Durchführung künstlich, aber das Resultat ist nicht die materielle sondern die formelle Wahrheit.

Diesem Systeme entgegengesetzt ist das System, welches der freien Ueberzeugung des Richters die Entwickelung des thatsächlichen Resultates aus den Anführungen der Parteien übergiebt. An die Stelle der bindenden Regel tritt die freie Ueberzeugung des Richters. Es existirt auch Dasjenige, was nicht expressis verbis behauptet ist, sofern es in der Intention der erklärenden Partei offenbar gelegen war; nicht allein das nackte Zugeständniß überhebt die Thatsache der Beweisbedürftigkeit sondern auch Dasjenige, was sich aus den Verhandlungen als zugestanden oder als wahr ergiebt, oder was nach vernünftiger Einsicht als wahr feststeht, wird von der maßgebenden richterlichen Ueberzeugung als Wahrheit acceptirt. In der Beweisinstanz beurteilt der Richter das Gewicht der Urkunden, das Gewicht der Eidesleistungen und Eidesweigerungen, das Gewicht der Zeugenaussagen zur Feststellung seiner freien Ueberzeugung. Das Resultat ist nicht formelle Wahrheit sondern ein Spruch, der sich, soweit es menschlicherweise möglich, der materiellen Wahrheit nähert.

Zwischen diesen beiden Systemen existiren verschiedene Vermittelungssysteme, welche sich als verfehlte Experimente auf dem Gebiete der Prozeßgesetzgebung darstellen.

Der Entwurf ist in dem hier behandelten Abschnitte auf dem Wege, sich diesen Charakter eines verfehlten Experimentes anzueignen. Ein entschiedenes Verständniß der lebendigen Gestaltung des Prozesses ist in dem Entwurfe unverkennbar, aber zugleich eine Gegenströmung, welche die Durchführung des Prinzipes durch Ausnahmen unterbricht. In dem gegenwärtig behandelten Abschnitte des Entwurfes begegnen wir einer außerordentlichen Freiheit des Richters, nicht allein alles Material der Verhandlungen, sondern sogar außer der Grenze der Verhandlungen liegende Momente zur Herstellung einer freien thatsächlichen Ueberzeugung zu benutzen. Das Gewicht des außergerichtlichen Geständnisses und bei Eideszuschiebung an Litiskonsorten, Korporationen, Genossenschaften auch die Wirkung der Eidesleistung oder Eidesweigerung ist der freien Beurteilung des Richters überlassen. Andererseits wird dem Richter eine bestimmte Ueberzeugung vorgeschrieben und werden Erkenntnißquellen ihm entzogen. Urkunden und Eidesleistungen, Eideserlasse, Eidesweigerungen sollen (mit Ausnahme des soeben bezeichneten Falles) seine Ueberzeugung binden, sollen sogar die erkannte Wahrheit in Unwahrheit verwandeln; Versäumnisse der Partei, welche dieselbe nicht durch Glaubhaftmachung ihrer Schuldlosigkeit zu rechtfertigen vermag, sollen dem Richter das für seine Ueberzeugung nothwendige Material entziehen. Die Begünstigung der Eideszuschiebung als eines Universalbeweismittels ist einer förmlichen Kriegserklärung gegen die richterliche Ueberzeugung nicht unähnlich. Der nicht bis zur Versöhnung durchgeführte Kampf verschiedener Grundanschauungen ist vollkommen erkennbar.

Auch das sonst vom Entwurfe mehrfach anerkannte Princip der Prozeßherrschaft der Parteien, welches keinesweges mit der Freiheit des Richters in Widerspruch tritt, ist in dem gegenwärtig behandelten Abschnitte des Entwurfes mißachtet.

Drei Forderungen stellt die Partei berechtigterweise auf: 1. Freiheit zu selbstständiger Thätigkeit auf dem Felde der Verhandlung, 2. Beistand des Richters in dem Bestreben voller Aufklärung des Thatbestandes und Schutz gegen Chikane; 3. Unbeschränkten Zutritt zum Richterspruche.

Der gemeine Prozeß hat vielfach die beiden ersten Postulate verkannt. Er hat die Freiheit der Partei in der Verhandlung zu einer Entziehung des richterlichen Beistandes umgeformt. Die mißverständliche Ausdehnung der Verhandlungsmaxime über ihre Grenzen führte nämlich, unter Beihülfe der Eventualmaxime, zu einer Vergewaltigung der Partei. Jedes kleine Versehen, jedes zufällig in der Feder stecken gebliebene Komma wurde der Partei verhängnißvoll[1]).

Die Hülfe des Richters wurde in ein unberufenes Einmischen des Richters in die Verhandlung unter dem Namen „Prozeßleitung" ausgedehnt. Der Schutz gegen Chikane fehlte gänzlich, sofern nicht das juramentum calumniae half, denn die Partei mußte unter allen Umständen gehört werden. Nur der Zutritt zum Richterspruche war vollständig, aber in solchen Formen und unter Grundsätzen gewährt, welche die Chikane und die Verschleppung der Prozesse begünstigten.

In dem gegenwärtig behandelten Abschnitte des Entwurfes sehen

---

[1]) Mir ist es passirt, daß, als ich ein Geständniß meiner Partei als irrthümlich widerrufen hatte und den Irrthum erwiesen zu haben; glaubte, das Gericht dennoch den Widerruf nicht zuließ, weil die Beweisaufnahme zwar ein „Mißverständniß" aber nicht einen „Irrthum" ergeben habe, ein Mißverständniß aber nicht behauptet sei. Der Vorsitzende erklärte bei der Publikation mit großer Genugthuung über die Feinheit der Jurisprudenz des Gerichtshofes: Das Faktum war Ihnen doch vollständig bekannt, und daß zwischen Irrthum und Mißverständniß ein großer Unterschied besteht, wird Ihnen sicher nicht verborgen sein.

wir die Freiheit der Partei beschränkt durch die Eventualmaxime, und durch eine Einmischung des Richters in die Verhandlung, welche bis zur vollständigen Entfernung der Partei aus dem Prozesse vordringt. Die Hülfe des Richters verwandelt sich demgemäß in ein Eingreifen desselben in Parteirechte und ist auch dadurch beschränkt, daß dem Richter die für die Hülfeleistung nothwendige Benutzung und Würdigung vorliegender Erkenntnißquellen unter Umständen versagt ist. Der Schutz gegen Chikane ist wenigstens bei der Eideszuschiebung versagt, indem dieselbe der Partei bedingungslos freigegeben ist. Der Zutritt der Partei zum Richterspruche ist so wenig beachtet, daß der Partei verboten ist, einer abwegigen Beweiserhebung und selbst irreparablen Beschädigungen entgegenzutreten, daß die Berufung gegen das den ganzen Prozeß dominirende Beweisurteil (oder Beweisbescheid) abgeschnitten ist, daß die Einwendungen der Partei gegen Eideszuschiebungen ungehört bleiben.

Was ist das Resultat? Eine Freiheit des Richters in der Würdigung der Beweise, welche bei fehlender Freiheit der Partei gefährlich ist; daneben dennoch eine Einschränkung des Richters in der Benutzung der Erkennißquellen, welche die Garantie für die Richtigkeit des Beweisresultates aufheben kann; eine theilweise Beschränkung der richterlichen Ueberzeugung, welche das formelle Recht zu erheben droht; eine Beiseitesetzung der Partei, welche bis zur Versagung des richterlichen Gehörs vordringt.

Freilich sind diese Resultate noch weit davon entfernt, in der Praxis Geltung zu erlangen. Die Praxis spricht namentlich in Prozeßgesetzen stets das letzte Wort; aber über positive Bestimmungen wie die Ausschließung der Eidesdelation nach angefangenem Zeugenbeweise, die Aufhebung der eventuellen Eidesdelation, Aufhebung der Gewissensvertretung, Zulassung des Produkten zum direkten Gegenbeweise durch Eideslation hat die Praxis wohl keine Macht[1]).

Die Hoffnung, daß die Praxis die Uebelstände, welche das Gesetz provozirt, mildern wird, bleibt freilich, wenn auch nicht in allen doch in den meisten Fällen übrig.

---

[1]) In den Verhandlungen des Achten Deutschen Juristentages (Bd. II. S. 315) ist auf das Faktum aufmerksam gemacht, daß sich in Folge einer ähnlichen Bestimmung des sächsischen Prozesses die Untersuchungen wegen Meineides dort bedenklich vermehrt haben.

Verlag von J. Guttentag (R. Guttentag) in Berlin.

Druck von J. Dräger's Buchdruckerei (C. Feicht) in Berlin.

Kolibri 360 GmbH
Ferdinand-Jühlke-Straße 7
99095 Erfurt, Deutschland
produktsicherheit@kolibri360.de